Kohlhammer

Joachim Starbatty

Die englischen Klassiker der Nationalökonomie

Lehre und Wirkung

Mit einem Beitrag von Heinz Rieter:
Deutungsmuster Klassischer Nationalökonomie

For Daniel Hannan

[signature]

Brussels, March 1ˢᵗ 2016

Verlag W. Kohlhammer

Die Umschlagbilder zeigen von links Adam Smith, Thomas Robert Malthus, David Ricardo und John Stuart Mill.

1. Auflage 2016
Korrigierte und ergänzte Neuauflage des 1985 erschienenen Bandes

Alle Rechte vorbehalten
© W. Kohlhammer GmbH, Stuttgart
Gesamtherstellung: W. Kohlhammer GmbH Stuttgart

Print:
ISBN 978-3-17-025658-3

E-Book-Formate:
pdf: ISBN 978-3-17-025659-0
epub: ISBN 978-3-17-025660-6
mobi: ISBN 978-3-17-025661-3

Vorwort

Eine doppelte Freude ist mir unverhofft zuteil geworden. Uwe Fliegauf vom Kohlhammer-Verlag ermunterte mich, das Bändchen »Die englischen Klassiker – Lehre und Wirkung« neu aufzulegen; mein Kollege und Freund Heinz Rieter fand sich bereit, meinen Text in die Rezeptionsgeschichte einzuordnen und ihn mit den Deutungsmustern der englischen Klassik zu konfrontieren.

Wir hatten zunächst überlegt, gemeinsam den Text zu überarbeiten. Aus zwei Gründen haben wir davon abgesehen: Umwälzendes ist in den letzten Jahren nicht erschienen; auch fürchteten wir, dass der ursprüngliche Charakter des Bändchens, den Leser ohne Umschweife mit der Gedankenwelt der englischen Klassik vertraut zu machen, verloren gehen könnte. Stattdessen zeigt Heinz Rieter in seinem Kommentar, wie unterschiedlich die Klassiker gelesen und gerade in der zeitgenössischen Literatur gedeutet werden können. So wird dem Leser neben der Einführung ein konziser Überblick geboten, was die englischen Klassiker in den Augen der Ökonomen geleistet haben und wie sie in die Gegenwart fortwirken. Doch mahnt Rieter, sich von deren Ideenreichtum nicht zu dem Glauben verführen zu lassen, damit sei die Wahrheit erschöpfend behandelt worden.

Wenn der Autor sich noch einmal über das Gedruckte beugt und auch nach den Schriften der Klassiker greift, so wird ihm wieder bewusst, dass sie für Leute geschrieben haben, die sich Aufklärung über ökonomische Zusammenhänge und über Ursache-Wirkungsketten erhofften. Der Leser folgte gerne den ausgebreiteten Argumenten und legte die Werke mit dem Gefühl aus der Hand, verstanden zu haben, dass Arbeit die Quelle des Wohlstands ist und dass der Außenhandel als Ausdruck einer Erweiterung der Arbeitsteilung allen beteiligten Nationen dient. Wenn die Leser nicht überzeugt waren, so wussten sie doch nun, wie bestimmte Sachverhalte von allgemein als kompetent eingeschätzten Ökonomen gesehen wurden. Wenn Joseph Schumpeter – ein wenig spottend – schreibt, dass Adam Smith eine Abneigung gegen alles hatte, was über den gesunden Menschenverstand hinausging, und niemals die Grenzen des Fassungsvermögens selbst der dümmsten Leser überschritt, so übertreibt er zwar, doch sagt er zugleich, dass Smith seine Leser an die Hand nahm und Schritt für Schritt aufklären wollte.[1] Der normale Leser brauchte nicht Tage und Wochen wie der Leser von heute, um sich durch Texte zu quälen, die von den Peers der jeweiligen Fachrichtung für wert erachtet wurden, in den führenden Journals gedruckt zu werden. Offensichtlich schreiben Ökonomen heute nicht mehr für ein interessiertes Publikum, sondern für den Beifall ihrer eigenen Fachkollegen. Ob der Leser schließlich etwas Aufklärenswertes erfährt, sei dahin gestellt. Es ist offensichtlich in Vergessenheit geraten, dass die Ökonomie eine schöne und wohlwollende Wissenschaft ist – auf die Besserung der Situation des Menschengeschlechts ausgerichtet. Weiter ist eine Maxime von John Stuart Mill beherzigenswert: Ein guter Ökonom könne niemals der sein, der nur etwas von Ökonomie verstehe.

Was bei nochmaligem Studium der Schriften und der Lebensläufe der Klassiker ebenfalls auffällt, ist ihr Bemühen, im Sinne ökonomischer Vernunft auf die Politik einzuwirken. In diesem Sinne waren die Klassiker Altruisten: Es ging ihnen nicht um die Füllung ihrer persönlichen Schatulle, sondern um die Besserung der Situation des Menschengeschlechts. Adam Smith ist nach London, die Metropole des aufstrebenden England, gezogen, um der Politik nahe zu sein. David Ricardo verschaffte sich einen Sitz im britischen Unterhaus, um für die Abschaffung der britischen Kornzölle zu werben. Thomas Robert Malthus schrieb Eingaben an den britischen Premierminister, um ihn von einer gut gemeinten, aber in seinen Augen ökonomisch schädlichen Armengesetzgebung abzubringen. John Stuart Mill ließ sich ins Unterhaus wählen, um für seinen aufgeklärten Liberalismus und insbesondere für die Gleichberechtigung der Frau einzutreten.

Ich selbst bin als junger Wissenschaftler in die politische Beratung gegangen, um zu erfahren und zu prüfen, was und wie Politiker aus theoretischen Erkenntnissen lernen und wie aus Theorien Politik wird. Vier Jahre dauerte diese Lehrzeit. Wenn mich heute ein junger Wissenschaftler fragt, ob er diesem Beispiel folgen solle, so rate ich ab. Es würde ihm nicht positiv angerechnet, sondern als vertane Zeit im Sinne des modernen Wissenschaftsbetriebs gewertet. Stattdessen rate ich ihm: Geh vier Jahre in die USA, lerne die dort vertretenen Techniken und Taktiken, und du bist aus akademischer Sicht ein gemachter Mann. Aber womöglich wendet sich das Blatt. Mehr und mehr Studenten interessieren sich für

Ideen- und Wirtschaftsgeschichte. Und bei den englischen Klassikern lernen sie überdies ökonomisches Denken und Argumentieren.

Daher wünsche ich mir, dass junge Ökonomen in Bibliotheken gehen, die Schriften der Klassiker aus den Regalen nehmen und sich darin vertiefen. Wenn sie überdies noch Bücher in die Hand nehmen, nach denen sie gar nicht gesucht haben, so stoßen sie oft auf Erkenntnisse, die ihnen verborgen geblieben wären, wenn sie bloß auf ihren Computern Texte abgerufen hätten. Vielleicht regt die zweite Auflage der *Englischen Klassiker* Leser dazu an, wieder in Bibliotheken zu gehen und die Originalliteratur der englischen Klassiker zu studieren. Wenn sich diese Hoffnung erfüllte, dann hat es mein Text verdient, neu aufgelegt zu werden.

Tübingen/Straßburg, im Oktober 2015   Joachim Starbatty

---

1   Joseph A. Schumpeter, Geschichte der ökonomischen Analyse, Bd. I, Göttingen 1965, S. 246.

INHALTSVERZEICHNIS

Einleitung: Warum die Beschäftigung mit den englischen Klassikern lohnt!

In einer relativ knappen Studie den Ideenreichtum der Klassiker der Nationalökonomie und ihre Wirkung auf Politik und Wissenschaft einfangen zu wollen, ist ein vermessenes Unterfangen, zumal wenn der Verfasser kein Engländer oder Schotte ist. Alfred Marshall soll belustigt gesagt haben, die klassische Nationalökonomie »sei anscheinend kein guter Seefahrer, nach der Farbe zu urteilen, mit der sie auf dem Festland ankam«.[1] Marshall meint, die Interpretation und die Umsetzung des Gedankengutes der Schotten und Engländer könnten in die Irre gehen, weil man nicht den Boden kenne, in dem es wurzele.

Wenn ich mich von dem Wagnis, die Lehre der englischen Klassiker für ein breites Publikum zu Papier zu bringen, nicht habe abbringen lassen, so waren hierfür folgende Gründe verantwortlich: Es hat Vergnügen bereitet, den Ideen der englischen Klassiker nachzuspüren. Man konnte bei ihnen richtig »in die Schule gehen«.[2] Sie wollten von der Öffentlichkeit verstanden werden, um Einfluss auf die praktische Politik nehmen zu können; sie sahen die Wechselwirkungen zwischen wirtschaftlichem, sozialem und politischem Kosmos. Dies gilt auch für Ricardo. Knut Borchardt sagt über Ricardos »Grundsätze«: »Es ist ein sehr abstraktes theoretisches Buch, aber seine politischen Konsequenzen sind überwältigend, wie man dann auch aus den damaligen Parlamentspapieren sieht.«[3] Weiter verschafft das Studium der englischen Klassiker Klarheit über den geistesgeschichtlichen Hintergrund der westlichen Zivilisation[4] und über den eigenen geistigen und politischen Standort, nach Max Weber das höchste, was Wissenschaft zu leisten vermag.

In der dogmengeschichtlichen Studie über die englischen Klassiker habe ich mir folgende Ziele gesetzt:

- Eine Darstellung dessen, was sie gedacht haben, anhand der Originalliteratur und der Interpretationen, die wir vor allem Joseph Schumpeter, Lionel Robbins, Mark Blaug, Erich Streissler und Thomas Sowell verdanken;

- die Wirkungen ihrer Ideen auf die wirtschaftswissenschaftliche Entwicklung und die Kritik, die ihnen zuteil wurde, werden skizziert;
- der wirtschafts- und sozialgeschichtliche Hintergrund soll ausgeleuchtet werden, um zu zeigen, welche zeitgenössischen Probleme oder Ereignisse sie zur Abfassung ihrer Abhandlungen oder Traktate veranlasst haben;[5]
- ihr Einfluss auf die praktische Wirtschaftspolitik soll angedeutet werden.

Dieses Buch kann diesen Anliegen nur unvollkommen gerecht werden. Es hätte seinen Zweck erreicht, wenn der Leser es aus der Hand legte, um bei Smith, Malthus, Ricardo oder J. S. Mill selbst nachzulesen, was sie wirklich über das »eherne Lohngesetz« oder über die Bevölkerungsentwicklung dachten, ob sie die Politiker wirklich für verschlagene und listenreiche Geschöpfe hielten, ob Smith wirklich das Vorurteil der alten Griechen gegenüber den Kaufleuten teilte, im Gott Hermes den Schutzpatron sowohl der Diebe als auch der Kaufleute zu sehen. Alfred Amonn stellte seiner Einführung in Ricardos »Grundsätze« folgenden Satz von James Bonar als Motto voran: »Ricardos hundertjähriger Todestag wird am besten gefeiert durch das erneute Studium seiner Werke«.[6] Dieses Motto müßte für die englischen Klassiker insgesamt gelten.

---

1   Diese Äußerung Marshalls wird von Singer (1954, S. 24) berichtet.

2   Über Adam Smith sagt Recktenwald: »Im Grunde sollte eigentlich niemand über wirtschaftliche und politische Grundzusammenhänge urteilen oder die ökonomische Wissenschaft studieren, in ihr forschen oder gar mit Sachverstand darüber lehren wollen, ohne den *Wohlstand der Nationen* zu kennen.« (H. C. Recktenwald, in: A. Smith, Der Wohlstand der Nationen. Eine Untersuchung seiner Natur und seiner Ursachen. Aus dem Englischen übertragen und mit einer umfassenden Würdigung des Gesamtwerks von H. C. Recktenwald, München 1974, S. LXXIX)

3   1978, S. 14.

4   Robbins: »Es ist keine Übertreibung zu sagen, daß man unmöglich die Entwicklung und die Bedeutung der westlichen liberalen Zivilisation verstehen kann, ohne die klassische Politische Ökonomie verstanden zu haben« (1952, S. 4). Dies gilt auch oder gerade für denjenigen, der sich für einen Marxisten hält. Die Leistung von Marx wird nur derjenige richtig einschätzen können, der weiß, was jener von den Klassikern gelernt hat. Neumark (Einführung, in: Ricardo, Grundsätze der Politischen Ökonomie und der Besteuerung, herausgegeben und mit einer Einführung versehen von F. Neumark, Frankfurt a. M. 1972, S. 11) schreibt: »So darf man vielleicht die Behauptung wagen, daß Marx primär wie in philosophisch-methodologischer Hinsicht durch Hegel, so in wirtschaftstheoretischer durch Ricardo (und in bezug auf ökonomisch-soziale Fakten durch die Verhältnisse in England) beeinflußt worden ist.« – Robinson schreibt: »Von Ricardo hatte Marx gelernt, wie man das entwirft, was wir heute ein Modell nennen - Annahmen zu machen und Schlüsse zu ziehen« (1965, S. 48).

5   Blaug (1971, S. 138) schreibt, dass die Lektüre von Smith, Ricardo oder Mill wesentlich interessanter sei, wenn dem Leser die Ziele der Kritik – zeitgenössische Institutionen wie die Armengesetze oder die Korngesetze – bekannt seien.

6   Amonn, 1924, S. 1 (Deckblatt).

I. DIE ENGLISCHEN KLASSIKER IN IHRER ZEIT

1. Wen wir zu den englischen Klassikern rechnen

Als Vertreter der englischen Klassik sind Adam Smith, Thomas Robert Malthus, David Ricardo und John Stuart Mill ausgewählt worden. Für diese Auswahl sprechen zwei Gründe: Der begrenzte Raum zwingt zur Konzentration auf Leitfiguren; der Aufstieg der Nationalökonomie zur Wissenschaft begann mit Adam Smiths »Wealth of Nations« und fand seinen Abschluss in John Stuart Mills »Principles of Political Economy«. Vorläufer und Zeitgenossen wie David Hume und Nassau W. Senior sind einbezogen, wenn sie Grundlegendes zum Ideengut der Klassiker beitrugen.

Im Folgenden skizzieren wir Lebenslauf und Lebensumstände der Klassiker und das, was sie ihren Zeitgenossen sagen wollten. Sie sollen dadurch für den Leser Profil gewinnen und diesen so für ihre Botschaft aufschließen. Aus Raumgründen wird nur Smiths Leben und Werk ausführlicher gewürdigt.

Die Klassiker waren ein »buntes Völkchen«:

- Adam Smith lehrte an den Universitäten Edinburgh und Glasgow, war Reisebegleiter des Herzogs von Buccleuch; die danach gewährte Rente ermöglichte Smith, die Fron des Hochschullehrers abzuwerfen und sich ganz der Fertigstellung des »Wohlstands« zu widmen; den Lebensabend verbrachte er als Nutznießer einer Sinekure;[1]
- Thomas Robert Malthus war Pfarrer, schrieb einen provozierenden Essay zur Bevölkerungsentwicklung, kam so zur Nationalökonomie und wurde auf einen Lehrstuhl für Geschichte und Nationalökonomie berufen; damit war er der erste »professionelle« Nationalökonom, d. h. der erste, der von der Nationalökonomie lebte;
- sein sieben Jahre jüngerer Freund und Widerpart, David Ricardo, Sohn jüdischer Einwanderer aus Holland, verdiente sich seine ersten Sporen und sein Vermögen an der Börse, betrieb nationalökonomische Studien, nachdem er sich zur Ruhe gesetzt hatte; im britischen Unterhaus war er ein allseits anerkannter Sachverständiger;

- John Stuart Mill, Sohn des mit Ricardo befreundeten James Mill und Opfer dessen pädagogischer Experimentierwut, war leitender Mitarbeiter in der Verwaltung der East India Company; er steuerte neben seiner nationalökonomischen Forschung auf den Gebieten der Logik, Soziologie, Sozialphilosophie und der Staatslehre wegweisende Arbeiten bei; er liebäugelte mit sozialistischen Ideen; seinem Gastspiel im britischen Unterhaus war kein Glück beschieden.

Die Klassiker hatten auch eine unterschiedliche politische Heimat[2]: David Hume, der wichtigste Wegbereiter, war ein Tory (Konservativer); Adam Smith und Thomas Robert Malthus waren Whigs (Liberale); Ricardo und John Stuart Mill fühlten sich den »Philosophical Radicals« verbunden, einem literarischen Kreis um Jeremy Bentham.[3] Die Klassiker verband jedoch ein gemeinsames Interesse an wirtschaftlicher Reform, das sich nicht so sehr in gemeinschaftlicher Unterstützung bestimmter Maßnahmen äußerte, sondern stärker in dem Glauben, dass die Anwendung gewisser Methoden der jüngst entdeckten Wissenschaft, der Politischen Ökonomie, berechtigtere Hoffnungen böte für das, was sie Besserung genannt haben würden.[4] Sie teilten auch die Auffassung, dass es nicht Aufgabe der staatlichen Obrigkeit sei, für gesellschaftliche Harmonie zu sorgen. Sie vertraten jedoch keinen »Laissez-faire«-Standpunkt;[5] sie hielten es für die Gesellschaft insgesamt für vorteilhaft, es dem Menschen innerhalb eines kunstvollen institutionellen Geflechts, das sich im Zeitverlauf für die einzelnen Gesellschaftsmitglieder und für die Gesellschaft insgesamt als vorteilhaft herauskristallisiert habe, freizustellen, ihren eigenen Interessen nachzugehen. Innerhalb dieses Rahmens blieb der jeweiligen Regierung genug zu tun.

2. Smiths frohe Botschaft: Ihr könnt es schaffen!

a) Lebenslauf und Einflüsse

Joseph Schumpeter hat den Nationalökonomen Adam Smith nicht gemocht. Adam Smiths Hauptwerk, der »Wealth of Nations«[6], enthielt nach seiner Meinung kein einziges neues analytisches Element.[7] In der Tat fand Smith die Bausteine für sein System vor. Aber niemand, der den »Wohlstand« vorurteilsfrei auf sich wirken lässt, wird leugnen, dass hier eine neue Melodie erklingt. Jeder Komponist bedient sich allgemein bekannter Noten und Techniken und schafft doch noch nie Dagewesenes.[8]

Der »Wohlstand« lehrte die Menschen verstehen, warum die Dinge so waren, wie sie waren, und was man ändern könnte und müsste, um den Wohlstand der Nation zu heben und damit gerade den Ärmsten, den »labouring poor«, zu helfen. Der »Wohlstand« leitete ein umfangreiches reformerisches Gesetzgebungswerk ein und war für alle nachfolgenden Nationalökonomen eine unerschöpfliche Quelle wissenschaftlicher Inspiration und Auseinandersetzung.

Adam Smith führte ein geordnetes Leben.[9] Geboren wurde er am 5. Juni 1723 in Kirkcaldy, einer kleinen schottischen Seehandelsstadt. Abgesehen von einem dramatischen Zwischenspiel – Zigeuner hatten den sechsjährigen Adam in einem Pferdekarren entführt, sein Onkel ritt im Galopp hinterher und befreite ihn – verlief seine Jugend ruhig. Bereits als Vierzehnjähriger bezog er die Universität Glasgow, wo er vor allem den Moralphilosophen Francis Hutcheson hörte, dessen Ethik und Naturrechtslehre ihn prägten. Im Jahre 1740 erhielt er ein gut dotiertes Stipendium der Universität Oxford. Dort hielt er sich jedoch mangels geeigneter Lehrer vornehmlich in der Bibliothek auf und vertiefte sich in alte Sprachen, Literatur und Philosophie. Dies verschaffte ihm die universelle Bildung, die es ihm ermöglichte, mit leichter Hand ökonomische Probleme seiner Zeit zum Beispiel mittels detaillierter Kenntnisse aus der Antike zu erhellen.

Nach Abschluss seines Studiums durch die Promotion zum Bachelor of Arts im Jahre 1746 verbrachte er zunächst zwei Jahre im heimatlichen Kirkcaldy, hielt dann an der Universität Edinburgh – aber außerhalb des normalen Vorlesungskanons – Vorlesungen über englische Literatur und Ästhetik (!), später auch über Politische Ökonomie. Er machte sich einen Namen und wurde im Januar 1750 zum Professor für Logik an der Universität Glasgow gewählt. Kurz darauf tauschte er diesen Lehrstuhl mit dem für Moralphilosophie und wurde damit Nachfolger seines Lehrers Hutcheson. Er las über Moralphilosophie (natürliche Theologie, Ethik, Naturrechtslehre sowie Politik), Logik (einschließlich Rhetorik) und Metaphysik (einschließlich Psychologie). Die Frucht dieser Vorlesungsreihe legte er der Öffentlichkeit im Jahre 1759 in der »Theory of Moral Sentiments« vor. Diese Veröffentlichung rückte ihn in die erste Reihe der zeitgenössischen Schriftsteller.

Smith befasste sich immer stärker mit Politischer Ökonomie, die er durch Fühlungnahme mit Praktikern in der Glasgow Economic Society anzureichern und zu vertiefen wusste. Womöglich haben ihm hier die

Kaufleute nach Schluss des offiziellen Teils der Sitzungen der Gesellschaft über einem oder mehreren Gläsern Wein verraten, was sie mit den Preisen anstellten, wenn sie sich ungezwungen zum Frühstück trafen.[10] In diese Zeit fällt auch seine Bekanntschaft mit David Hume, aus der sich ein reger brieflicher und mündlicher Gedankenaustausch und eine herzliche Freundschaft entwickelten, die bis zum Tode Humes (1776) anhielt.

Eine Wendung in Smiths Leben ist sein Entschluss, der Universität den Rücken zu kehren und ein Angebot des Herzogs von Buccleuch anzunehmen, ihn bei seiner Reise auf den alten Kontinent zu begleiten. Zweierlei reizte Smith wohl an diesem Angebot: die Chance, die eigene Weltsicht in der Konfrontation mit dem Geist auf dem Kontinent zu erproben, und die großzügige Dotierung in Form einer nach Ende der Reisebegleitung ausgesetzten Lebensrente in Höhe von 300 £ jährlich, was einer Verdoppelung seines Professorengehaltes gleichkam.

Auf diesen Reisen lernte Smith die führenden Geister der französischen Aufklärung kennen. In den Begegnungen und Gesprächen ist Smith wahrscheinlich mehr Nehmender als Gebender gewesen – so jedenfalls die von Rae mitgeteilte Anekdote: Du Pont de Nemours, neben Mirabeau eifrigster Propagandist physiokratischer Ideen, habe J. B. Say mitgeteilt, dass man Smith häufig in physiokratischen Zirkeln angetroffen und für einen verständigen und liebenswürdigen Mann gehalten habe, aber nicht für jemanden, der mit den Ideen des »Wealth« schwanger ging.[11]

Umstritten ist der Einfluss geblieben, den die physiokratische Lehre auf Smith genommen hat. Smith selbst hat diese Frage souverän und selbstbewusst in der Abgrenzung der eigenen Lehre vom Merkantilismus und der physiokratischen Lehre beantwortet:»Wenn die Rute zu sehr nach der einen Seite gebogen ist, sagt ein Sprichwort, so muss man sie, um sie gerade zu machen, ebenso stark nach der anderen Seite biegen«.[12] Ein treffliches Bild, um konkurrierende Systeme der Einseitigkeit zu zeihen und das eigene als das überlegene und natürliche auszuloben.

Unbestritten ist wohl, dass Smith die Öffentlichkeit mit dem Herzstück seiner Lehre lange vor Veröffentlichung des »Wohlstands« bekannt gemacht hat. Zwischen einem Vorlesungsmanuskript und endgültiger Veröffentlichung klaffen jedoch Abgründe, zumal wenn der Autor hofft, ein epochemachendes Werk zu schreiben, und wenn es sich bei dem Autor um einen so bedächtigen und gewissenhaften Mann wie Smith handelt.[13]

Die Reise nach Frankreich und seine Gespräche mit den größten Geistern seiner Zeit waren für Smith der Probierstein für seine zentralen Ideen. Sein Aufenthalt in Frankreich wird ihn in der Überzeugung gestärkt haben, dass er auf dem richtigen Wege sei[14] – eine Erkenntnis, die für die meisten Autoren außerordentlich beflügelnd wird. Den Nachhall der physiokratischen Einflüsse finden wir unter anderem in Smiths Annahme, dass die produktive Kraft von Arbeit und Kapital in der Landwirtschaft am stärksten sei.[15] Nach Britannien zurückgekehrt, setzte ihn die gewährte Leibrente in den Stand, sich ganz der Abfassung des »Wohlstands« zu widmen. Knapp sechs Jahre arbeitete er daran, siedelte zur endgültigen Fertigstellung nach London über, wo die Beobachtung des praktischen Wirtschaftslebens und der Umgang mit Sozialphilosophen, Historikern und vor allem mit Politikern der Verbesserung, Umarbeitung und Ergänzung seines Manuskripts sehr zugute kamen.[16] Wenn er von jenen »listigen … Geschöpfen« und den »Parteifunktionären« (»men of the system«) sprach, wusste er also, wen er vor sich hatte.

Der »Wohlstand« erschien im Jahre 1776. Insgesamt zwölf Jahre hatte Smith an die Erarbeitung dieses Werkes gesetzt. Der Autor wollte alles verstreute Wissen der Politischen Ökonomie zusammenbringen und nach gründlicher Auseinandersetzung mit den konkurrierenden Lehren die politisch Verantwortlichen in den Stand setzen, auf dieser Grundlage gesetzgeberisch tätig zu werden.

Den Rest seines Lebens verbrachte Smith mit Erweiterungen und Verbesserungen seines »Wohlstands« und seiner »Theory of Moral Sentiments«, und er sammelte Material für eine allgemeine Rechts- und Staatslehre und eine allgemeine Literaturgeschichte (!). Er fühlte aber wohl, dass er mit dem »Wohlstand« bereits sein Bestes gegeben hatte und dass er den Erwartungen, die man jetzt an ihn stellen würde, nicht gerecht werden könnte. Seine zunehmende Freude an Geselligkeit und seine eifrige Pflichterfüllung als Mitglied der obersten Zollbehörde in Schottland und in der Aufsicht über die Salzsteuer, die ihm das schöne Einkommen von 600 £ einbrachten, waren wahrscheinlich Arbeiten und Annehmlichkeiten, denen er sich unterzog, um sich nicht an die Ausarbeitung der literarischen Aufgaben machen zu müssen.[17] Für diese Deutung spricht auch, dass Smith seine Aufzeichnungen verbrennen ließ; das war wohl nicht falsche Bescheidenheit; sein sicheres Urteil im »Wohlstand« beweist, dass Smith seinen eigenen Wert kannte.

Als Amtsinhaber (seit 1778) hätte sich Smith wohl zwiespältig fühlen
müssen, hatte er doch in seinem »Wohlstand« alles darangesetzt, die
Überbleibsel des Merkantilsystems – und hierum handelte es sich zweifellos bei den obengenannten Ämtern – zu tilgen. Allerdings lässt sich diese
»Sinekure«[18] auch als Dank der Regierung an Smith für den Dienst ansehen, den er mit seinem »Wohlstand« der Gesellschaft geleistet habe[19] –
gewissermaßen als gesamtwirtschaftliches Entgelt für die externen Vorteile, die Smith im Autorenhonorar nicht vergütet wurden.
Smith starb am 17. Juli 1790. Er wurde auf dem Canongate-Kirchhof in
Edinburgh beigesetzt. »Das Grab ist mit einem schlichten Denkmal ge-
schmückt, auf dem zu lesen steht, dass hier Adam Smith, der Autor des
»Wealth of Nations«, begraben liegt«.[20]

b)   Werk und Wirkung

Gleich in den ersten Sätzen des »Wohlstands« schlägt Smith einen optimistischen Grundton an: Die Versorgung eines Volkes mit allen Lebens-
bedarfs- und Genussgütern, die es braucht, hängt neben der Bevölkerungsentwicklung von der Geschicklichkeit, Fertigkeit und Einsicht ab, mit
der es seine Arbeit im Allgemeinen verrichtet.[21] Also nicht exogene Faktoren, wie Goldzufuhr oder Bodenqualität, entscheiden über den Wohlstand der Nationen, sondern Geschicklichkeit der Hände und geistige
Findigkeit, die die Arbeitsvorgänge zur Herstellung eines Produktes so
gliedert, dass sich mehrere die Arbeit teilen und damit ihre Arbeitsproduktivität verdoppeln, verhundertfachen, vertausendfachen. Die produktive Wirkung der Arbeitsteilung demonstriert Smith an dem berühmt gewordenen Stecknadelbeispiel.[22] Lernt und seid fleißig, euer Schicksal liegt
in eurer Hand, scheint er seinen Lesern zuzurufen. An späterer Stelle
schreibt er, auch die Fruchtbarkeit des Bodens hänge entscheidend davon
ab, ob und wie man ihn kultiviere, auf jeden Fall zeige sich, dass diejenigen
Länder auf Dauer reicher seien, die auf die Geschicklichkeit der Arbeit
setzten, auch wenn andere Völker von der Natur mehr begünstigt seien.[23]
     Smiths Ratschlag für die Regierungen lautete: Lasst die Leute arbeiten
und sparen, beseitigt die Investitionshemmnisse, und es wird sich für die
gesamte Gesellschaft zum Guten wenden. Diese Botschaft wurde gehört
und verstanden. Der »Wohlstand« war zudem in einer Sprache geschrieben, die, wie Schumpeter ein wenig herablassend und vergröbernd meint,
niemals die Grenzen des Fassungsvermögens selbst der dümmsten Leser
überschritt.[24]

Den Einfluss, den Smiths Botschaft auf die praktische Gesetzgebungsarbeit ausübte, schildert eine von John Rae mitgeteilte Anekdote:»Niemand in London hatte größeres Interesse, Smith zu sehen als der junge Minister (gemeint ist William Pitt der Jüngere, der schon in jungen Jahren Premierminister war, J. St.), zumal er die Lehren des Nationalökonomen ausgiebig in der praktischen Gesetzgebung anwandte. Beide begegneten sich wiederholt. Einmal trafen sie in Dundas Haus in Wimbledon Green zusammen, worüber Einzelheiten bekannt sind. Addington, Wilberforce-Witt und Grenville waren ebenfalls anwesend, und man erzählt, dass sich die ganze Gesellschaft von ihren Plätzen erhoben habe und stehengeblieben sei, als Smith als einer der letzten Gäste eintrat. ›Bleiben Sie doch bitte sitzen, meine Herren‹, sagte Smith. ›Nein‹, antwortete Pitt, ›wir möchten stehen bleiben, bis Sie Platz genommen haben, denn wir alle sind Ihre Schüler‹.«[25]

Das von Smith inspirierte Gesetzgebungswerk hat Wachstumskräfte der Volkswirtschaft freigesetzt und die wirtschaftliche Entwicklung vorangetrieben, doch war er keineswegs – wie Robinson und Eatwell annehmen –»der Prophet der industriellen Revolution«.[26] Er hat die industrielle Umwälzung vorbereitet, aber er hat sie nicht visionär vorweggenommen.[27] Wir können sogar aus seiner Warnung vor geistiger und moralischer Abstumpfung der Arbeit bei sich ausbreitender Arbeitsteilung[28] folgern, dass er die Gestalt, die die industrielle Umwälzung gefunden hat, nicht gutgeheißen hätte.

3.   Malthus' und Ricardos düstere Welt: Ihr könnt es nicht ändern!

a)   Der Wandel der Welt

Smiths Optimismus war nicht bloß Resultat seines Systems, sondern auch die Summe der Erfahrungen, die er ins Allgemeine hob. Theorien über Industrie und Handel werfen oft auch ein Licht auf das aktuelle Geschehen der jeweiligen Epoche.[29] Die englische Wirtschaft erlebte zu Smiths Zeit einen bedeutenden Aufschwung. Da zugleich die Produktivität der Landwirtschaft zunahm, konnte die Bevölkerung wachsen, ohne dass die Nahrungsmittelpreise in einem Ausmaß stiegen, welches eine explosive politische und soziale Lage hervorgerufen hätte.[30] Für den breiten Aufschwung waren vor allem organisatorische Neuerungen verantwortlich: wachsende Spezialisierung des Handels und der Finanzgeschäfte, die das

Risiko der Produktion für Überseemärkte kalkulierbar machten, die Fortentwicklung des Kreditgeschäfts, der Wandel vom sich weitgehend selbst versorgenden Familienbetrieb zu marktorientierten Unternehmensformen, die Ausweitung des Außenhandels.[31] Die gegen Ende des 18. Jahrhunderts einsetzende Umwälzung der Produktionstechnik (Spinnerei, Weberei), die Verwendung neuer Antriebsarten (Dampfmaschine) und neuer Primärenergie (Kohle) machten die Arbeit in großen Fabrikationsstätten in den Städten ertragreicher als die bisher vorherrschende Heimarbeit. War bislang der selbständige Handwerker mit ein oder zwei zusätzlichen Arbeitskräften, dem eigenen Stück Land hinter dem Haus und dem Recht auf Nutzung der Gemeindewiese typisch für die Arbeitswelt gewesen, so wurden es nun ausgangs des 18. Jahrhunderts die Massenproduktion und der lohnabhängige, städtische Arbeiter. Die Fabrikherren hatten zunächst noch Schwierigkeiten, Arbeitskräfte zu gewinnen, weil diese nicht in eine Abhängigkeitsposition geraten wollten.[32] Als der Fabrikarbeit der Durchbruch erst einmal gelungen war, verdrängte sie immer rascher die traditionelle Handarbeit. Friedrich Engels beschreibt sehr anschaulich in seinem Erfahrungsbericht über »Die Lage der arbeitenden Klasse in England« wie die Handwerker aus ihren angestammten Berufen vertrieben wurden, wie auf der einen Seite Industrie und Handel aufblühten und auf der anderen Seite sich das Proletariat rasch vermehrte, alle Sicherheit des Erwerbs für die Arbeiter zerstört wurde, wie diese demoralisiert wurden.[33] Das Lohnniveau in den Städten sank geradezu dramatisch: Die Reallöhne für Handwerker waren in London im ersten Jahrzehnt des 19. Jahrhunderts gegenüber der ersten Hälfte des 18. Jahrhunderts beinahe halbiert worden.[34]

Durch Zusammenschluss konnten die Arbeitskräfte ihre Verhandlungsposition nicht stärken, einmal, weil sie sich wegen des Koalitionsverbotes für Arbeitnehmer nicht gewerkschaftlich organisieren durften,[35] und zum anderen, weil sie sich wegen unterschiedlicher Interessenlage und aus Furcht vor Repressalien gar nicht hätten organisieren lassen wollen. In diese Welt hinein sind Malthus und Ricardo geboren worden. Sie haben das Elend sich ausbreiten gesehen. Es hat ihre Weltsicht geprägt.

b)   Malthus' apokalyptischer Reiter: Überbevölkerung

Thomas Robert Malthus, geboren am 13. Februar 1766, wuchs auf in einer Welt familiärer Geborgenheit und geistiger Offenheit.[36] Der Vater, Daniel

Malthus, war mit David Hume befreundet und ein Bewunderer von Jean-Jacques Rousseau. Als Robert drei Wochen alt gewesen sei, so berichtet John Maynard Keynes, »erschienen zwei Paten aus dem Märchenland in ›The Rookery‹ (das ländliche Anwesen, das Daniel Malthus kurz zuvor erworben hatte, J. St.), Jean-Jacques Rousseau und David Hume, und man darf annehmen, daß sie mancherlei Geistesgaben mit einem Kuß auf das Kind übertrugen«.[37]

Mit 18 Jahren trat Robert als zahlender Student ins Jesus College in Cambridge ein. Aus einem Brief erfahren wir, dass er eine hervorragende und breitgefächerte Ausbildung genossen hat: von Mathematik, Physik, über allgemeine Logik bis hin zu den klassischen Fächern (Griechisch, Latein). Sein Studium schloss er erfolgreich ab,[38] wurde 1793 als »fellow« des College zugelassen. Im Jahre 1788 war er zum Priester geweiht worden, obwohl er Bedenken hatte, eine Pfarrstelle zu übernehmen; er stand wegen seines Gaumenfehlers mit einer Reihe von Konsonanten auf Kriegsfuß.

Sein Studentenleben war einigermaßen bewegt. Keynes schreibt: »Während Malthus im späteren Leben vielleicht eine übertriebene Milde und Sanftheit des Temperaments und des Gehabens zeigte, war er in Cambridge ein fröhlicher Geselle«.[39] Auch die Porträts des älteren Malthus zeigen einen ausgeglichenen, in sich ruhenden Menschen. Alles andere als temperamentlos war aber seine erste Publikation (1798), sein Essay über das Bevölkerungsgesetz. Zum Widerspruch gereizt fühlte sich der junge Malthus durch eine euphorische Schrift von William G. Godwin über die Zukunft des Menschen. Der Tenor dieser Schrift lautete: Mögen auch jetzt Not, Elend und Verworfenheit herrschen, der Mensch könne seine geistigen Fähigkeiten zum Aufbau einer Welt nutzen, wo es an Gütern keinen Mangel gebe und die Menschen gleich seien. »Krieg und Verbrechen, die sogenannte Rechtspflege und die Regierung werden unbekannt sein … Darüber hinaus wird man einst weder Krankheit noch Kummer, Schwermut und Groll kennen. Jeder wird mit unermüdlichem Eifer für das Wohl arbeiten«.[40]

Malthus hielt solche Prophezeiungen für unverantwortlich. Sie gaukelten den Menschen vor, dass es bloß einer anderen Einkommensverteilung und der Abschaffung des Privateigentums bedürfe, um alle Probleme zu lösen. Wenn die Menschen nun im Vertrauen darauf Kinder zeugten, so gäbe es ein böses Erwachen; denn die Menschen würden sich schneller vermehren, als neuer Boden urbar gemacht werden könnte. Er drückte seine Bedenken in einem kurzen Essay aus. Sein Angriff gegen die Fortschrittsgläubigkeit, gepaart mit bildhafter und zupackender Sprache, rückten den Essay sofort in den Mittelpunkt des politischen Interesses. Malthus' Essay hatte politische Auswirkungen. Der britische Premierminister, der jüngere Pitt, zeigte sich beeindruckt. Er ließ das neue Armengesetz fallen;[41] denn soziale Hilfeleistungen und die Gewährung billiger Wohnungen, wogegen Malthus leidenschaftlich stritt, ließen die Zahl der Eheschließungen und der Kinder ansteigen, mit der Konsequenz desto größeren Elends in der Zukunft. Keynes bemerkt lakonisch zu der Malthusschen Argumentationskette:»Nationalökonomie ist eine sehr gefährliche Wissenschaft«.[42] Für Malthus war sie das jedoch keineswegs. Er blieb bei seinen nationalökonomischen Studien und erhielt im Jahre 1805 die Professur für neuere Geschichte und Nationalökonomie. Damit war Malthus»in das gleichmäßige Dasein eines Gelehrten und Lehrers eingetreten. Dreißig Jahre, bis zu seinem Tod im Jahre 1834, blieb er in Haileybury und wohnte in dem Haus unter dem Glockenturm«.[43]

Ab 1811 war er mit Ricardo bekannt und trat in eine ausgedehnte wissenschaftliche Korrespondenz mit ihm ein. Daraus erwuchs eine innige Freundschaft, obwohl ihre wissenschaftliche Auffassung in wesentlichen Punkten kontrovers blieb und obwohl sie in ihren Veröffentlichungen unverblümt sagten, was sie von den Ansichten des anderen hielten.

Eine Anekdote über das Verhältnis der beiden zueinander, die zugleich etwas über ihren Weitblick und ihr Nervenkostüm aussagt, sei noch mitgeteilt.[44] Während seiner Zeit als Mitglied der Börse hat Ricardo für seinen Freund Malthus hin und wieder kleinere Posten öffentlicher Anleihen gezeichnet, die dieser dann nach Plazierung beim breiten Publikum mit einem bescheidenen Gewinn verkaufen konnte. Ricardo hielt auch am Vorabend der Entscheidungsschlacht der Europäischen Alliierten gegen Napoleon im Jahre 1815 für Malthus einen Posten Staatsanleihen; Malthus bat Ricardo, diese für ihn zu verkaufen. Ricardo tat dies, hielt aber seinerseits kaltblütig die größte Hausseposition, die seine Mittel ihm erlaubten, und machte nach Wellingtons Sieg das größte Geschäft seines Lebens. Malthus jedoch haderte mit dem Schicksal und den Franzosen (»dass die Franzosen nicht so gut vorbereitet waren, wie sie es hätten sein sollen«).

c) Ricardo: Analytiker und Politiker

Eine gute Fee muss unter Ricardos Paten gewesen sein; denn alles, was er begann, glückte ihm. Geboren am 19. April 1772 als Sohn gläubiger jüdischer Einwanderer, wurde er von seinem Vater, einem erfolgreichen Börsenmakler, bereits als Vierzehnjähriger in das Börsengeschäft eingeführt.[45] Seine Heirat mit einer Christin – kaum volljährig geworden – führte zu einem Zerwürfnis mit seinen Eltern. Ricardo musste nun auf eigenen Füßen stehen, genoß aber so starke Wertschätzung unter den Mitgliedern der Börse, dass sie ihm das Startkapital in Höhe von 800 £ vorschossen. Innerhalb kürzester Zeit stieg er zum Börsen-Star auf: »Es gelang ihm … sein Vermögen wie seinen Ruf in einem bisher an der Börse unbekannten Ausmaß zu mehren«.[46]

Erst verhältnismäßig spät entdeckte er seine Leidenschaft für die Nationalökonomie. Schon seine erste Abhandlung, mit der er im Jahre 1809 in den Streit um die Folgen der Aufhebung der Goldeinlösepflicht durch die Bank von England eingriff,[47] zog die Aufmerksamkeit der Öffentlichkeit auf sich und beeinflusste maßgeblich den Gang der wissenschaftlichen Diskussion. Ricardo zog sich, um sich nun gänzlich der Nationalökonomie widmen zu können, aus dem Börsengeschäft zurück.

Ricardo ist durch die Lektüre von Smiths »Wohlstand« zur Nationalökonomie gestoßen. Natürlich bezeugte er Smith seinen Respekt, galt Smith inzwischen doch als der unbestrittene Lehrmeister. An vielen Stellen war Smith Ricardo einerseits nicht präzise genug, wie die Lektüre der »Grundsätze« zeigt,[48] und andererseits konnte er Smiths Optimismus nicht teilen: Es lag nicht in der Hand der Menschen, wie sie ihr Schicksal meisterten, sondern in der Hand der Natur, ob sie Hunger leiden müssten oder nicht.

Malthus' apokalyptischer Reiter erscheint: Da die Fruchtbarkeit der Menschen größer ist als die des Bodens, müssen sich die Menschen um ihre Ernährung Sorgen machen. Ricardo hat Malthus' Axiom in sein System eingebracht: Bei der Aufteilung des Sozialprodukts oder – wenn wir in Malthus' Bild bleiben – an der »Festtafel der Natur« werden diejenigen zuerst bedient, die im Besitze des knappen Faktors »Boden« sind. Stand für Smith die Ursache der Wohlstandsmehrung im Vordergrund, so war es für Ricardo die Verteilung des Wenigen, was die Erde hergibt: »Die Gesetze aufzufinden, welche diese Verteilung bestimmen, ist das Hauptproblem der Volkswirtschaftslehre.«[49]

In der Tat haben Ricardos »Grundsätze« ihren Ursprung in einer Untersuchung (1815) über den Einfluss der Getreidepreise auf die Kapitalprofite.

Sraffa berichtet,[50] dass James Mill Ricardo zunächst zu einer erweiterten Fassung dieses Essays überreden wollte; Ricardo sträubte sich, weil er glaubte, dass das über seine Kräfte ginge; Mill habe jedoch keine Ruhe gegeben, mit Erfolg: Nach nur zwei Jahren – 1817 – veröffentlichte Ricardo sein Hauptwerk: »Principles of Political Economy and Taxation« (»Grundsätze«).

In diesem Buch bringt Ricardo zum Ausdruck, dass die Gesetze, denen sich Produzenten und Konsumenten zu beugen haben, stärker sind als politisches Wollen. Mit anderen Worten: Wenn Regierungen und Menschen durch Umverteilung und Mildtätigkeit offensichtlich nur Unheil anrichten können, dann scheint zunächst nichts anderes übrigzubleiben, als die Armen ihrem Schicksal zu überlassen. Das ist Malthus' und Ricardos düstere Welt.[51] Kein Wunder, dass sich beide die zweifelhafte Auszeichnung teilten, für die Politische Ökonomie den Titel der »dismal science«, der »trostlosen Wissenschaft«, erworben zu haben.[52]

Nun – gänzlich hoffnungslos sah Ricardo die nächste Zukunft jedoch nicht: Der freie Import von Nahrungsmitteln könnte eine Einkommensumverteilung zugunsten der Lohnempfänger und der Unternehmer bewirken, so dass zumindest der Lebensstandard der derzeit lebenden Bevölkerung gehoben wird. Die Losung »Freihandel« wurde Ricardos »ceterum censeo …«.

Nachdem er die Welt mit seinem System bekannt gemacht hatte, drängte es ihn zu praktischer Erprobung. Entsprechend der damals häufig geübten Praxis kaufte (!) er sich im Jahre 1819 einen Parlamentssitz.[53] Er schloss sich aber weder den Whigs noch den Tories an. Im Unterhaus hat er unermüdlich für Freihandel gestritten – aber keineswegs dogmatisch.[54] Ihm selbst war kein durchschlagender parlamentarischer Erfolg beschieden, dass aber Cobden und seine Gefolgsleute später in der Abschaffung der Kornzölle einen Triumph feiern konnten, wäre ohne Ricardos Vorarbeit undenkbar gewesen. Alfred Amonn schreibt über dessen parlamentarische Tätigkeit: »Sein Wirken da galt sowohl politischen wie volkswirtschaftspolitischen und sozialpolitischen Reformen und er fand, sowie er sich zu solchen Fragen äußerte, stets die volle Aufmerksamkeit des ganzen Hauses«.[55] Der Tod riss Ricardo am 11. September 1823 – einundfünfzigjährig – mitten aus einem tätigen Leben.

Innerhalb von nur einer Dekade hat Ricardo sein nationalökonomisches Werk vollbracht. »Aber es war ausreichend«, so George Stigler, »ihn zum einflussreichsten Ökonomen seines Jahrhunderts zu machen.«[56] Er stellte die Weichen für die Entwicklung der Politischen Ökonomie in Richtung »reine Theorie«. Ricardos Glück hielt über den Tod hinaus an. Er fand in Piero Sraffa einen Nachlassverwalter, der ihn verehrte und der darüber hinaus ein Nationalökonom von hohen Graden war. Schon Keynes bewunderte das Geschick und den Spürsinn Sraffas beim Aufstöbern Ricardianischer Reliquien: »Sraffa, vor dem nichts verborgen ist«.[57] Samuelson schreibt: »Piero Sraffa zum Herausgeber zu haben, krönte Ricardos Glück«.[58]

4. Mills Botschaft: Ihr könnt es ändern!

John Stuart Mill beginnt seine Autobiographie mit folgendem Satz: »Ich wurde am 20. Mai 1806 in London als ältester Sohn von James Mill, dem Verfasser der Geschichte von »Britisch Indien«, geboren«.[59] Dieser Satz ist in zweifacher Weise für Mill charakteristisch: durch die ihm eigene Präzision und den Hinweis auf den Vater.

James Mill, der Vater, hatte sich als Sohn eines Schuhmachers und einer Bauerntochter Rang und Einfluss hart erarbeiten müssen. Er wollte, dass sein Sohn es besser hätte. Vom ersten Tage an nahm er die Erziehung seines Sohnes ganz in seine Hände. Mill war geistiger Rohstoff in den Händen seines Vaters. Bereits als Dreijähriger (!) wurde er mit der (alt-)griechischen Sprache bekannt gemacht. Offensichtlich war John Stuart mit diesem Experiment einverstanden; er spricht von seiner ungewöhnlichen und bemerkenswerten Erziehung, »die, was immer sie sonst bewirkt haben möge, bewiesen habe, wieviel mehr als üblicherweise vermutet in jener frühen Zeit gelehrt werden könne – und zwar ordentlich«.[60] Andere Beobachter urteilen weniger günstig. Edgar Salin sieht Mill »als einen Homunkulus, der vom Vater nach den Rezepten von Positivismus und Utilitarismus in einer individualistischen Garküche für das Leben präpariert, dessen Verstand hochgezüchtet und dessen Seele vergessen wird, mit dem Erfolg, dass sie in gefahrvollen starken Krisen erst spät und schüchtern ans Licht drängt«.[61] Immerhin verdanken wir dieser Erziehungsmethode das erste wirkliche Lehrbuch der Politischen Ökonomie. Auf den morgendlichen Spaziergängen erläuterte der Vater dem Knaben die Grundelemente und

Zusammenhänge der Politischen Ökonomie. John Stuart fertigte Protokolle darüber an; der Vater korrigierte und sammelte sie; sie dienten ihm später als Rohmaterial für seine »Elements of Political Economy«.[62] Mit zwölf konnte sich John Stuart an die schwierigsten Wissensgebiete wagen. Er widmete sich vornehmlich der Philosophie, Logik und den Staats- und Sozialwissenschaften. Seine späteren Beiträge waren auf jedem dieser Gebiete wegweisend, so dass jede der genannten Disziplinen ihn zu der ihren rechnet.

Mill überstand das erzieherische Experiment nicht ganz ohne Schaden. Sein früher Nervenzusammenbruch (1826/27) ist wohl die Reaktion von Körper und Geist auf die ständige und totale Anspannung, der er unterworfen war. Auch später noch litt er von Zeit zu Zeit unter solchen mentalen Krisen.[63] Vielleicht lässt auch seine tiefe Bindung zu seiner Vertrauten und späteren Gattin, Harriet Taylor, deren Führung er suchte, erkennen, dass die starke Prägung durch den Vater in ihm das Bedürfnis nach der Nähe eines dominierenden Charakters weckte. Harriet Taylor war dominierend: »Sie war groß und aufrecht, von einer dunklen, etwas strengen Schönheit. Ihr Geist hatte etwas Bezwingendes, auch Geheimnisvolles, fast Mystisches. Sie war besessen vom Willen und von der Gewissheit, das Rechte zu tun, mochte es noch sosehr der Überlieferung zuwiderlaufen«.[64]

Der 24 jährige Mill begegnete der 22 jährigen Harriet auf einer der Gesellschaften, die sie und ihr Ehemann John Taylor für die intellektuellen Kreise Londons gaben. Zwischen Mill und ihr herrschten sogleich Verständnis und Zuneigung. Harriet Taylor verließ ihren Mann jedoch nicht. Erst zwei Jahre nach dessen Tode heiratete sie Mill (1851) – nach einer rund zwanzigjährigen Wartezeit. Aber schon während der Wartezeit war sie Mills geistige Mentorin, Anregerin und Kritikerin. Mill hat ihr das Hauptverdienst an seinem sozialphilosophischen und schriftstellerischen Werk zugeschrieben.

Nach nur siebenjähriger Ehe starb Harriet Mill während einer Reise durch Frankreich. Sie wurde in der Nähe von Avignon beerdigt. Mill kaufte sich dort ein Haus, um ihr auch nach ihrem Tode nahe zu sein. In den ihm noch verbleibenden 15 Jahren vollendete er das Werk, das er mit Harriet bereits konzipiert hatte – gleichsam als Vollstrecker ihres letzten Willens.

Bereits zu Lebzeiten sah die Welt in Mill einen ihrer Großen. Er starb am 7. Mai 1873.

Als beruflichen Lebensweg hatte Mill wie sein Vater eine Anstellung in der East India Company gewählt, wo er es zu hohem Rang und Ansehen brachte. Diese Tätigkeit verschaffte ihm sowohl finanzielle Mittel als auch die Möglichkeit, in der Verwaltung der East India Company seine wirtschafts- und sozialwissenschaftlichen Erkenntnisse an der Praxis zu erproben. Mill war in erster Linie Denker, zugleich aber an der praktischen Verwendbarkeit seiner Ideen interessiert. Mario Ludwig schreibt: »Hätte er neben seiner Arbeit als Denker nicht als Ausgleich das Wirken in der Praxis gehabt, dann hätte er sich wohl in der Theorie verloren«.[65] Auch sein parlamentarisches Zwischenspiel (1865–68) zeigt seinen Drang nach politischer Gestaltung.[66]

Das Bild, das von Mill in der Geschichte ökonomischen Denkens gezeichnet wird, ist nicht einheitlich: Einerseits gilt er als der bloß sprachmächtige Kompilator, der in seinen »Principles« das Wissen der Klassiker zusammenfasst und kanonisiert,[67] andererseits als ein Philosoph, der verjüngt wie ein Phoenix aus der Asche emporsteigt, wenn er aus der Vergessenheit ans Licht geholt wird.[68] Die zweite Sicht hat in letzter Zeit an Raum gewonnen. Die »Gourmets« unter den Dogmenhistorikern – wie Schumpeter oder Blaug – haben Mill gemocht. Schumpeter mit seiner Abneigung gegenüber Smith, seiner Reserve gegenüber Ricardo, seiner Gleichgültigkeit gegenüber Malthus wird im Ton spürbar wärmer, wenn er auf Mill zu sprechen kommt.

Stigler führt das abschätzige Urteil eines Teils der Fachwelt darauf zurück, dass Mill alle Taktiken des leicht errungenen Erfolges verschmähte.[69] Dabei sei er – gemessen an den identifizierbaren Theorien – einer der schöpferischsten Ökonomen in der Geschichte der Wissenschaft gewesen. Die Entdeckung dagegen, auf die er wirklich stolz gewesen sei – die Unwandelbarkeit der Gesetze der Produktion und die politische Formbarkeit der Gesetze der Verteilung, sei dagegen – so wiederum Stigler – zumindest »unglücklich« gewesen.[70] Aus der Sicht des analytischen Fortschritts mag dieses Urteil richtig sein, nicht jedoch aus sozialphilosophischer Sicht.[71]

Wenn in Malthus' und Ricardos düsterer Welt die vordringliche Aufgabe der Politik darin bestand, den Armen das Heiraten zu verleiden, damit es nicht zu der erwarteten demographischen Katastrophe komme, dann war die Schlussfolgerung der Sozialisten naheliegend: Versucht das kapitalistische System nicht im Einzelnen zu verbessern, sondern stürzt es gänzlich um, damit aus seinen Trümmern eine neue, eine sozialistische

Welt erwachse. Dauerte einen mitleidigen Menschen das Los der Arbeiter und folgte er in theoretischer Hinsicht Ricardo, so konnte er sich schnell im sozialistischen Lager wiederfinden. Auch Mill hatte zumindest Sympathien für sozialistische Ideen. Wenn er dennoch der zeitweilig mächtigen Stimme seines Herzens nicht gefolgt ist,[72] so lag das daran, dass er die Lage des Menschen im Kapitalismus nicht als hoffnungslos und den Marktmechanismus als unverzichtbares Steuerungselement betrachtete. Seine Hoffnung war: Mögen die Produktionsgesetze unwandelbar sein (Mills ständig wiederkehrende Formel lautet:»Whether they like it or not…«), so sind es die Verteilungsgesetze keineswegs – die Formel lautet:»Mankind, individually or collectively, can do with them as they like«.[73] Es tut nichts zur Sache, dass Mill diese Formel bei der Behandlung einzelner Verteilungsprobleme stark eingeschränkt hat;[74] er hat den Vertretern der»dismal science« wieder Zuversicht einflößen können.

---

1 Anderer Meinung ist Rae, abgedruckt in: H. C. Recktenwald, Würdigung, S. XXVIII. – Vgl. hierzu die knappe Bewertung im folgenden Abschnitt 2.

2 Vgl. hierzu Robbins, 1952, S. 3 f.

3 Zur Bedeutung dieser Gruppe vgl. Schumpeter, Geschichte, Bd. I, S. 184 (Anm. 71).

4 Robbins, S. 4.

5 F. A. von Hayek:»Ihr Argument war nie einfach laissez-faire, das, wie das Wort zeigt, ebenfalls ein Teil der französischen rationalistischen Überlieferung ist und in seinem wörtlichen Sinn nie von einem der klassischen englischen Nationalökonomen vertreten worden ist.« (1971, S. 70)

6 Der volle Titel lautet:»An Inquiry into the Nature and the Causes of the Wealth of Nations«. Er wird im Folgenden als»Wohlstand« zitiert. – Hier liegt die deutsche Fassung zugrunde: Eine Untersuchung über Wesen und Ursachen des Volkswohlstandes, Jena 1923. Übersetzt nach der vierten englischen Auflage, London 1786. – Ich habe trotz der von H. C. Recktenwald besorgten Neuübersetzung an der alten festgehalten, weil mir die alte wegen der Anstreichungen und Notizen vertraut war. Der Leser, der über die neuere Ausgabe verfügt, muss also, wenn er Zitate nachprüfen will, auf die Suche gehen. Dies ist unbequem, vielleicht aber auch ganz nützlich, weil man beim Blättern und Stöbern auf Weisheiten stoßen könnte, die bei gezieltem Nachschlagen entgangen wären.

7 Schumpeter, Geschichte, Bd. I, S. 245.

8 Salin (1967, S. 75):»An Einzelheiten zu kritteln und ihre mangelnde ›Originalität‹ zu bemäkeln, ist nutzlos und unwürdig: noch immer sind die einzelnen Töne bekannt gewesen, aus denen die Meisterhand die bleibenden Melodien formt.«

9 Bei den biographischen Notizen habe ich mich hauptsächlich auf Rae, in: H. C. Recktenwald, Würdigung, S. XVII-XXXII, und Jahn (1926, S. 490 ff.) gestützt.

10 Diese berühmte Textstelle findet sich in: Smith, Wohlstand, 1. Buch, S. 171 f. (10. Kap., 2. Abteilung).

11 Rae, in: Recktenwald, Würdigung, S. XXVf.

12 Smith, Wohlstand, 4. Buch, S. 523 (9. Kap.).

13 Vgl. Rae, in: Recktenwald, Würdigung, S. XXIX.

14 Ganz so auch Rist, in: C. Gide und C. Rist, 1923, S. 61.

15 Vgl. hierzu Kruse, 1959, S. 64.

16 Jahn, 1926, S. 495.

17 Rae (in: Recktenwald, Würdigung, S. XXIX) schreibt, dass Smiths Freunde bedauerten, »daß er von seinen im Grunde leichten Amtspflichten sehr beansprucht war und kaum Zeit und Kraft für seine Arbeit an dem geplanten Buch über Government finden konnte«. – Unsere Interpretation lautet: Weil er es nicht wollte.

18 Anderer Ansicht ist Rae, in: Recktenwald, Würdigung, S. XXVIII. – Vgl. dazu die vorangegangene Anmerkung.

19 Rae (in: Recktenwald, Würdigung, S. XXVIII): »Doch darf man wohl annehmen, daß die Berufung (zum Zollherrn und Salzbeauftragten, J. St.) in Wirklichkeit eine Anerkennung für den Autor des Wealth of Nations durch Lord North war, der seinerzeit als Schatzkanzler und Premierminister bei der Vorbereitung des Budgets der Jahre 1777 und 1778 auf das Buch zurückgreifen konnte.«

20 Ebenda, S. XXXI.

21 Smith, Wohlstand, 1. Buch, S. 1 (Einleitung).

22 Ebenda, S. 6 f. – Die Ausführungen über die Arbeitsteilung machten auf Smiths Zeitgenossen großen Eindruck, doch war Smith weder der Erfinder der Arbeitsteilung noch derjenige, der dieses Phänomen zuerst wissenschaftlich ausgewertet hat. Kruse (1959, S. 51) schreibt, dass das Phänomen »Arbeitsteilung« schon im Altertum literarisch erwähnt und im 17. Jahrhundert in Italien und Deutschland eingehend untersucht worden sei, so vornehmlich von Ernst Ludwig Carl (1682–1743). Über französische Autoren sei dann diese Lehre samt dem berühmten Stecknadelbeispiel nach England gelangt und über Smiths Lehrer Hutcheson schließlich zu diesem selbst.

23 Smith, Wohlstand, 1. Buch, S. 8 f.

24 Schumpeter, Geschichte, Bd. I, S. 246.

25 Rae, abgedruckt in: Recktenwald (Hrsg.), Lebensbilder großer Nationalökonomen, Köln und Berlin 1965, S. 86.

26 Robinson und Eatwell, 1974, S. 41.

27 Blaug stellt fest, dass man im »Wohlstand« keinen Satz ausfindig machen könne, »der darauf hinwiese, daß sich Adam Smith der ungewöhnlichen Änderungen in der Wirtschaft seiner Epoche bewußt war«. (1971, S. 91)

28 Vgl. Smith, Wohlstand, 5. Buch, S. 122 f. (1. Kap., 3. Abt., 2. Unterabt.).

29 So John Neville Keynes, 1955, S. 289 f. (9. Kap., S. 6).

30 Deane, 1977, S. 5.

31 Ebenda, S. 8.

32 Ebenda, S. 37.

33 Engels, Die Lage der arbeitenden Klasse in England (1845), Stuttgart 1909, S. 7 und passim.

34 Vgl. hierzu Tucker, 1975, S. 27 ff.

35 Vgl. hierzu Thompson, 1968, S. 53 ff.

36 Diese kurze Beschreibung stützt sich vor allem auf Keynes' biographische Notizen zu: Robert Malthus, in: Ders., Politik und Wirtschaft. Männer und Probleme, Tübingen und Zürich 1956, S. 127 ff.

37 Ebenda, S. 129.

38 Ebenda, S. 133 f. – Malthus wurde neunter Wrangler seines Jahrgangs. ('Wrangler' werden diejenigen in Cambridge genannt, die die mathematische Abschlussprüfung mit Auszeichnung bestehen.)

39 Ebenda, S. 136.

40 Godwin, 1948, S. 15 f.

41 Vgl. Keynes, Robert Malthus, S. 140. Ferner: D. Winch, Das Aufkommen der Volkswirtschaftslehre als Wissenschaft 1750–1870, in: C. M. Cipolla und K. Borchardt, Europäische Wirtschaftsgeschichte, Bd. 3, S. 351 f.

42 Keynes, Robert Malthus, S. 145.

43 Ebenda, S. 145.

44 Ebenda, S. 149.

45 Diese Skizze des Lebenslaufs beruht, was die persönlichen Daten angeht, auf der – wie Sraffa annimmt – Lebensbeschreibung durch Moses Ricardo, einem der Brüder Ricardos, abgedruckt in: Recktenwald (Hrsg.), Lebensbilder, S. 176 ff.

46 Ebenda, S. 179.

47 Der Titel dieser Abhandlung lautet: »The High Price of Bullion - a Proof for the Depreciation of Banknotes«, London 1810.

48 Bisweilen ging Ricardo mit Smith recht hart ins Gericht. Marshall schreibt angesichts einiger dunkler Stellen in den »Grundsätzen«: »Wenn wir ihn (Ricardo, J. St.) also richtig verstehen, so müssen wir ihn edelmütig auslegen, edelmütiger, als er selbst es mit Adam Smith tat.« (1905, S. 478)

49 Ricardo, Grundsätze, S. 33.

50 Sraffa, Introduction, 1952, Vol. 1, S. XIII.

51 Vgl. das entsprechende Kapitel in: Heilbroner, 1960. (»Pfarrer Malthus' und David Ricardos düstere Welt«)

52 Taylor, 1972, S. 20. – Der Begriff »dismal science« ist von Thomas Carlyle geprägt worden. Vgl. Carlyle, Latter-Day Pamphlets. The Present Time, London 1850, S. 53.

53 Vgl. zur Praxis des Einkaufens in das Unterhaus: Streissler, 1973, S. 71 ff. – Bentham rühmt sich, Ricardo das parlamentarische Entree besorgt zu haben: »Mill überredete Ricardo, in das Parlament einzutreten; ich hatte einige Mühe, ihm einen Sitz zu verschaffen.« (1843, S. 450)

54 Vgl. hierzu Braun, 1984, S. 59–84 (Fallstudie: Korngesetze).

55 Amonn, Artikel: Ricardo, 1956, S. 13 f.

56 Stigler, 1965, S. 156.

57 Keynes, Robert Malthus, S. 150.

58 Samuelson, 1962, S. 1–18 (1970, S. 290). – Ähnlich auch G. Stigler, Sraffa's Ricardo, in: Ders., Essays in the History, S. 302.

59 Mill, Autobiography, 1969, S. 3. – Die folgende biographische Notiz folgt weitgehend Mills Autobiographie. Diese ist teilweise übersetzt und abgedruckt in: Recktenwald (Hrsg.), Lebensbilder, S. 248–257.

60 Ebenda, S. 3.

61 Salin, 1967, S. 90. – Ähnlich auch Ludwig: »Das erzieherische Experiment, welches James Mill an seinem Sohn durchführte, grenzt an Monstrosität« (1963, S. 12).

62 Die »Elements ...« sind erstmals im Jahre 1821 erschienen. Zwar ist Smiths »Wohlstand« weit älter, und sowohl die »Principles« von Ricardo als auch die »Grundsätze der Politischen Ökonomie« von Malthus liegen zeitlich noch vor den »Elements«, doch waren sie nicht als Lehrbücher gedacht, sondern wollten neues Licht auf ökonomische Zusammenhänge werfen, während James Mill sozusagen das fixieren wollte, was man heute als »normale Wissenschaft« bezeichnen könnte; er zitiert niemanden, fürchtet aber nicht den Vorwurf des Plagiats, »because I profess to have made no discovery«. (James Mill, 1844; S. IV, Reprint 1965)

63 In seiner Autobiographie (1969), S. 101, schreibt Mill: »For example, during the later returns of my *dejection*, the doctrine of what is called Philosophical Necessity weighed on my existence like an *incubus*.« (Hervorgehoben von mir, J. St.)

64 Ludwig, 1963, S. 15.

65 Ebenda, S. 14.

66 Bei dem »landslide«-Wahlsieg der Konservativen unter Disraeli über Gladstone (1868) wurde Mill in seinem Wahlkreis von dem Tory-Kandidaten geschlagen.

67 Stigler (1955) umreißt das Urteil der ökonomischen Zunft über Mill wie folgt: »He is now considered a mediocre economist of unusual literary power; a fluent, flabby echo of Ricardo.« (The Nature and Role of Originality in Scientific Progress, in: Ders., Essays in the History, S. 6)

68 Dieses Bild hat Ludwig (1963) geprägt.

69 Stigler, The Nature and Role of Originality in Scientific Progress, S. 6 f.

70 Ebenda, S. 7.

71 In diesem Sinne auch Heilbroner, 1960, S. 139 ff.

72 Schumpeter (Geschichte, Bd. I, S. 651) schreibt: »Rein gefühlsmäßig wirkte der Sozialismus auf ihn immer anziehend.«

73 Mill, Principles, S. 199 f.

74 Vgl. die Ausführungen Mills zur Umverteilung im Kapitel VI, Abschnitt 2.

II. Die Ordnungselemente des Systems der natürlichen Freiheit

1. Die Grundidee: Die Steuerung menschlichen Verhaltens durch das institutionelle Arrangement

Die ordnungspolitischen Ideen der englischen Klassiker – Privateigentum als Ordnungsfaktor, Zutrauen zum Wettbewerb, Skepsis gegenüber Staatsinterventionen, Herrschaft des Gesetzes – werden vor dem Hintergrund eines bestimmten Menschenbildes verständlich. Wir befassen uns mit der Einschätzung der menschlichen Natur durch Smith und der darauf aufbauenden Ordnung des ökonomischen und gesellschaftlichen Kosmos. »Der Gott der Scholastik ist zu einer unsichtbaren Hand geworden«.[1] Mit dieser Anspielung auf Smiths berühmtes Bild – der wirtschaftlich handelnde Mensch werde in seinem Tun wie von einer »unsichtbaren Hand« geleitet – rückt Salin das Weltbild der englischen Klassiker in die Nähe der scholastischen Naturrechtslehre.

Beider Menschenbild wurzelt in der Auffassung, dass Kollektiveigentum als gesellschaftliches Ordnungsprinzip — weil nicht menschlicher Veranlagung gemäß – abzulehnen sei: Die Erkenntnis, die Menschen seien bei Kollektiveigentum geneigt, sich auf Kosten anderer Leute Fleiß ein schönes Leben zu machen, haben die Scholastiker von Aristoteles übernommen.[2] Die englischen Klassiker verlassen sich, wenn es um die Ordnung von Wirtschaft und Gesellschaft geht, nicht auf die Güte des Menschen und wollen ihn auch nicht primär durch Erziehung oder Zwang zu einem aus gesamtwirtschaftlicher Sicht erwünschten Verhalten veranlassen. Damit folgen sie der Tradition der schottischen Moralphilosophie. Sie erwarten nicht Tugendhaftigkeit, wenn die Institutionen und Umstände einem solchen Verhalten entgegenstünden bzw. es nicht förderten.

Smiths durch Erfahrung geprägtes Urteil über menschliche Schwächen offenbart sich im Falle der Verquickung von Rechtsprechung und Politik: »Solange die richterliche Gewalt mit der vollziehenden vereinigt ist, lässt es sich kaum vermeiden, dass die Gerechtigkeit häufig dem aufgeopfert wird, was man gewöhnlich Politik nennt«.[3] Wenn der Richter, der der Gerechtigkeit zu ihrem Recht verhelfen will, sich eventuell um seinen Broterwerb bringt oder mitansehen muss, dass der Kollege, der politisch genehme Urteile fällt, schneller Karriere macht, so wird ihm niemand verdenken können, dass er den leichteren Weg wählt. Ein Kabinettstück geradezu ist Smiths Schilderung, wie sogar Vertreter des geistlichen Standes ihr Verhalten geänderten institutionellen Gegebenheiten anpassen: Wenn sie auf ein festes Einkommen rechnen könnten, neigten sie zu esoterischer Gelehrsamkeit; lebten sie von den Spenden der Gemeindemitglieder, wären sie gar zu beflissen.[4]

Wer Smiths Lehre mit »Laissez-faire« oder gar mit dem Spruch: »Was gut ist für den Kaufmann, ist gut für die Volkswirtschaft« gleichsetzt, hat sich mit dessen realistischem Menschenbild nicht vertraut gemacht. Seine Gehässigkeiten über Kaufleute sind unter Kennern sprichwörtlich[5] – manchmal hat man bei der Lektüre des »Wohlstand« den Verdacht,[6] Smith teile das Vorurteil der alten Griechen, die in Hermes den Gott der Diebe, Wegelagerer und Kaufleute verehrten. Bezeichnend ist auch, dass die Maxime »Laissez-faire« französischen, genauer: physiokratischen Ursprungs ist[7] und dass es für den Begriff »Harmonielehre« kein eingebürgertes englisches Pendant gibt.[8]

Smiths Entdeckung ist nun: Es ist nicht bedauerlich, dass wir uns nicht auf die moralische Qualität verlassen können, womöglich wäre es nicht einmal wünschbar. Überblickt der Landwirt von einem Hügel aus sein Land und überlegt, wie er zu mehr Geld kommen könne, so könne er auf den Gedanken kommen, durch Umwandlung von Brach- in Ackerland seine Ernteerträge zu steigern. Zugleich verbessere er damit die Versorgung der Bevölkerung mit Nahrungsmitteln. Es müsse also kein Konflikt zwischen Eigeninteresse und allgemeinem Wohl vorliegen.[9]

Hier scheint der Unterschied zum Menschenbild der Scholastik auf; man stellt nicht auf eine bestimmte moralische Verpflichtung des Individuums ab und misst daran Motive und Handlungsweisen, sondern hat die Konsequenzen individuellen Handelns in einem gesellschaftlichen Verbund im Blick. Damit verschiebt sich der Schwerpunkt politischer Bemühungen: Nicht die Besserung des Menschen muss im Mittelpunkt stehen, sondern die Beobachtung und Bewahrung eines institutionellen Arrangements, das individuelles Handeln im Sinne gesellschaftlicher Güter – wie z. B. bessere bzw. billigere Versorgung mit Lebensmitteln – kanalisiert. Diese Sichtweise ist ein wesentliches Charakteristikum der utilitaristischen Ethik.[10]

Die Erfahrung zeigt, dass im ökonomischen Kosmos die Orientierung am Eigennutz überwiegt. Auch ist gar nicht zu wünschen, dass wir vom Wohlwollen der Fleischer, der Bäcker unsere Mahlzeit erwarten dürfen.[11] Würden die Fleischer oder der Bäcker ihre Waren unter ihren Selbstkosten anbieten, so müssten sich die Kunden bald einen neuen Wohltäter suchen, und die Schlange auf der Suche nach Wohltätern würde länger und länger. Bäcker, Fleischer und so weiter können und sollen für ihre Waren den Preis nehmen, den der Markt hergibt; was sie mit dem Erlös machen, ist dann ihre Angelegenheit, aber nicht die der Politischen Ökonomie. Daraus können wir aber nicht schließen, dass sich auf dem durch den Wettbewerb kanalisierten Eigeninteresse eine menschenwürdige Gesellschaft aufbauen ließe. Um zu erfahren, was hierzu notwendig ist, müssen wir auf Smiths »Theorie der ethischen Gefühle« zurückgreifen. Hier zeichnet er ein facettenreicheres Menschenbild. Der erste Satz dieses Buches lautet:»Wie selbstsüchtig auch immer der Mensch eingeschätzt werden mag, so liegen doch offensichtlich bestimmte Grundveranlagungen in seiner Natur, die ihn am Schicksal anderer Anteil nehmen und ihm die Anteilnahme an deren Glück notwendig werden lassen, obwohl er keinen anderen Vorteil daraus zieht als das Vergnügen, Zeuge davon zu sein. Mitleid oder Er- barmen sind von dieser Art: die Gemütsbewegung nämlich, die wir für das Elend anderer empfinden«.[12] Smith betrachtet Wohltätigkeit als ein wichtiges Element einer menschenwürdigen Gesellschaft, jedoch als »weniger wesentlich für die Gesellschaft als Gerechtigkeit«, ohne die eine Gesellschaft »in Sekundenschnelle in Atome zerfallen muß«.[13]

2. Privateigentum – von der naturrechtlichen zur utilitaristischen Interpretation

Aus dem Menschenbild der Klassiker lässt sich auch ihr prinzipielles Votum für Privateigentum ableiten. Es wird zunächst noch naturrechtlich begründet, dann immer stärker utilitaristisch. Die Grundlagen der Eigentumsauffassung der englischen Klassiker haben John Locke und David Hume gelegt.[14] Die englischen Klassiker fanden sie vor und haben sie – mit Ausnahme von Mill – unverändert gelassen.[15]

Locke geht aus vom Urzustand der Natur und des Menschen.[16] Die Natur liefere die Früchte; der Mensch sammele sie für sich und seine Familie. Sie gehören ihm, weil er dafür gearbeitet hat. Eigentum wird also durch Arbeit konstituiert. Auch ist die Einzäunung des Bodens statthaft, weil der Mensch ihn zuvor kultiviert habe. Der Mensch dürfe sich aber nur soviel von den Gaben der Natur aneignen, wie er verzehren könne. Auf alles, was darüber hinausgehe, hätten die anderen ein Zugriffsrecht. Dieses Zugriffsrecht wird aber ausgesetzt, wenn der Mensch seinen Überschuss gegen Lebensmittel oder Waren eintausche, die dauerhaft seien. Wenn nun eine bestimmte Ware allgemein als Umtauschmittel angesehen werde, so könne der Einzelne davon einen Vorrat anlegen, der über den zur Sicherung der Existenz notwendigen Lebensmittelvorrat hinausgehe. Damit begründet Locke die Rechtmäßigkeit unterschiedlicher Eigentumsaufteilung. Eine Komplikation ergibt sich dadurch, dass der Reichere Knechte anstellen kann, die für ihn den Torf stechen. Diese liefern das Produkt ihrer Arbeitsleistung ab und erhalten den ausbedungenen Lohn. Hier ist also der Grundsatz durchbrochen, dass Eigentum durch Arbeit begründet wird.[17] Die Rechtfertigung hierfür ist utilitaristischer Natur: Wenn ein Arbeiter, um den Unterhalt für sich und seine Familie zu erarbeiten, seine Arbeitskraft verdingt, so tut er dies, weil es für ihn offensichtlich ertragreicher ist; daraus folgt: Bei selbständiger Arbeit wäre das Sozialprodukt geringer. Da es nun auf die bestmögliche Versorgung aller Menschen ankommt, ist die ungleiche Reichtumsverteilung gesellschaftlich sinnvoll. Sie lässt den Tüchtigen seine Talente entfalten und motiviert ihn.

Einen anderen Weg der Eigentumsbegründung hat Hume gewählt.[18] Er schildert die Situationen, in denen Eigentum offensichtlich überflüssig oder unangebracht ist. Bei allgemeinem Überfluss – »jedem nach seinen Bedürfnissen« – brauchen wir kein Unterscheidungsmerkmal zwischen »mein« und »dein«, in Situationen extremer Not, zum Beispiel bei Belagerungen, verbiete es sich, bei allgemeinem Altruismus erübrige es sich. Da diese Situationen in aller Regel aber nicht gegeben seien, müsse man auf das Institut Privateigentum zurückgreifen. Es bleibe zu prüfen, wie dann das Sozialprodukt verteilt sein sollte. Eine Verteilung nach Verdienst entfalle, weil ein allgemein akzeptierter Maßstab fehle. Intensiver diskutiert Hume das Prinzip der Gleichverteilung. Wenn das Sozialprodukt bei Gleichverteilung ein auskömmliches Leben für alle gestatte, so würde bei Abgehen von dieser Maxime dem Armen mehr an Befriedigung geraubt als dem Reichen gegeben. Leider sei eine solche Verteilung wegen der unterschiedlichen Talente und Charaktereigenschaften bei den Menschen nicht auf Dauer zu verwirklichen. Sollte die Obrigkeit dies dennoch versuchen, so werde sie zu einer Tyrannis verkommen.[19] Ungleiche Reichtumsverteilung werde sich daher nicht nur mit Naturnotwendigkeit einstellen, sie sei auch für die Gesellschaft nützlich:»Wer sieht beispielsweise nicht, daß, was immer auch produziert oder verbessert wird durch menschliche Erfindungsgabe oder Fleiß, für immer dem Urheber vorbehalten bleiben sollte, um solche nützlichen Gewohnheiten und Fertigkeiten zu ermutigen?«[20] Hiervon profitieren nicht bloß der Erfinder oder Produzent, sondern alle Gesellschaftsmitglieder.[21] Das Wohlstandsziel rangiert vor dem Gerechtigkeitsziel:»Es dominiert die Einsicht, daß nur das verteilt werden kann, was vorher produziert worden ist.«[22]

Hume wusste um die unterschiedliche Nutzenstiftung des Reichtums. Auch ließen nicht Hartherzigkeit oder Klasseninteresse die Vorläufer der englischen Klassik und die Klassiker selbst für Privateigentum und die Duldung ungleicher Reichtumsverteilung eintreten. Diese Sicht des Eigentums war keineswegs konservativ.[23]

Wenn, wie damals noch üblich, Reichtum durch Privilegien vergeben werden konnte, so war»die Eigentümergesellschaft ... für ihre Zeit eine ungemein offene Gesellschaft«.[24]

Verstand sich für die englischen Klassiker Privateigentum von selbst[25] – und damit auch dessen ungleiche Verteilung –, so machte sie das doch nicht blind für die Nachteile, die sich daraus für die Gesellschaft ergeben konnten. Smith schildert anschaulich die Nachteile, die sich für den Arbeiter bei der Verteilung des Sozialprodukts dadurch ergeben, dass er mangels Eigentum gezwungen ist, seine Arbeitskraft den Fabrikherren zu verdingen.[26] Smith und Ricardo schießen ätzende Pfeile gegen die Grundbesitzer, die da ernten wollen, wo sie nicht gesät haben,[27] und deren Interessen mit denen der Gesellschaft stets im Widerspruch liegen.[28]

Bei wachsender Verelendung der werktätigen Bevölkerung konnte die Auffassung von der wohltätigen Wirkung des Privateigentums und der ungleichen Reichtumsverteilung nicht ohne weitere positive Begründung bleiben. Dabei drängte die utilitaristische Idee den naturrechtlichen Kern der Eigentumsauffassung immer stärker in den Hintergrund. Bentham stellte den Gedanken des»Handelns unter Sicherheit« in den Vordergrund:»Das Wesentliche beim Eigenthume also ist die feste Erwartung oder Überzeugung, dass ich einen Vorteil dieser oder jener Art, nach Maßgabe der Verhältnisse, von einer gewissen Sache werde ziehen können«.[29]

Erst der gesetzliche Schutz des Privateigentums erlaubt den Wirtschaftssubjekten, die Folgen ihres Tuns abzuschätzen. Die Alternative zum

Privateigentum ist mithin nicht eine andere, d. h. bessere Verteilung des Reichtums, sondern das Chaos. Zwar erhalte der Arme sein Auskommen nur durch beschwerliche Arbeit, es sei aber immerhin sicherer als die tägliche Jagdbeute des Wilden. Daraus folgt Bentham,»daß der Schutz der Gesetze eben so viel zur Glückseligkeit der Hütte als zur Sicherheit des Palastes beitragen kann« (sic!).[30] Dieses ungebrochene Verhältnis zum privaten Eigentum hat Mill verloren. Er litt mit den Ärmsten:»Es ist doch ein hartes Los, in eine Welt hineingeboren zu sein, in der er alle Gaben der Natur im voraus verteilt findet und in der es keinen Platz für den Neuankömmling gibt«.[31] Für Mill ist Privateigentum kein Axiom mehr. Hart geht er mit der bestehenden Eigentumsverteilung ins Gericht –»nicht das Ergebnis gerechter Teilung oder des Erwerbs durch Fleiß, sondern von Eroberung und Gewalt«[32] –; tröstlich bleibt für ihn, dass verschiedene Formen der Besteuerung die Chancen der besitzlos in die Welt Gekommenen verbessern können.[33]

Mill ist aber keineswegs ein Gegner des Privateigentums als Ord-nungsfaktor.»Das Prinzip Privateigentum, hat bislang in keinem Land einen fairen Prozess gehabt. Dann hätte man herausgefunden, dass das Prinzip des Individualeigentums nicht notwendigerweise mit all den physischen und sozialen Übeln untrennbar verbunden ist, wie es die sozialistischen Autoren meist vermuten«.[34] Wo es dagegen nicht im Dienste der Gemeinschaft arbeitete, hatte es für ihn seinen Sinn verloren.[35] Er vertrat eine Eigentumskonzeption, die der heutigen Auffassung, wie sie beispielsweise in der Sozialpflichtigkeit der Eigentümer im Grundgesetz für die Bundesrepublik Deutschland ihren Niederschlag gefunden hat, sehr nahe kommt.

3.   ›Trial and error‹ als ordnungspolitisches Prinzip

Wenn für Privateigentum spricht, dass der einzelne Bürger seinen Bereich am besten überschaue und daher die ihm zur Verfügung stehenden Pro-duktionsmittel am wirkungsvollsten einsetze, so folgt daraus auch, dass sich der Staat der unmittelbaren Lenkung des Wirtschaftsprozesses ent-halten solle, da ihm die Informationen über die Wirkung seines Tuns fehlen. Versuche die Obrigkeit, die inländische Wirtschaftstätigkeit und damit die nationale steuerliche Ergiebigkeit beispielsweise durch Vor-schriften zur Kapitalverwendung zu fördern, so könnte sie womöglich das Gegenteil des Erwünschten erreichen.[36] Wenn daher die englischen

Klassiker gegen staatliche Eingriffe in den wirtschaftlichen Kosmos eingestellt waren, dann nicht nur deswegen, weil die Wirtschaftssubjekte die Obrigkeit überlisten oder die Staatsmänner mehr ihren eigenen Vorteil als das allgemeine Wohl im Auge haben könnten, sondern weil die dauerhaften gesamtwirtschaftlichen Folgen gezielter Maßnahmen nicht mit hinreichender Genauigkeit vorausgesagt werden können.

Eine klassische Satire hierauf ist Bernard Mandevilles »Bienenfabel«, der sich als Nervenarzt bei den menschlichen Schwächen auskannte.[37] Zwar hält Smith Mandevilles Bienenfabel für frivol, weil sie so offen für das Laster – insbesondere für die Prasserei der Lords – eintrete,[38] doch leuchtet dessen Fabel anschaulich die Grundidee der englischen Klassiker aus. Mandeville schildert, wie es einem Bienenschwarm ergeht, der bis dato »en miniature« genauso lebte und wirkte wie unsere (englische) Gesellschaft, und der sich über Nacht entschließt, tugendhaft zu werden. Doch erwächst daraus nicht, wie allgemein erwartet, ein blühendes und wohlhabendes Gemeinwesen, sondern ein kultureller und wirtschaftlicher Niedergang. Mandevilles »Moral«: »Mit Tugend bloß kommt man nicht weit; wer wünscht, dass eine goldene Zeit zurückkehrt, sollte nicht vergessen: Man mußte damals Eicheln essen«.[39] Aus ordnungspolitischer Sicht ist für uns Mandevilles Erkenntnis wichtig, dass wir die gesamtwirtschaftlichen Folgen einzelner Aktionen nicht voraussagen können. Es ist die Erkenntnis unserer relativen Unkenntnis über die Reaktionen der Individuen und über die jeweils relevanten Umstände, die gezielte Aktionen einzelner Individuen oder Regierungen transformieren oder gar deformieren.

Ganz so frivol, wie Smith ihn einschätzt, ist Mandeville nicht. Er sagt zwar, dass die Abschaffung der Laster nicht so vorteilhaft sei, wie wir allgemein erwartet hätten; er sagt damit aber nicht: Freie Bahn dem Laster, sondern:

> Stammt nicht des edlen Weines Saft
> Von einem garstig dünnen Schaft?
> Der, wenn man ihn nicht sorgsam pflegt,
> Bloß nutzlos wuchert und nichts trägt,
> Doch dessen Frucht uns Lust bereitet,
> Wenn man ihn bindet und beschneidet.
> Genauso uns das Laster nutzt,
> Wenn das Gesetz es kappt und stutzt.[40]

»Wenn das Gesetz es kappt und stutzt«, dies ist unser Stichwort. Mandeville und mit ihm die englischen Klassiker erwarteten nicht vom Laster oder vom Eigeninteresse, wenn man ihm nur freien Lauf lasse, gesell-schaftlich vorteilhafte Ergebnisse, sondern von bestimmten institutionel-len Vorkehrungen, die es vermochten,»daß es selbst im Interesse schlechter Menschen lag, im Sinne des allgemeinen Wohls zu handeln«.[41] Kann man auf solche institutionellen Regeln stoßen, wenn man auf die natürlichen Anlagen des Menschen achtet oder wenn man auf die Erfin-dungskraft menschlicher Vernunft vertraut? Auch hier gibt uns Mande-ville Antwort:»Gesetze wurden umgestaltet so schnell, als wie die Tracht veraltet … Doch grad durch diese Flickarbeit an Recht und Brauch zu jeder Zeit gar mancher Schaden Heilung fand, den Klugheit nie vorausge-ahnt«.[42] Weder dem Naturrecht noch den Produkten menschlicher Ver-nunft haben wir solche Regeln zu verdanken, sondern dem»Herumpro-bieren« an und mit bestimmten Vorkehrungen und dem Aussondern dessen, was sich als unbrauchbar erwiesen hat. Die ordnungspolitische Idee ist also die, auf Regeln und Gebräuche zu vertrauen, die im menschlichen Miteinander überlebt und sich damit bewährt haben. Sa-muels spricht von den»non legal forces of social control«.[43] Als drittes Ordnungsprinzip tritt neben Naturrecht und staatlich verordnetem Gesetz das Trial-and-error-Verfahren, wobei der Optimismus der englischen Klassiker darin zu sehen ist, dass sie an das Überleben der Treffer und an das Aussondern der Irrtümer glauben.[44]

Inzwischen können wir auch diejenigen Sätze von Smith verstehen, die so viel Verwirrung gestiftet haben. Ich zitiere zunächst Smiths Satz über das»System der natürlichen Freiheit«. Aus einer Analyse der staatlichen Bevormundungen im Merkantilsystem folgert Smith:»Räumt man also alle Begünstigungs- und Beschränkungssysteme völlig aus dem Wege, so stellt sich das klare und einfache System der natürlichen Freiheit von selbst her. Jeder Mensch hat, solange er nicht die Gesetze der Gerechtigkeit verletzt, vollkommene Freiheit, sein eigenes Interesse auf seine eigene Weise zu verfolgen, und sowohl seinen Gewerbefleiß wie sein Kapital mit dem Gewerbefleiß und den Kapitalien anderer Menschen oder anderer Klassen von Menschen in Konkurrenz zu bringen. Das Staatsoberhaupt wird dadurch einer Pflicht entbunden, bei deren Ausübung es immer unzähligen Täuschungen ausgesetzt sein muß, und zu deren richtiger Erfüllung keine menschliche Weisheit und Kenntnis hinreicht, der Pflicht nämlich, den Gewerbefleiß der Privatleute zu überwachen und ihn auf die dem Interesse der Gesellschaft zuträglichste Beschäftigung hinzulei-ten«.[45]

Dem Satz, in dem Smith von der »unsichtbaren Hand« spricht, geht die Erläuterung voraus, warum der Investor sein Kapital lieber im Inland als im Ausland anlegt. Smith fährt fort: »Allerdings strebt er (der wirtschaftlich Tätige) in der Regel nicht danach, das allgemeine Wohl zu fördern, und weiß auch nicht, um wieviel er es fördert. Indem er die einheimische Erwerbstätigkeit der fremden vorzieht, hat er nur seine eigene Sicherheit im Auge, und indem er diese Erwerbstätigkeit so leitet, dass ihr Produkt den größten Wert erhalte, verfolgt er lediglich seinen eigenen Gewinn und wird in diesen wie in vielen anderen Fällen von einer unsichtbaren Hand geleitet, einen Zweck zu fördern, den er in keiner Weise beabsichtigt hatte. Auch ist es nicht eben ein Unglück für die Gesellschaft, dass dies nicht der Fall war. Verfolgt er sein eigenes Interesse, so fördert er das der Gesellschaft (in der Regel) weit wirksamer, als wenn er dieses wirklich zu fördern beabsichtigt. Ich habe niemals gesehen, dass diejenigen viel Gutes bewirkt hätten, die sich den Anschein gaben, um des Gemeinwohls willen Handel zu treiben«.[46]

Beide Stellen enthalten die Einsichten, die für die Ordnungskonzeption der englischen Klassiker charakteristisch sind:

- Das Staatsoberhaupt, das sich um die Geschäfte des Einzelnen kümmert oder bewusst gesellschaftliche Zwecke anstrebe, müsse scheitern; angesprochen wird also das Problem mangelnder Vorhersehbarkeit gezielter politischer Aktionen;
- es ist auch nicht notwendig, dass eine Instanz den einzelnen an die Hand nähme, um ihn zu seinem Besten zu leiten; dies wisse der Einzelne selbst am besten;
- es ist auch für die Gesellschaft nicht nachteilig, dass wir auf eine solche Instanz verzichten müssen; denn die Konkurrenz formt das Streben nach dem eigenen Vorteile dergestalt um, dass der Einzelne, ohne es zu wissen oder zu wollen, dem allgemeinen Wohl dient;
- der Tausch von Leistungen auf dem Markt und die Orientierung der Produktion an den daraus resultierenden Knappheitssignalen lassen die Menschen den Bedürfnissen einer Gesellschaft dienen, deren Bedürfnisse zu erfassen und zu erfüllen keine menschliche Weisheit imstande gewesen wäre;
- man spürt die Opposition gegenüber denjenigen, die vorgeben, dem Gemeinwohl dienen zu wollen.

Dem Interesse der Gesellschaft wird gedient, weil die Menschen in ihrer wirtschaftlichen Betätigung frei sind. Heißt das nun, dass wir auf eine wohlwollende und tüchtige Obrigkeit gänzlich verzichten könnten, dass die freie Betätigung der Wirtschaftssubjekte alle gesellschaftlichen Bedürfnisse befriedigen könnte? Smiths Antwort ist eindeutig: Nein!

---

1   Salin, 1967, S. 75.
2   Dieses Argument hat Aristoteles in seiner »Politik« gegen den aristokratischen Kommunismus in Platons »Staat« vorgebracht.
3   Smith, Wohlstand, V. Buch, S. 42 (1. Kap., 2. Abteilung).
4   Ebenda, S. 132 (V. Buch, 1. Kap., 3. Abt., 3. Unterabt.). – Smith schreibt weiter (S. 133): »Wenn eine solche (eine herrschende und wohldotierte, J. St.) Geistlichkeit von einem Haufen volksbeliebter und kühner, obgleich vielleicht dummer und unwissender Schwärmer, angegriffen wird, so fühlt sie sich ebenso vollkommen verteidigungslos wie die trägen, weichlichen und wohlgenährten Völker der südlichen Teile sich fühlten, da sie von den tätigen, kühnen und hungrigen Tataren des Nordens überfallen wurden.«
5   So Streissler, Berlin 1973, S. 1411.
6   Vgl. die Zusammenstellung der Smithschen Invektiven bei Wille und Gläser, 1977, S. 46.
7   Vgl. zur Entstehung dieses ursprünglichen »Kampfrufs«: Oncken, 1886, passim.
8   So hat Robbins in seiner Monographie den Begriff »Harmonielehre« verwandt, weil es keinen entsprechenden englischen Begriff gibt (1952, S. 23).
9   Dies ist das Gleichnis der »invisible hand«. Vgl. hierzu Fußnote 46 in diesem Kapitel.
10 Dieser Sachverhalt ist im Kapitel VI, 2. Abschnitt näher behandelt worden.
11 Diese Passage bezieht sich auf eine berühmte Stelle in: Smith, Wohlstand, 1. Buch, 2. Kap., S. 18 f.
12 Smith, Theorie der ethischen Gefühle, hrsg. von W. Eckstein, Band I und II, Leipzig 1926, S. 1.
13 Smith, ebenda, S. 128. – Vgl. hierzu auch Sowell, 1974, S. 17.
14 Eine knappe, konzise Zusammenfassung der Eigentumsauffassungen bei John Locke und David Hume gibt Leipold (1983, S. 23 ff., S. 19 ff.). – Zur Analyse der Lockeschen Eigentumskonzeption vgl. auch Rittstieg, 1975, S. 72–85.
15 Robbins stützt sich bei der Erläuterung der Eigentumstheorie der englischen Klassiker nahezu ausschließlich auf David Hume (1952, S. 49–55).
16 Locke hat seine Eigentumskonzeption in »Two Treatises of Government« abgehandelt. (5. Kap., 2. Buch) – Dieses Kapitel ist abgedruckt und übersetzt in: K. Diehl und P. Mombert (Hrsg.), Ausgewählte Lesestücke zum Studium der Politischen Ökonomie, Das Eigentum, 17. Bd., 1924, S. 37–53.
17 Diese Sicht ist scharfer Kritik unterzogen worden: »Von seinem Ausgangspunkt der Freiheit und Gleichheit aller Menschen konstruiert Locke eine politische Philosophie, die in den kommenden Jahrhunderten zur Rechtfertigung des Elends und der Knechtschaft von Millionen beitragen sollte.« (Rittstieg, 1975, S. 85)
18 Diese Darstellung der Humeschen Eigentumskonzeption stützt sich auf Robbins (1952, S. 50–55), der Humes Konzeption durch ausführliche Zitate dokumentiert.
19 Hume, Essays, Moral, Political and Literary, zitiert in: Robbins, S. 53.
20 Hume, in: Robbins, S. 53. (Eigene Übersetzung)
21 Robbins (S. 50) kommentiert dies wie folgt: Durch Humes Feststellung, dass der allgemeine Nutzen der alleinige Ursprung der Gerechtigkeit sei (was das Gesetz bezüglich Eigentum angehe), könnte der Kontrast mit der Auffassung des Naturrechts nicht stärker betont werden. – Zweifellos mischen sich in die Humesche Eigentumstheorie immer stärker utilitaristische Elemente, es wäre aber falsch anzunehmen, dass Naturrecht und Utilitarismus auf wirtschaftlichem Felde widersprüchlich wären. Vgl. hierzu: F. A. von Hayek, 1969, S. 239.
22 Leipold, 1983, S. 28.

23 Leipold (ebenda, S. 25) spricht sogar von einem »durchaus … revolutionären Impetus«.
24 Streissler, 1973, S. 1407.
25 Smith hat sich zum Eigentum nur einen die Lockesche Position bekräftigenden Satz (»Wie das Eigentum, das jedermann an seiner eigenen Arbeit hat, die ursprüngliche Grundlage alles anderen Eigentums ist, so ist es das heiligste und unverletzlichste«) und einen Gemeinplatz (»Ein Mensch, der kein Eigentum erwerben kann, kann kein anderes Interesse haben, als so viel als möglich zu essen und so wenig als möglich zu arbeiten«) einfallen lassen. (Wohlstand, 1. Buch, 10. Kap., 2. Abt., S. 161 und 3. Buch, 2. Kap., S. 155)
26 Ebenda, 1. Buch, 8. Kap., S. 85.
27 Ebenda, 1. Buch, 6. Kap., S. 63.
28 Ricardo, Grundsätze, S. 246 f. – Nach Malthus' Auffassung dagegen »scheint es kaum möglich, die Interessen des Grundbesitzers als von den allgemeinen Interessen der Gesellschaft getrennt anzusehen«. (Grundsätze der Politischen Ökonomie, S. 268)
29 Bentham, Principles of the Civil Code. – Der hier interessierende Teil ist übersetzt und abgedruckt in: K. Diehl und P. Mombert (Hrsg.), Ausgewählte Lesestücke, 17. Bd., 1924, S. 84.
30 Ebenda, S. 86.
31 Mill, Principles, S. 233. (Eigene Übersetzung)
32 Ebenda, S. 208. (Eigene Übersetzung)
33 Den Prinzipien und Formen der Besteuerung widmet Mill große Aufmerksamkeit (Principles, S. 802– 872). Sein Augenmerk gilt besonders dem Erbschaftsrecht: »Es sollte niemandem erlaubt sein, durch Erbschaft mehr zu erwerben als den Betrag, der eine bescheidene Unabhängigkeit sichere.« (Ebenda, S. 889, eigene Übersetzung) – Robbins (1952, S. 65) meint hierzu: »… Ein Vorschlag weit drastischer als alles, was bisher produziert wurde« (eigene Übersetzung).
34 Mill, Principles, S. 208 f. (Eigene Übersetzung.)
35 Insbesondere die Praktiken irischer Grundeigentümer, die Boden und Pächter ausplünderten, waren ihm ein Dorn im Auge. – In späteren Auflagen fügte Mill in einer Fußnote hinzu, dass inzwischen auf moralischem wie auf wirtschaftlichem Gebiete wunderbare Veränderungen vor sich gegangen seien. (Principles, S. 232 und Anmerkungen)
36 Smith, Wohlstand, 4. Buch, 3. Kap., S. 236.
37 Mandeville, Bienenfabel, 1980.
38 Wenn Mandevilles Lehre vielleicht auch niemanden lasterhafter gemacht habe, so habe sie doch die Lasterhaften ermutigt, unverfrorener aufzutreten und sich in schändlicher Kühnheit zur Verderbtheit zu bekennen. (A. Smith, Theorie der ethischen Gefühle, Bd. II, S. 521 f.)
39 Mandeville, Bienenfabel, S. 92.
40 Ebenda.
41 Hume, 1875, S. 55. Zitiert nach F. A. von Hayek, 1969, S. 248.
42 Mandeville, Bienenfabel, S. 85. – Vgl. hierzu auch F. A. von Hayek, Dr. Bernard Mandeville, in: F. A. von Hayek, Freiburger Studien, 1969, S. 129 f.
43 Samuels, 1966, S. 21 und passim.
44 Streissler (1973, S. 1397) spricht in diesem Sinne von einem »relativen Gruppenoptimismus«.
45 Smith, Wohlstand, 4. Buch, S. 555 f. (Ende des 9. Kap.)
46 Ebenda, 4. Buch, 2. Kap., S. 235 f. – Vielfach wird gerade im deutschen Schrifttum – bezugnehmend auf diesen Satz nach der hier vorgelegten Stirnerschen Übersetzung – auf den Glauben an eine prästabilierte Harmonie bei Smith geschlossen. Dies trifft jedoch nicht zu. In der deutschen Übersetzung fehlt das im englischen Original befindliche einschränkende »frequently«, das hier als Klammerausdruck (»in der Regel«) nachträglich eingeschoben wurde. Ch. Watrin (1967, S. 202) erinnert daran, dass schon Marshall (Industry and Trade, 4. Aufl., London 1923, S. 747 f.) einen sinnentstellenden Übersetzungsfehler der hier zugrunde gelegten Stirnerschen Übersetzung monierte. In der englischen Fassung heißt der zentrale Satz: »By pursuing his own interest *he frequently* promotes that of the Society more effectually than when he really intends to promote it …«

III. Die Aufgaben des Staates und deren Finanzierung

1. Smiths Politikerbild

Smith schreibt, nach dem System der natürlichen Freiheit habe das Staatsoberhaupt nur drei Pflichten zu beobachten:

* »... die Gesellschaft gegen die Gewalttätigkeiten und Angriffe anderer unabhängiger Gesellschaften zu schützen«,
* »... eine genaue Rechtspflege aufrechtzuerhalten«,
* »... gewisse öffentliche Werke und Anstalten zu errichten und zu unterhalten, deren Errichtung und Unterhaltung niemals in dem Interesse eines Privatmannes oder einer kleinen Zahl von Privatleuten liegen kann, weil der Profit daraus niemals einem Privatmanne oder einer kleinen Zahl von Privatleuten die Auslagen ersetzen würde, obgleich er in einer großen Gesellschaft oft mehr als die Auslagen ersetzen würde«.[1]

Für die Aufteilung in private und öffentliche Aufgaben gilt gewissermaßen das Subsidiaritätsprinzip[2]: Alles, was von einzelnen Wirtschaftssubjekten erledigt werden kann, bleibt diesen überlassen; alles, was darüber hinausgeht, ist Angelegenheit der Regierung. Für dieses Subsidiaritätsprinzip gibt Mill zwei Gründe an: die bessere Übersicht und das unmittelbare Interesse, wobei der zweite Grund so gewichtig ist, dass das Subsidiaritätsprinzip sogar gelten sollte, wenn sich die Regierung die beste Sachkunde erworben hätte.[3]

Mit dieser Aufgabenteilung ist ein Dilemma verbunden. Die privaten Wirtschaftssubjekte dienen gesellschaftlichen Zwecken, indem sie ihrem eigenen Vorteil nachgehen. Wie kann nun sichergestellt werden, dass soziale Zwecke realisiert werden, wenn nicht zugleich auch der persönliche Vorteil als leitendes Motiv im Spiele ist? Sind die Menschen, nachdem man ihnen eine Amtskette umgehängt hat, besser geworden? Keineswegs! Smith teilte das Misstrauen seiner Landsleute gegenüber ihren Regierungen,[4] das angesichts der damaligen politischen Zustände – sich in der Regierungsverantwortung abwechselnde Adelscliquen, ein Parlament, das bisweilen bedenkenlos zum eigenen Vorteil Gesetze erließ,[5] käufliche

Wahlkreise – allzu berechtigt war. Die Forderungen nach beschränkter Regierungstätigkeit, Gewaltenteilung, Unterwerfung der Regierung unter das Gesetz haben daher Tradition.[6] Besonders verhängnisvoll für die Gesellschaft wäre es, wenn ein Parteidoktrinär – »man of system« nennt ihn Smith[7] – auch aus bester Absicht heraus sie nach einem vorgefassten Plane umzugestalten dächte; dieser bilde sich dann wohl ein, »daß er die verschiedenen Glieder einer großen Gesellschaft mit ebensolcher Leichtigkeit anordnen kann, wie die Hand die verschiedenen Figuren auf einem Schachbrett anordnet«. Smith fährt fort: »Er bedenkt nicht, daß die Figuren auf dem Schachbrett kein anderes Bewegungsprinzip besitzen als jenes, welches die Hand ihnen auferlegt, daß aber auf dem großen Schachbrett der menschlichen Gesellschaft jede einzelne Figur ein eigenes Bewegungsprinzip besitzt, das von jenem gänzlich verschieden ist, das der Gesetzgeber ihr lieber auferlegen wollte.« Wenn nun die Bewegungsprinzipien verschieden sind, »wird das Spiel erbärmlich vonstatten gehen, und die Gesellschaft muß zu allen Zeiten in größter Unordnung sein«.[8]

Doch ist Smiths Politikerbild keineswegs so einseitig, wie vielfach angenommen wird. Zwar spricht Smith von »der Geschicklichkeit jenes hinterlistigen und schlauen Geschöpfes, das man einen Staatsmann oder Politiker zu nennen pflegt«,[9] doch ist dies keineswegs bloß herabmindernd gemeint. Smith unterscheidet zuvor nämlich zwischen dem Gesetzgeber, der sich von gewissen allgemeinen Prinzipien leiten lassen müsse, und dem Politiker, dessen Entschlüsse sich nach dem jeweiligen Stand der Dinge richten,[10] wobei es ohne gewisse taktische Winkelzüge nun einmal nicht abgehe.

Smiths Hoffnungen ruhen nun auf dem Politiker in seiner Eigenschaft als Gesetzgeber. Bei für die Gesellschaft kritischen Situationen baut er – oder vorsichtiger: hofft er – auf seine Weitsicht, auf die Wandlung des Parteidoktrinärs zum Staatsmann: »Der Führer der erfolgreichen Partei mag indessen … manchmal seinem Lande einen Dienst erweisen, der weit wesentlicher und bedeutender ist als die größten Siege und die ausgedehntesten Eroberungen. Er mag die Verfassung wiederherstellen und verbessern, und von dem sehr zweifelhaften und zweideutigen Charakter eines Parteiführers mag er zum größten und edelsten aller Charaktere heranwachsen, nämlich zu jenem des Reformators und Gesetzgebers eines

großen Staates; und durch die Weisheit seiner Einrichtungen mag er die
innere Ruhe und Glückseligkeit seiner Mitbürger für viele aufeinander-
folgende Generationen sichern.«[11]

Die Lösung des Dilemmas, das Smith anspricht, ergibt sich dadurch,
dass beim täglichen Regierungsgeschäft der Politiker auf seinen Vorteil
und auf den der ihn tragenden Partei achtet oder achten muss, dass er sich
aber in kritischen Situationen über den Parteienhader hinausheben kann.
Es ist daher nicht abwegig, vom Politiker zu erwarten, dass sein Augenmerk Aufgaben gilt, deren Erfüllung im nationalen oder gesamtwirtschaftlichen, nicht aber im privaten Interesse liegt, und dass er in
Grundsatzbeschlüssen hierfür die Voraussetzungen schafft.

2. Die Felder staatlicher Tätigkeit

Smiths Sicht des Politikers und der notwendigen Begrenzung staatlicher
Tätigkeit ist von den anderen Vertretern der englischen Klassik überwiegend geteilt worden. Mill möchte den Staat darüber hinaus stärker in
der Umverteilung des Reichtums engagiert sehen, ein Anliegen, dem
Smith, wie sich aus verschiedenen Stellen ergibt, keineswegs feindlich
gesonnen wäre.[12]

Die Überlegungen, die Smith im Rahmen der Staatsfunktionen anstellt,
sollen uns hier nur insoweit interessieren, als sie die für Smith typische
Forschungsmethode und seinen Erklärungsansatz offenlegen. Oft wird
Smith wie den Klassikern »Ökonomismus« vorgeworfen, weil sie die
ökonomischen Aspekte auf Kosten der politischen überstrapazierten. Die
Anhänger Smiths pflegen dann mit dem berühmten Zitat – »defence,
however, is of much more importance than opulence«[13] – zu kontern, um
auf die Präponderanz des Politischen bei Smith hinzuweisen. Zweifellos ist
er ein politischer Denker.

Die Aufgaben des Staates illustriert und leitet Smith anhand historischer Modelle ab. Bei der Analyse sowohl der Landesverteidigung als auch
der Rechtsprechung unterscheidet er zwischen der Jäger-, Hirten- und
Nomaden-, der bäuerlichen und der entwickelten arbeitsteiligen Gesellschaft. Er zeigt anhand zweier Prinzipien – Arbeitsteilung und Privateigentum –, welche Formen der Landesverteidigung und der Rechtsprechung der jeweiligen Entwicklungsstufe entsprechen.

a) Die Vorteile der Arbeitsteilung für die Verteidigungsbereitschaft

Smith diskutiert unter Effizienzgesichtspunkten Vor- und Nachteile der Miliz (allgemeines Volksheer) und des stehenden (festbesoldeten) Heeres.[14] Für die beiden ersten gesellschaftlichen Entwicklungsstufen (Jäger und Hirten) stelle sich diese Alternative nicht, da hier die Lebensform von vornherein auf militärische Aufgaben vorbereite oder zumindest genügend Zeit bleibe, sich militärischen Übungen zu widmen. Bei ausgedehnter gesellschaftlicher Arbeitsteilung sind die Menschen der kriegerischen Tätigkeit jedoch gänzlich entwöhnt und die Zeit, die sie militärischen Übungen widmeten, ginge ihrem Geschäft verloren, da keine Natur die Produktion in Gang halte. Derjenige stehe sich besser, der diese Zeit zur Er- oder Bearbeitung von Waren, die das Publikum wünsche, verwendete. Wer von sich aus durch tägliches Üben zur Verteidigungsbereitschaft seines Landes beitrage, erbringe eine gesellschaftlich wichtige Leistung, die ihm von der Gesellschaft nicht entgolten werde. Daher werde es um die Verteidigungsfähigkeit und -bereitschaft dieses Volkes nicht zum Besten stehen; zugleich ist es wegen des hohen Wohlstands unter allen Völkern am meisten feindlichen Angriffen ausgesetzt. Daher muss der Herrscher die Verteidigungsbereitschaft sichern. Smith erwähnt drei Möglichkeiten[15]:

- »Die Weisheit des Staates« könne bewirken, dass der Einzelne seinen Vorteil in der Beschäftigung mit militärischen Übungen sehe;
- der Staat könne das Volk ohne irgendwelche Rücksichtnahmen zu militärischen Übungen zwingen (Miliz);
- er könne »eine gewisse Anzahl von Bürgern ernähren und in steter militärischer Übung erhalten, so daß er den Beruf eines Soldaten zu einem eigenen, von allen anderen abgesonderten und verschiedenen macht« (stehendes Heer).

Er verwirft sogleich die erste Möglichkeit, durch Zureden die Bürger von der Notwendigkeit der Verteidigungsbereitschaft zu überzeugen. Es bleibt die Alternative: Miliz oder stehendes Heer. Smith, der allgemein wegen der Arbeitsteilung die Effizienz der eingesetzten Arbeitsmühen teilweise mehr als tausendfach gesteigert sieht, weist auf deduktivem Wege die Überlegenheit des stehenden Heeres gegenüber der Miliz nach, vor allem bei fortschreitender Waffentechnik. Auch zeige die Geschichte, dass bei kriegerischen Auseinandersetzungen sich die Heere derjenigen Nationen

als überlegen erwiesen hätten, in denen sich im Rahmen der gesellschaftlichen Arbeitsteilung ein Teil der Bevölkerung auf das militärische
Handwerk spezialisiert habe. Daraus zieht Smith einen optimistischen
Schluss für die entwickelteren arbeitsteilig organisierten Nationen: Der mit
der gesellschaftlichen Arbeitsteilung verbundene Entwicklungsfortschritt
komme auch der Waffentechnik zugute, so dass die arbeitsteilig organisierten Nationen trotz erschlaffenden Widerstandswillens einen »Kon-
kurrenzvorsprung« gegenüber kriegerischen Nachbarstaaten hätten: »Die
Erfindung der Feuerwaffen, eine Erfindung, die beim ersten Anblick so
verderblich zu sein scheint, ist sicherlich der Dauer und Ausbreitung der
Zivilisation günstig.«[16] Man kann natürlich zweifeln, ob einer solchen
Aussage allgemeine Gültigkeit zukommt.

b)   Eine gute Rechtspflege –eine Frage des institutionellen
      Arrangements

Als zweite Pflicht des Souveräns sieht Smith die Aufrechterhaltung einer
genauen Rechtspflege an. Tatsächlich zeigt er jedoch, dass die Realisierung
des sozialen Gutes »Gerechtigkeit« nicht von der Tätigkeit und dem guten
Willen des Souveräns, sondern als Folge eines geeigneten institutionellen
Arrangements zu erwarten ist.

Rechtsprechung und bürgerliche Regierung (»civil government«) sind
für Smith Konsequenz des Privateigentums. Gibt es kein Eigentum, gibt es
auch keinen Streit darum. Dagegen: »Wo viel Eigentum ist, da ist auch
große Ungleichheit«. Der Überfluss der Reichen erweckt den Unwillen der
Armen. Daher kann der Reiche »nur unter dem Schutze einer bürgerlichen
Obrigkeit … auch nur eine einzige Nacht ruhig und in Sicherheit schlafen«.
Daraus folgt: »Der Erwerb wertvollen und ausgedehnten Eigentums
erfordert daher mit Notwendigkeit die Einsetzung einer bürgerlichen Regierung«.[17] Daraus kann man folgern, dass eine solche überflüssig ist, wo es
kein oder kaum Eigentum gibt. Frei nach Marx könnten wir auch sagen:
Der Staat ist der politische Überbau der Produktionsverhältnisse; er stirbt
nach Beseitigung des Privateigentums an den Produktionsmitteln ab.

Zugegeben – wer seinen Smith kennt oder nachliest, wird einwenden,
dass unsere pointierende Verkürzung den Gedankengang radikaler er-
scheinen lasse, als von Smith tatsächlich intendiert sei. Diese Wiedergabe
macht aber deutlich, dass sich Smith einer Analysemethode bedient, die
wir mit Schumpeter als »Wirtschaftssoziologie« bezeichnen können.[18] Er
ist der Versuch, die Entstehung gesellschaftlicher und politischer Ein-

richtungen und bestimmter Verhaltensmuster von zentralen ökonomischen Kategorien her zu erklären.

Anhand der Hirtengesellschaft zeigt Smith, wie durch Eigentum Machtverhältnisse begründet werden: Dem Besitzer einer großen Herde wachse dadurch, dass er über Menschen gebiete, denen er Unterhalt verschaffe, Macht zu.[19] Diejenigen, die kleinere Herden hielten, stützten den Mächtigsten, weil sie sich dadurch Schutz gegenüber denjenigen verschafften, die gar nichts besäßen oder ihr Eigentum durch Raub vergrößern wollten. So seien Herrschaft und Adel entstanden. Wenn es nun in dieser Gemeinschaft Streit gebe, so träten die Parteien vor den Mächtigsten hin, weil dessen Wort Gewicht habe und auch dem Schiedsspruch Geltung verschaffen könne. Die Parteien entlohnten die Mühen des Gerichtsherrn durch mitgebrachte Geschenke. Mitunter konnte Gewogenheit so erkauft werden. Die Rechtsprechung war daher ursprünglich eine beträchtliche Einnahmequelle.

Eine Änderung der Rechtsprechung ergab sich, so nimmt Smith an, als die steigenden Kosten der Kriegführung nicht mehr aus den herkömmlichen Einnahmen des Souveräns gedeckt werden konnten und das Volk zur Finanzierung herangezogen werden musste. Man sei übereingekommen, die Geschenke bei Inanspruchnahme der Rechtsprechung gänzlich abzuschaffen, die Richter für den Verlust ihres Anteils an den bisherigen Einnahmen durch feste Gehälter zu entschädigen; der Verlust, den der Herrscher dadurch erleide, sei durch die anderen Abgaben mehr als entgolten. Damit sei die Finanzierung der Rechtspflege zu einer Ausgabenkategorie des Herrschers geworden.

Dies muss keineswegs der Fall sein. Die Gehälter der Richter mitsamt den Kosten der Rechtsverwaltung und Rechtsvollstreckung könnten aus den Gerichtsgebühren aufgebracht werden. Würden diese Gebühren erst nach Beendigung des Prozesses ausgezahlt, so könnte dadurch der Fleiß des gesamten Gerichtshofs angespornt werden.[20] Dabei könnten die einzelnen Gerichtshöfe um die mit den Prozessen verbundenen Einnahmen konkurrieren, wie es ursprünglich in England der Fall gewesen sei. Dies habe zur Konsequenz gehabt, dass »jeder Gerichtshof … durch größere Schnelligkeit und Unparteilichkeit so viel Prozesse in seinen Bereich zu ziehen (suchte)«.[21] Dadurch, dass beide Parteien sich über den Gerichtshof ihrer Wahl einigen müssen und Berufungsinstanzen existieren, ist dem Versuch der Richter, sich durch wenig sorgfältige Urteilsfindung einen hohen Anteil an den Gerichtsgebühren zu sichern, ein Riegel vorgeschoben.

Die Trennung der richterlichen von der vollziehenden Gewalt erklärt
Smith wieder mit der Kategorie der Arbeitsteilung:»Die Rechtspflege
wurde eine so schwere und verwickelte Aufgabe, daß sie die ungeteilte
Aufmerksamkeit der Personen, denen sie anvertraut war, erheischte«.[22]
Damit nun eine unparteiische Rechtsprechung gewährleistet sei, müsse die
richterliche Gewalt auch von der vollziehenden unabhängig sein.

c)   Smith als früher Theoretiker der Infrastruktur[23]

Nach Smiths Formel zur Abgrenzung privater von staatlicher Tätigkeit soll
sich die Obrigkeit nicht in die Entscheidungen der privaten Wirtschaftssubjekte einmischen, sondern die Vorkehrungen dafür treffen, dass die
Wirtschaftssubjekte miteinander in Verkehr treten können. Der Staat ist
gefordert, wenn er Märkte erweitern und Monopolsituationen abbauen
kann. Ein staatliches Infrastrukturprogramm, welches über räumliche
Erschließung das Angebot an Lebensmitteln in den zentralen Konsum-
orten vermehrte oder das Arbeitsmonopol eines Unternehmers in einer
abseits gelegenen Ortschaft bräche, wäre in Smiths Sinne.

Smiths Infrastrukturprogramm umfasst sowohl »öffentliche Werke
und Anstalten zur Erleichterung des gesellschaftlichen Verkehrs«, was wir
heute unter den Begriff »materielle Infrastruktur« fassen, als auch die
»Ausgaben für die Bildungseinrichtungen für die Jugend … und für Leute
jeden Alters«, wofür wir heute den Begriff »immaterielle Infrastruktur«
verwenden. Damit übernimmt Smith die wesentlichen Teile des merkantilistischen Infrastrukturprogramms. Tuchtfeldt sagt zu Recht:»Smith
steht somit der Infrastrukturpolitik des Merkantilismus sehr viel näher,
als es angesichts der scharfen Kritik an diesem System zu vermuten ist«.[24]

Wenn Smith die Infrastrukturleistungen des Staates unter der Ka-
pitelüberschrift »Ausgaben des Souveräns« abhandelt, so ist dies missverständlich, denn er diskutiert verschiedene Finanzierungsmethoden aus
Gebühreneinnahmen. Dabei lehnt er ausdrücklich das »Non-Affekta-
tionsprinzip« ab, d. h. die Erträge aller Einnahmen als Einheit zu betrachten und unterschiedslos für sämtliche Ausgabenzwecke heranzu-
ziehen, da die Möglichkeit der anderweitigen Verwendung solcher
Einnahmen unstreitig die Politiker – »entsprechend der Art, wie in
Großbritannien Politik gemacht wird« – zu einer ständigen Erhöhung der
Gebührensätze verleite.[25] Er postuliert jedoch auch, dass Infrastrukturleistungen nur aus den jeweils eingenommenen Gebühren finanziert
werden sollten, damit nicht prächtige Straßen durch wüstes Land, wo es

kaum Verkehr gibt, gezogen würden, bloß damit irgendein Herr bequemer zu seinem Wochenendsitz gelange (sic!).[26] Zur Erleichterung und Gewährleistung des auswärtigen Handels schlägt Smith Maßnahmen des Staates zur Sicherung der Interessen der englischen Kaufleute vor. Bei der Ablehnung privater Handelsgesellschaften, denen ein bestimmtes Gebiet zur handelspolitischen Erschließung anvertraut würde, greift Smith wieder auf seinen Erfahrungsschatz zurück: Diese erlägen allzu schnell der Versuchung, die ihnen eingeräumten Privilegien zum eigenen Vorteil auszubeuten.[27] Smith schlägt stattdessen Forts und Garnisonen in wilden, wenig zivilisierten Ländern, Botschaften und Konsulate in zivilisierten Ländern vor.[28]

Smiths Ausführungen zu Finanzierung und Organisation der Bildungseinrichtungen verdienen unser aller Interesse. Köstlich zu lesen sind seine Ausführungen über das Verhalten von Universitätsdozenten, die für ihre Lehrtätigkeit ein festes Gehalt beziehen;[29] weitblickend ist sein Bekenntnis zur allgemeinen Schulausbildung, die er nicht nur eingeführt wissen wollte, damit die Arbeitskräfte bei fortschreitender Arbeitsteilung gegen die damit verbundenen Gefahren geistiger Abstumpfung besser gefeit seien,[30] sondern auch, weil gebildete Bürger eher geneigt seien, die interessierten Klagen von Parteiungen und Aufrührern zu prüfen, und auch eher in der Lage seien, sie zu durchschauen, kurz: durch allgemeine Schulbildung könnten selbstbewusste und zugleich loyale Staatsbürger herangezogen werden.[31]

In Smiths Welt ist der Staat keineswegs bloß, wie es Lassalles Bild vom »Nachtwächterstaat«[32] nahelegte, für die Ermahnung der nächtlichen Ruhestörer und das Ansagen der Stunden zuständig. Übrigens gibt es zu Lassalle auch ein Pendant von »rechts«: Carlyle charakterisiert die Ordnungskonzeption der englischen Klassiker als »anarchy plus the constable«[33]. Smiths Konzeption will den Menschen ein freies und friedliches gesellschaftliches Miteinander sichern. Das ist nicht wenig, wenn wir konkurrierende Entwürfe heranziehen.

Es ist schon merkwürdig, wie sich das Denken von einem polemisch gefärbten Bild in bestimmte Bahnen drängen lässt. Hört das gebildete Publikum oder hören sogar Vertreter der nationalökonomischen Zunft von Smith und vom klassischen Liberalismus, so sprechen sie sogleich vom »Nachtwächterstaat«. Die Speicheldrüsen der berühmten Pawlowschen Hunde könnten nach Ertönen der Glocke nicht prompter reagieren.

3. Die Finanzierung der Staatstätigkeit

a) Die leitenden Ideen

Der Herrscher hat Aufgaben zu erfüllen; also braucht er Einnahmen. Das letzte (fünfte) Buch von Smiths »Wohlstand« trägt folgerichtig die Überschrift:»Die Einkünfte des Herrschers oder des Staates«. Es stellt eine eigene Monographie im »Wohlstand« dar. Wir können hier nur die Grundlinien dieses Buches nachzeichnen, gewisse Weiterungen bei Ricardo und Mill nachtragen und Malthus' andere Position dagegensetzen. Eine Auswertung der einschlägigen Äußerungen und Analysen der englischen Klassiker ergibt, dass ihre Auffassungen auf folgenden, geradezu als Axiome betrachteten Annahmen beruhen:

1. Da die Staatsausgaben unproduktiv sind, müssen sie möglichst gering gehalten werden.
2. Die Einnahmen dürfen die Kapitalbildung sowenig wie möglich treffen, da sonst zukünftiges Einkommen vernichtet wird. Wenn schon staatliche Einnahmen notwendig sind, dann sollen sie den privaten Konsum treffen; daher – bei aller sonstigen Reserve – die Vorliebe der Klassiker für die Finanzierung der Staatsausgaben aus Steuermitteln.
3. Hinzu kam noch etwas, was sich für die Klassiker aufgrund vielfältiger Erfahrungen zu einem Axiom verdichtet hatte: Ein Staat, der sich verschuldet, neigt zur Verschwendung, zumal er bei der Kreditaufnahme auf wenig Widerstand stößt.

b)   Unproduktive Staatsausgaben

Wenn die englischen Klassiker die Staatsausgaben als unproduktiv klassifizierten, so folgten sie Smith. Dieser legte zwecks Abgrenzung zwischen produktiver und unproduktiver Tätigkeit einen physischen Produktivitätsbegriff zugrunde:»Es gibt eine Art von Arbeit, die dem Werte des Gegenstands, auf den sie verwandt wird, etwas zusetzt, und es gibt eine andere, die diese Wirkung nicht hat. Die erstere kann, da sie einen Wert produziert, produktive, die letztere unproduktive Arbeit genannt werden«.[34] Danach sind ex definitione die Mühen des Universitätsdozenten unproduktiv, die des Schweinehirten produktiv.[35] Hieraus kann man nicht schließen, dass Smith die Arbeit des Universitätsdozenten geringer geschätzt hätte, sondern bloß, dass die Mühen des Schweinehirten das verzehrbare Sozialprodukt vergrößern, die des Universitätsdozenten hingegen nicht. Man kann Smith vorwerfen, dass er einen recht engen Produktivitätsbegriff gewählt hat, der zudem nur auf (sehr) kurze Sicht gilt; denn womöglich gibt es Universitätsdozenten, die angehenden Schweinehirten beibringen könnten, in welchem Rhythmus die Schweine auf welche Futterplätze getrieben werden müssten, damit diese wegen abwechslungsreicherer Nahrung besser gedeihen und schmackhafteres Fleisch ansetzen.

Gegen die Verwendung des physischen Abgrenzungskriteriums hat sich Malthus gewandt, weil dadurch der Wert der »unproduktiven« Arbeit unterschätzt werden könnte, was keineswegs im Sinne von Smith gelegen hätte.[36] Daher schlägt Malthus die Unterscheidung zwischen »produktiver Arbeit« und »persönlichen Diensten« vor. Er präsentiert für das, was Smith gemeint haben könnte, folgende Definition: »Unter persönlichen Diensten verstehen wir die Art von Arbeit oder Tätigkeit, welche, so hochwichtig und nützlich sie zum Teil sein kann, und so viel sie mittelbar zur Hervorbringung und Sicherung materiellen Reichtums beitragen mag, sich nicht an einem Gegenstand betätigt, der ohne Anwesenheit der Person, die solche Dienste leistet, geschätzt und übertragen werden kann und sich daher nicht in eine Berechnung des Volkswohlstandes einfügen läßt«.[37] Smith hätte einer solchen Definition durchaus zugestimmt, jedoch diejenigen Verrichtungen auszuschließen gesucht, die den Bequemlichkeiten der großen Herren und putzsüchtigen Damen gelten. Das Vorurteil eines bürgerlichen Puritaners?

Gleichwohl bleibt eine andere Akzentsetzung. Wenn Smith die staatliche Tätigkeit als unproduktiv, aber doch als notwendig im Sinne der mittelbaren Hervorbringung und Sicherung materiellen Reichtums klassifiziert, dann folgt daraus normativ die staatliche Begrenzung auf das unbedingt Erforderliche – als Komplement zur privatwirtschaftlichen Tätigkeit –, während Malthus' Definition einen solchen normativen Schluss keineswegs impliziert; dies war von Malthus im Übrigen auch nicht gewollt.

c) Die steuerpolitischen Grundsätze

Wenn der Umfang der staatlichen Tätigkeit beschränkt sein soll, dann folgt daraus auch, dass die Belastung der Volkswirtschaft bzw. das von ihr zu erbringende Opfer möglichst gering zu halten ist. Um diese Norm praktisch umzusetzen, hat Smith vier steuerpolitische Maximen aufgestellt, die seitdem zum festen Bestand der finanzpolitischen Diskussion gehören, ob sie nun als die »klassischen Maximen« als Richtschnur finanzpolitischer Praxis gefeiert oder als Ausgangspunkt streitiger Auseinandersetzung gewählt werden. Dabei werden die von Smith zusammengestellten Maximen nicht wegen ihrer Originalität, sondern wegen ihrer Präzision und Eingängigkeit geschätzt.[38] Die Maximen lauten in der von Smith gewählten Reihenfolge:

1. Grundsatz der Gleichmäßigkeit: »Die Untertanen jedes Staates müssen zur Unterstützung der Staatsgewalt möglichst genau nach Verhältnis ihres Vermögens beitragen, d. h. nach Verhältnis der Einkünfte, die ein jeder unter dem Schutze des Staates genießt«.[39]
2. Grundsatz der Bestimmtheit: »Die Steuer, die jeder einzelne Bürger zu zahlen verbunden ist, muß genau bestimmt und nicht willkürlich sein«.[40]
3. Grundsatz der Bequemlichkeit: »Jede Steuer muß zu der Zeit und auf die Weise erhoben werden, daß es dem Steuerzahler möglichst leicht fällt, sie zu zahlen«.[41]
4. Grundsatz der Wohlfeilheit: »Jede Steuer muß so eingerichtet sein, daß sie so wenig als möglich über die Summe, die sie dem Staatsschatze einbringt, aus den Taschen des Volkes herausnimmt oder ihr fortdauernd entzieht«.[42]

Die Maximen 2. und 3. sind unmittelbar einzusehen: Die zweite Maxime fordert Ausschluß von Willkür bzw. die Herstellung rechtsstaatlicher Verhältnisse; die dritte Maxime will den Steuerwiderstand überwinden und reicht bis in die Finanzpsychologie hinein.[43] Die erste Maxime atmet utilitaristischen Geist: Der Staat gewährt Schutz und Sicherheit für Person und Eigentum, also sollen diejenigen, die aufgrund größeren Reichtums ein stärkeres Interesse an diesem Schutz haben, entsprechend mehr zahlen. Mill spricht ganz in diesem Sinne von der Beachtung des »Quid-pro-quo-Prinzips«[44]. Unterstützung der Staatsgewalt im Verhältnis der Einkünfte heißt unter der von Smith genannten Nebenbedingung der Gleichmäßigkeit der Besteuerung (»equality«) »Proportionaltarif«. Diese Forderung ist später als Edinburgher Regel (nach einem Aufsatz der »Edinburgh Review« von 1833) bekannt geworden: »Leave them as you find them.«[45] Danach sollen die Einkommensverhältnisse der Steuerpflichtigen untereinander unberührt bleiben.

Die vierte Maxime geht über das Gebot der Wohlfeilheit weit hinaus. Neben den Forderungen nach einem möglichst hohen Nettoertrag, nach geringstmöglicher Veranlassung zu Umgehungsversuchen (»eine unkluge Steuer gibt eine starke Versuchung zum Schmuggeln«) und nach möglichst geringer Belästigung der Steuerpflichtigen seitens der Einnehmer plädiert Smith dafür, dass die Steuerzahlungen nicht gerade denjenigen Geschäftszweig ruinieren, der einer großen Zahl von Menschen Unterhalt und Beschäftigung geben könnte.[46] Wir sprechen heute vom Grundsatz der Schonung der Steuerquellen.

Diesen Sachverhalt betont Ricardo besonders stark. Wenn Staatsausgaben und Steuern nun einmal notwendig sind, dann ist erstens »die beste aller Steuern diejenige …, welche die niedrigste ist«,[47] und zweitens sind »niemals solche Steuern aufzuerlegen, die das Kapital unvermeidlich treffen werden; denn, wenn sie (die Politiker, J. St.) so handeln, schmälern sie die Mittel für den Unterhalt der Arbeit und verringern dadurch die künftige Produktion des Landes«[48].

d) Ablehnung der Staatsverschuldung

Um es vorwegzunehmen: Sahen die Klassiker in der Steuererhebung ein notwendiges Übel, so sahen sie in der Staatsverschuldung ein überflüssiges Übel. Die englischen Klassiker begründeten, wie F. K. Mann tadelnd anmerkt, das »distrust concept of public credit«[49]. Nun, in der Zeit der Klassiker war ein solches Misstrauen gegenüber der Ausgabengebarung von Krone und Parlament nicht unberechtigt. Wir übersehen zu oft, dass sich die Engländer in den beiden parlamentarischen Adelscliquen – den Whigs und den Tories – nicht hinreichend vertreten fanden und dass auch die Ausgaben der Krone nicht immer den Geschmack der Bevölkerung trafen. Leichtfertiger Umgang mit Geld, vor allem mit geborgtem Geld, war leider nicht die Ausnahme.[50] Auch förderten die Möglichkeiten zur Verschuldung die Neigung, sich in kriegerische Händel einzulassen.[51] Die dazu aufgenommenen Schulden drückten die Bürger auf die Dauer immer schwerer und trieben die Regierungen in den Bankrott, worunter jedoch nicht diese litten, sondern breite Bevölkerungskreise, die erst immer mehr Steuern für Tilgungs- und Zinsendienste aufbringen müssten und schließlich bei Staatsbankrotten womöglich noch ihres Broterwerbs verlustig gingen.[52] Diese tiefe Abneigung gegen staatliche Verschuldung spürt man auch bei dem Nachfahren und Widersacher der englischen Klassiker, bei Marx: »Die Anleihen befähigen die Regierung,

außerordentliche Ausgaben zu bestreiten, ohne daß der Steuerzahler es
sofort fühlt, aber sie erfordern doch für die Folge erhöhte Steuern. (…)
Die moderne Fiskalität, deren Drehungsachse die Steuern auf die not-
wendigsten Lebensmittel (also deren Verteuerung) bilden, trägt daher in
sich selbst den Keim automatischer Progression. Die Überbesteuerung ist
nicht ein Zwischenfall, sondern vielmehr Prinzip. In Holland, wo dies
System zuerst inauguriert, hat allein der große Patriot de Witt es in seinen
Maximen gefeiert als das beste System, um den Lohnarbeiter unterwürfig,
frugal, fleißig und … mit Arbeit überladen zu machen.«[53]

Haben die Schulden einmal ein bestimmtes Maß überschritten, so ist
nach Smith »kaum ein einziges Beispiel vorhanden, daß sie ehrlich und
völlig bezahlt worden wären«[54]. Verderblicher als das offene Eingeständnis
eines Staatsbankrotts empfindet Smith den Versuch der Entschuldung
über die Geldentwertung, da dann unter dem Staatsbankrott auch diejenigen Gläubiger zu leiden haben, die nicht so unvorsichtig gewesen seien,
dem Staat Geld zu borgen. Die Entschuldung mittels Inflation »verursacht
eine allgemeine und höchst verderbliche Umwälzung im Privatvermögen,
bereichert in den meisten Fällen den faulen verschwenderischen Schuldner
auf Kosten des fleißigen und sparsamen Gläubigers und bringt einen
großen Teil des Nationalkapitals aus Händen, die es am ehesten vermehren
und nutzen könnten, in solche, die es am ehesten verschwenden und
vernichten. Wenn ein Staat nicht mehr umhin kann, sich für bankerott zu
erklären, so ist für ihn, wie für jeden Privatmann, der sich in demselben
Falle befindet, ein ehrlicher, offener und unverhohlener Bankerott sowohl
für ihn selbst das wenigst Unehrenhafte als auch für den Gläubiger das
wenigst Schädliche.«[55]

Natürlich rühren diese Erfahrungen mit der Staatsverschuldung aus
einem ganz spezifischen Umfeld her, aber sie scheinen doch nicht gänzlich räum- und zeitgebunden zu sein. Die englischen Klassiker sind aber
auch – unabhängig von ihren Erfahrungen – aus systematischen Gründen
gegen eine Verschuldung des Staates eingenommen. Anders als die
Steuererhebung, wo auf die Einkommensverwendung gezielt sein kann
und damit eine Verlagerung des privaten Konsums stattfindet, trifft die
staatliche Verschuldung die für produktive Anlagen bereitgestellten Mittel: Damit wird Kapital, also potentieller Zukunftskonsum, der produktiven Verwendung entzogen: »Das Kapital, welches die ersten Staats-
gläubiger der Regierung vorstreckten, (hörte) von dem Augenblick an, wo

sie es herliehen, auf ..., ein Kapital zu sein und wurde zu einem Einkommen; ... es hörte auf, produktive Arbeiter zu unterhalten und diente
zum Unterhalt unproduktiver; ... es wurde oft in einem einzigen Jahr
ausgegeben und verschwendet, ohne auch nur die Hoffnung einer künf-
tigen Reproduktion übrigzulassen«.[56] Diese Auffassung teilten alle Klassiker. Eine besonders prononcierte
Formulierung präsentiert Mill:»Wann immer Kapital aus der Produktion
oder aus dem Fonds, der für die Produktion bestimmt ist, herausgezogen
wird, um es an den Staat auszuleihen, und unproduktiv verwendet wird,
wird die ganze Summe den arbeitenden Klassen vorenthalten«.[57] Diese
Auffassung ruht auf der Annahme, dass der für Investitionszwecke bestimmte Teil des Volkseinkommens gleich dem Lohnfonds ist, aus dem die
Entgelte für Arbeitsleistungen vorgeschossen werden. An dieser Stelle ist
Mill mit seiner übrigen Argumentation nicht ganz konsistent. So nimmt er
an, dass Lohnerhöhungen bei gleicher Arbeitsproduktivität möglich sind,
indem die Kapitalisten über geringeren Privatverbrauch die Lohnerhöhungen ausbalancieren.[58] Entsprechendes würde natürlich auch für die
Beanspruchung der für die Kapitalbildung bestimmten Teile des Volkseinkommens durch den Staat gelten.

Was gesamtwirtschaftlich gilt, muss jedoch einzelwirtschaftlich nicht
zutreffen. Smith schreibt, dass diejenigen, die dem Staat Geld borgen, sich
dadurch in ihrer Geschäftstätigkeit keineswegs eingeschränkt zu fühlen
brauchen – im Gegenteil:»Die Notfälle, welche die Regierungen zum
Geldaufnehmen treiben, machen sie meistenteils auch geneigt, den Dar-
leihern höchst vorteilhafte Bedingungen zuzugestehen. Die Schuldver-
schreibungen, welche die Regierungen dem ursprünglichen Gläubiger
geben, werden auf jeden anderen Gläubiger übertragbar gemacht und
erhalten, wenn das Vertrauen zur Gerechtigkeit allgemein ist, auf dem
Markte gewöhnlich einen höheren Preis, als ursprünglich für sie gegeben
worden ist. Der Kaufmann oder der Kapitalist macht Geld, indem er der
Regierung Geld leiht, und vermehrt sein Geschäftskapital, anstatt es zu
vermindern«.[59] Smith löst das Paradoxon, dass Schuldaufnahme des Staates das
einzelwirtschaftliche Geschäftskapital vermehrt, das gesamtwirtschaftliche
aber mindert, nicht selbst auf; vielmehr folgt bei ihm unmittelbar auf diese
Beobachtung die bereits zitierte Feststellung, dass sich die großen Nationen in Europa wegen der Schuldenberge selbst ruinieren. Wir können

jedoch für Smith die Auflösung des Paradoxons übernehmen: Die vom
Staat erworbenen Papiere können wir als Sekundärliquidität betrachten,
die sich wegen ihrer hohen Marktgängigkeit jederzeit in Primärliquidität
umwandeln lässt. Die Verschuldung des Staates käme also einem Geld-
schöpfungsakt gleich. Dadurch wird aber das für Konsum- und Investitionszwecke verfügbare Volkseinkommen nicht vermehrt. Wenn die private Konsumquote real konstant bleibt, nimmt der Staat zwangsläufig
einen Teil des für Investitionszwecke bereitgestellten Volkseinkommens in
Anspruch und drängt die reale private Kapitalbildung entsprechend zurück.

e)   Die Meinung der Minderheit

Den Widerpart spielt – wie so oft – Malthus. Zwar kann er sich der
stringenten realwirtschaftlichen Logik nicht entziehen, bestreitet also
nicht, dass die Verschuldung des Staates Kapitalmittel bindet, doch glaubt
er, dass gerade dies, die unproduktive Verwendung von Kapital bzw. – in
Malthus' Formulierung – die Verwendung für persönliche Dienste, von
Zeit zu Zeit aus gesamtwirtschaftlicher Sicht erforderlich sein könnte,
nämlich immer dann, wenn die Kapitalbildung zu einer Erhöhung des –
modern formuliert – Produktionspotentials führte, ohne dass die effektive
Nachfrage entsprechend mitgezogen wäre. In diesem Sinne führt Malthus
aus:»Und wenn ich für einen gewissen Anteil unproduktiven Konsums
plädiere, dann offensichtlich und ausdrücklich unter dem alleinigen As-
pekt, den notwendigen Anreiz für die größtmögliche Kontinuität an
Produktion zu schaffen. Und bislang glaube ich, dass dieser gewisse
Anteil an unproduktivem Konsum – variierend entsprechend der
Fruchtbarkeit des Bodens und des Landes – absolut und unabweisbar
erforderlich ist, um gänzlich die Ressourcen eines Landes zu nutzen«.[60]
Malthus sieht daher die Gestaltung des Staatsbudgets nicht bloß im
Lichte der strengen normativen Allokationsregel, sondern ebenfalls als
potentiell stabilisierendes Element in der Auslastung des Produktionspotentials. Daher will Malthus Fragen der Verschuldung und Schulden-
tilgung sowie der Aufhebung von Steuern differenziert behandelt sehen.[61]
Dabei geht Malthus in seiner Argumentation sehr behutsam vor. Wol-
demar Koch bemerkt sehr richtig, dass dieses nicht im Stile von Keynes,
sondern im Stile des achtzehnten Jahrhunderts – im Stile J. Steuarts –
gedacht sei.[62]

1   Smith, Wohlstand, IV. Buch, S. 53, Ende des 9. Kap.
2   So auch Streissler (Macht und Freiheit, 1973, S. 1400 f.) sowie Wille und Gläser (1977, S. 63).
3   Mill, Principles, S. 947.
4   Streissler (1973, S. 1399) hat diese Einstellung auf folgendes Apercu gebracht: »Ein ›erster Diener
    seines Staates‹ passte nicht in die Erfahrungswelt der Engländer; was sie kannten, waren *wohlver-
    dienende* erste Diener ihrer selbst.«
5   Willgerodt (1973, S. 1437): »Es war das 18. Jahrhundert noch immer das Zeitalter der Einhegungen,
    wo durch einen Raubakt des Parlaments die mittlere Landwirtschaft weitgehend vernichtet worden ist
    …« – Zur Haltung von Smith gegenüber dem Parlament vgl. die Textauswertung bei Wille und Gläser
    (1977, S. 71).
6   Vgl. hierzu F. A. von Hayek, David Hume, bes. S. 236 ff.
7   Smith, Theorie der ethischen Gefühle, Bd. II, S. 395 f. – Eine solch interpretierende Übersetzung ist
    hier angebracht, da Smith zuvor von »a certain spirit of System« im Sinne von »Parteidoktrin« spricht.
8   Ebenda, S. 394.
9   Smith, Wohlstand, Buch IV, (2. Kap.), S. 252. – Vgl. hierzu auch die Auswertung von Smiths Politi-
    kerbild im »Wohlstand« durch Tuchtfeldt, 1976, S. 31 ff.
10 Smith, Wohlstand, IV. Buch, S. 252 (2. Kap.).
11 Smith' Theorie der ethischen Gefühle, Bd. II, S. 393 f. – Insofern ist das Menschenbild der »ökono-
    mischen Theorie der Demokratie«, soweit es ausschließlich auf dem Eigennutz-Axiom gründet,
    wobei sich Downs, einer der maßgeblichen Wegbereiter dieses Ansatzes, ausdrücklich auf Smith
    stützt, nicht nur eine schreckliche, sondern eine unzulässige Vereinfachung des vielschichtigen
    Smithschen Menschenbildes.
12 Vgl. hierzu in diesem Buch das Kapitel VI, Abschnitt 2 – Vgl. hierzu Smiths Überlegungen, auf
    Luxusartikel und -karossen einen Zusatz auf den üblichen Wegzoll zu erheben, um die Gebühren für
    Güter des täglichen Bedarfs ermäßigen zu können (Wohlstand, V.Buch, 1. Kap., 3. Abt., S. 46).
13 Smith, Wohlstand, IV. Buch, 2. Kap., S. 248 – Vgl. auch die entsprechende Textauswertung bei Wille
    und Gläser (1977, S. 73).
14 Vgl. hierzu Smith, Wohlstand, V. Buch, 1. Kap., 1. Abt.
15 Vgl. Smith, Wohlstand, V. Buch, 1. Kap., 1. Abt., S. 9 ff.
16 Ebenda, S. 25.
17 Smith, Wohlstand, V. Buch, S. 26 f. (2. Abteilung). Hier wurde teilweise von der Übersetzung – unter
    Rückgriff auf den englischen Text – abgewichen.
18 Schumpeter, Geschichte, Bd. I, S. 51 ff.
19 Smith, Wohlstand, V. Buch, 1. Kap., S. 30.
20 Ebenda, V. Buch, S. 38.
21 Ebenda, V. Buch, S. 39.
22 Ebenda, V. Buch, S. 42.
23 Diese Charakterisierung findet sich bei Tuchtfeldt, 1976, S. 37.
24 Tuchtfeldt, 1976, S. 35. – Vgl. hierzu auch die Feststellung von Frey (1970, S. 2 ff.) und die entspre-
    chende Literaturauswertung.
25 Smith, Wohlstand, V. Buch, S. 49 (3. Abt., 1. Unterabt. 1).
26 Ebenda, V, Buch, S. 46.
27 Ebenda, V. Buch, S. 58 ff. (3. Abt., 1. Unterabt. 2).
28 Ebenda, V. Buch, S. 56.
29 Ebenda, V. Buch, S. 96 (1. Kap., 3. Abt., 2. Unterabt.).
30 Ebenda, V. Buch, S. 123.
31 Ebenda, V. Buch, S. 131.
32 Da man Lassalles Bild zwar ständig im Munde führt, ohne den genauen Text zu kennen, sei er hier
    wiedergegeben. Lassalle schreibt in seinem »Arbeitsprogramm«: »Dies ist eine Nachtwächteridee,
    meine Herren, eine Nachtwächteridee deshalb, weil sie sich den Staat selbst nur unter dem Bilde eines
    Nachtwächters denken kann, dessen ganze Funktion darin besteht, Raub und Einbruch zu verhüten.«
    (Ferdinand Lassalles ausgewählte Reden und Schriften, Bd. 1, Leipzig o. J., S. 214)

33 Carlyle ist hier zitiert nach Robbins, 1952, S. 34. – Auch C. Gide zitiert Carlyles Formel (Ch. Gide und
    C. Rist, 1923, S. 561). – Allerdings geben weder Robbins noch Gide eine Fundstelle an.
34 Smith, Wohlstand, II. Buch, 3. Kap., S. 80.
35 Dieses drastische Beispiel haben wir Friedrich List (1959, S. 151) entlehnt, der über den Smithschen
    Produktivitätsbegriff sehr aufgebracht war.
36 Auch Wille und Gläser weisen anhand einer Textauswertung nach, dass Smith die »unproduktiven«
    Berufe sehr schätzte (1977, S. 49).
37 Malthus, Grundsätze der Politischen Ökonomie, S. 83.
38 Smith hat selbst hervorgehoben, dass er das zusammengefasst habe, was alle Nationen nach vielerlei
    Erfahrungen als zweckmäßig empfanden. (Wohlstand, V. Buch, 2. Kap., S. 190) – Vgl. zur dog-
    menhtstorisclien Entwicklung der »klassischen Steuermaximen« immer noch: Mann, 1937 (1978),
    S. 144 ff. und 202 ff.
39 Smith, Wohlstand, V. Buch, 2. Kap., 2. Abt., S. 187.
40 Ebenda.
41 Ebenda, S. 188.
42 Ebenda.
43 Mann zieht zur Erhellung den anschaulichen Vergleich des Kameralisten von der Lith heran:»Wie ein
    kluger Arzt seinem Kranken die bitterste Arznei dadurch beibringt, dass er sie ihm in einem glän-
    zenden Gefäße darreicht, so müßte auch der Regent bei den Abgaben ›alle Beschwerlichkeit, die aus
    deren Eintreibung erwachsen könnte‹, abwenden.« (J. W. von der Lith, Politische Betrachtungen über
    die verschiedenen Arten der Steuern, Breslau 1751, S. 9, zitiert in: Mann, 1937, S. 146)
44 Mill, Principles, S. 804. – Mann (1937, S. 147) bringt Smiths erste Maxime mit der individualistischen
    Assekuranztheorie in Verbindung.
45 Vorher ist dieses Postulat schon von James Mill erhoben worden:»Eine Steuer … sollte das relative
    Verhältnis der verschiedenen Klassen nach Besteuerung genau wie vorher belassen.« (1824, S. 268, 3.
    Aufl., 1844, S. 273, eigene Übersetzung)
46 Smith, Wohlstand, V. Buch, 2. Kap., 2. Abt., S. 189.
47 Ricardo, Grundsätze, S. 181. – Dies ist eine wörtliche Übernahme der Feststellung Says:»Le meilleur
    de tous les impôts est le plus petit« (1819, Bd. III, S. 153). – Neumark stellt hierzu klar, dass nicht nur
    eine Einzelsteuer, sondern zugleich die Gesamtbelastung gemeint sei. (1970, S. 29, Anm. 41)
48 Ricardo, Grundsätze, S. 126.
49 Mann, 1977, S. 90. – Ferner: 1937, S.205 ff.
50 Smith, Wohlstand, 5. Buch, 3. Kap., S. 320: »Der gegenwärtigen Not abzuhelfen ist immer das
    Hauptinteresse derer, die gerade mit der Verwaltung der öffentlichen Angelegenheiten befaßt sind.
    Die künftige Freimachung der öffentlichen Einkünfte überlassen sie der Sorge ihrer Nachkommen.«
51 Smith, Wohlstand, 5. Buch, 3. Kap., S. 326: »Regierungen (sind), wenn ein Krieg kommt, weder
    geneigt noch imstande, ihre Einkünfte in dem Maße zu vermehren, als ihre Ausgaben wachsen. Sie
    sind nicht dazu geneigt, weil sie den Unwillen des Volkes fürchten, dem durch so großen und
    plötzlichen Zuwachs der Steuern der Krieg bald verleidet weiden würde, und sie sind nicht dazu
    imstande, weil sie keine Steuern zu finden wissen, die groß genug wären, den erforderlichen Ertrag zu
    liefern. Die Leichtigkeit, eine Anleihe zu machen, zieht sie aus all der Verlegenheit, welche sonst die
    Folge dieser Furcht und dieses Unvermögens wäre.« – Bei Ricardo heißt es ganz ähnlich: »Es kann
    keine größere Sicherheit für die Erhaltung des Friedens geben, als Regierungen mit der Notwendigkeit
    zu konfrontieren, dem Volk Steuern zur Finanzierung eines Krieges aufzuerlegen.« (Ricardo, Funding
    System, 1820, in: Works IV, S. 197, eigene Übersetzung)
52 Smith, Wohlstand, 5. Buch, 3. Kap., S. 314: »Das Anwachsen der ungeheuren Schulden, die schon jetzt
    alle großen Nationen in Europa drücken und sie mit der Zeit wahrscheinlich zugrunde richten
    werden, ist ziemlich allgemein gewesen.«
53 Marx, Das Kapital, Bd. 1, in: Marx/Engels, Werke, Bd. 23, Berlin 1977, S. 784.
54 Smith, Wohlstand, 5. Buch, 3. Kap., S. 341.
55 Ebenda, S. 342.
56 Ebenda, S. 333 f.
57 Mill, Principles, S. 78. (Eigene Übersetzung)
58 Vgl. in diesem Buch das Kap. V, Abschnitt 4.

59 Smith, Wohlstand, 5. Buch, 3. Kap., S. 313.
60 Malthus in seinem Brief vom 16. Juli 1821 an Ricardo, abgedruckt in: Ricardo, Works IX, S. 19. (Eigene Übersetzung).
61 Malthus, Grundsätze der Politischen Ökonomie, S. 534 f.
62 Koch, 1981, S. 219.

1. Die neue Perspektive

Smith schildert anschaulich die Mehrergiebigkeit der Produktion bei intelligenter Organisation der Arbeit: sein berühmtes Beispiel der Arbeitsteilung in der Stecknadelproduktion. Die Rentabilität einer solchen Produktionsweise setzt im Vergleich zum traditionellen, zunftmäßig organisierten Verfahren die Vergrößerung des Marktes voraus. Die tatsächlich zu beobachtende Ausdehnung der Märkte prägte das Erkenntnisinteresse der englischen Klassiker: Welche Prozesse spielen sich auf den Märkten ab, welches sind die Gesetze des Tausches, was bestimmt das Verhältnis zweier Produkte zueinander, was also macht den Wert eines Produktes aus? Diese Fragen stellten die englischen Klassiker in den Mittelpunkt ihrer Überlegungen. Mill ist daher der Auffassung,[1] dass man die Volkswirtschaftslehre (»political economy«) als »Katallaktik«[2] oder als die »Wissenschaft des Tausches« bezeichnen könne.

Die Lehre vom »Wert« eines Gutes steht im Mittelpunkt des Denkens der englischen Klassiker. Sie suchten nach einem »wahren Maßstab« (»real measure«) zur Bestimmung des natürlichen Preises der einzelnen Güter, nach einem »numéraire«, mit Hilfe dessen sie den Platz des einzelnen Gutes im Güterkosmos bestimmen, seinen Wert im Vergleich zu den anderen Gütern ablesen könnten.

2. Auf der Suche nach dem »wahren Maßstab« zur Ordnung des Güterkosmos

a) Smiths Arbeitswerttheorie

Die Schwierigkeiten, die sich Smith bei der Suche nach einem solchen Maßstab in den Weg stellten, können bei Durchsicht der entsprechenden Textstellen leicht erkannt werden. Schon der flüchtige Leser wird bei Smith Zirkelschlüsse, Tautologien, Banalitäten und Denkfehler entdecken. Das von Adam Smith in die wissenschaftliche Literatur eingebrachte »klassische Wertparadoxon« ist das Ergebnis elementarer Denkfehler. Smith leitet sein Paradoxon mit der Bemerkung ein, dass das Wort »Wert« zweierlei Bedeutung habe: Zum einen drücke es die Brauchbarkeit einer Sache aus (Gebrauchswert), zum anderen die Möglichkeit, es gegen eine andere Sache zu tauschen (Tauschwert). Er glaubte nun, der Wirklichkeit folgende paradoxe Gesetzmäßigkeit entnehmen zu können: »Dinge, die den größten Gebrauchswert haben, haben oft wenig oder gar keinen Tauschwert, und umgekehrt: die, welche den größten Tauschwert haben, haben oft wenig oder gar keinen Gebrauchswert. Nichts ist brauchbarer als Wasser, aber man kann kaum etwas dafür erhalten; man kann fast nichts dafür eintauschen. Dagegen hat ein Diamant kaum einen Gebrauchswert, und doch ist oft eine Menge anderer Güter dafür im Tausch zu haben.«[3]

Von den zwei Fehlern, die in Smiths Wertparadoxon stecken, ist einer vielleicht seiner Lebensführung zuzuschreiben, so dass man dem Paradoxon zumindest eine anekdotische Qualität abgewinnen kann. Woher kommt es, dass Smith dem Diamanten nahezu jeglichen Gebrauchswert absprechen will? Hat er nie das Leuchten in den Augen einer Frau gesehen, wenn sie einen Diamanten geschenkt bekommt? Wusste er nicht um den außergewöhnlich hohen Gebrauchswert des Diamanten, weil er Junggeselle war, oder blieb er Junggeselle, weil er nicht darum wusste?

Es überrascht jedoch, dass Smith übersehen konnte, dass Wasser nur dann einen hohen Gebrauchswert hat, wenn es knapp ist; dann aber hat es auch einen hohen Tauschwert. Zur Nützlichkeit eines Produktes muss das Phänomen der Knappheit hinzutreten, damit ihm ein Tauschwert zugemessen wird. Um diese Klarstellung hat Ricardo das Wertparadoxon ergänzt.[4]

Doch muss man auf die harsche Kritik Schumpeters, Smith habe mit dem Wertparadoxon für die nächsten zwei oder drei Generationen die Tür zugeschlagen, die von seinen französischen und italienischen Vorgängern in so verheißungsvoller Form geöffnet worden sei,[5] entgegnen: Jeder Wissenschaftler hat ein Recht auf Irrtum; die nachfolgenden Wissenschaftler müssen solche Irrtümer aufdecken. Schumpeter hätte die Wissenschaftler tadeln sollen, die Smiths Lehren als Dogmen tabuisierten.

Üblicherweise werden in Smiths Dogmengeschichte Äußerungen zur Wertproblematik dahingehend gedeutet, dass er je nach gesellschaftlicher Entwicklung unterschiedliche Werttheorien aufgestellt habe, eine Arbeitswerttheorie für eine primitive und eine Produktionskostentheorie für eine zivilisierte Gesellschaft. In einer primitiven Gesellschaft, in der Land noch ein freies Gut darstellt, bilden sich die Tauschverhältnisse entsprechend den Arbeitsquantitäten:»Wenn es zum Beispiel bei einem Jägervolk zweimal soviel Arbeit kostet, einen Biber zu erlegen, als das Erlegen eines Hirsches erfordern würde, so wird natürlich ein Biber zwei Hirsche wert sein«.[6] Ist dagegen die Entwicklung einer Gesellschaft weiter fortgeschritten, hat sich Kapital in den Händen einiger Personen angesammelt und ist der Boden knapp geworden, so verlangen die Kapitalisten einen Profit, weil sie sonst nicht ihr Kapital aufs Spiel setzen würden[7] und »begehren die Grundherren, gleich anderen Menschen, da zu ernten, wo sie nicht gesät haben«.[8] Der Preis enthält also nun die Entgelte für Arbeit (Lohn), Kapital (Profit) und Boden (Grundrente). In dieser Gesellschaft wird der wirkliche Wert eines Produktes, der natürliche Preis, durch die durchschnittlichen Entgelte für Arbeit, Kapital und Boden bestimmt.

Eine genauere Analyse seiner Produktionskostentheorie ergibt jedoch, dass Smith sich in Wahrheit von der Arbeitswerttheorie nicht hat lösen können.[9] Er behandelt Profit und Bodenrente nicht als Entgelte für Leistungen eigenständiger Produktionsfaktoren, sondern führt die Preisbestandteile »Profit« und »Rente« selbst wieder auf »Arbeit« zurück: »Die Arbeit bestimmt den Wert nicht nur jenes Teiles des Preises, der selbst wieder in Arbeit aufgeht, sondern auch desjenigen, welcher in Rente, und desjenigen, welcher im Kapitalprofit aufgeht«.[10] Diese Argumentationsweise ist offensichtlich »zirkulär«[11]: Der »natürliche Lohn« werde bestimmt durch die Preise der zur Existenzsicherung notwendigen Lebensmittel, in die wiederum der »natürliche Lohn« als Preisbestandteil eingegangen sei usw.

Die Annahme, dass Smith sich von der Arbeitswerttheorie nicht hat lösen können, wird auch noch durch andere Hinweise von Smith gestützt. Wenn Smith spöttisch anmerkt, dass die Grundeigentümer ernten wollten, wo sie nicht gesät hätten, dann ist die dem Grundeigentümer zufallende Rente nicht als Entgelt für eine Produktionsleistung zu betrachten, sondern als Honorierung der Tatsache, dass Boden durchschnittlicher Qualität zufälligerweise ein knappes Gut ist. Profit ist für Smith ferner, was nach Abzug der Kosten für Arbeit und Bezahlung der Bodenrente übrig bleibt.[12] Kapital ist bei Smith der Vorschuss für Lohn und Ankauf von Rohstoffen an die eigentlichen Produzenten. Erst wenn die Produktion am Markt abgesetzt ist, weiß der Kapitalgeber, was er an Profit zu erwarten hat. Wenn dieser Profit unter dem allgemeinen Durchschnitt liegt, wird sich der Kapitalist ein anderes Betätigungsfeld suchen. Im Zustande des Arbitragegleichgewichts werden sich die Entgelte für Boden durchschnittlicher Qualität und für Lohnvorschüsse in den einzelnen Verwendungen entsprechen, so dass der Tauschwert eines Produktes von den jeweiligen Arbeitsleistungen abhängt. Smith sagt ja selbst: »Die Arbeit ist also der wahre Maßstab des Tauschwertes aller Waren«.[13]

Smith ist vorgeworfen worden, dass er zwischen »inkorporierter Arbeit« und »kommandierter Arbeit« nicht sauber trenne. Der Begriff »inkorporierte Arbeit« meint die Arbeitsquantität, die man selbst in ein bestimmtes Gut gesteckt hat, und der Begriff »kommandierte Arbeit« meint die Arbeitsmenge, die man bei Hingabe eines Gutes einsparen oder anderen Leuten aufladen kann. Man kann den Maßstab »kommandierte Arbeit« als Versuch der Objektivierung von Arbeitsquantitäten betrachten: Den Wert einer Ware bemessen wir danach, wieviel Arbeitsquantitäten wir dafür eintauschen oder dienstbar machen können, gleichgültig wieviel Stunden wir selbst zur Fertigstellung benötigt haben.

Smith weiß natürlich um die Schwierigkeiten, Arbeitsquantitäten als »numeraire« zu verwenden. Wegen unterschiedlicher Beschwernis und Kompliziertheit der einzelnen Arbeiten sei die Maßeinheit »Zeit« unvollkommen. Die Aufgabe, verschiedene Arbeitsquantitäten gleichnamig zu machen, könne jedoch durch »Feilschen und Handeln auf dem Markte« gelöst werden.[14] Hieran ändere auch die Einführung des Mediums »Geld« nichts. In einer Geldwirtschaft werde zwar der Wert eines Gutes nicht in Einheiten eines anderen Gutes, sondern in Einheiten des Tauschmediums ausgedrückt, doch könne Geld nicht als »wahrer Maßstab« dienen, da dessen Wert, wenn es in Einheiten Gold oder Silber ausgedrückt sei, selbst von der Ergiebigkeit der Gold- oder Silberminen und/oder von der Qualität der ausgeprägten Münzen abhänge.[15] Hier dachte Smith an die verschiedenen Inflationen, die England heimgesucht hatten. Allein Arbeit verändere niemals ihren Wert,[16] womit Smith offensichtlich das physische Produkt einer bestimmten Arbeitsquantität unter sonst gleichen Umständen meint. Die Tatsache, dass man für eine bestimmte Arbeitsquantität bald diese, bald jene Menge an Gütern kaufen könne, erklärt Smith mit den Wertschwankungen der anderen Güter. Das ist nicht sehr überzeugend. Stellt man sich auf die andere Tauschseite, so ist es die vermeintlich unveränderliche Arbeitsquantität, die ihren Wert ändert.

Man hat Smith vorgeworfen, dass er bei der Bestimmung des natürlichen Preises in der zivilisierten Gesellschaft die Kosten für den Produktionsfaktor »Werkstatt und Werkzeug« übersehen habe. Ein solcher Vorwurf verkennt, wie Stark nachweist, die Wirklichkeit der Arbeitswelt, wie

Smith sie vorfand.[17] Was dem Arbeiter zu Zeiten Smiths fehlte, waren nicht Werkstatt und Werkzeug – diese hatte er im oder hinter dem Haus –, sondern Geld, um Vorräte zu kaufen und seine Familie während der Zeit der Fertigstellung dieser Waren zu ernähren. Das Werkzeug besserte er während der Zeit aus, in der er nicht in der Warenfertigung tätig war. Daher lag es nahe, den Wert von Waren anhand der auf sie verwendeten Arbeitsquantitäten zu bestimmen. Mit den Komplikationen, die sich ergeben, wenn die Ausstattung mit Sachkapital zunimmt und wenn die Arbeiter an einem zentralen Ort mit fremden Produktionsmitteln arbeiten (Fabriksystem), musste sich dagegen Ricardo herumplagen.

b)   Ricardos Kampf mit den Komplikationen der Arbeitswerttheorie

Ronald Meek hat für Smiths Arbeitswerttheorie das Bild eines Embryos geprägt.[18] Damit will er sagen, dass sie erst bei Ricardo ihre volle Gestalt gefunden habe. So einprägsam dieses Bild auch ist, so sehr kann es doch in die Irre führen. Smiths Überlegungen, in Arbeitsquantitäten den wahren Maßstab zur Ordnung des Güterkosmos zu sehen, ließ sich zu dessen Zeit vertreten, zu Ricardos Zeit jedoch nicht mehr. Dafür ist Ricardo selbst der beste Zeuge; er hat mit seiner analytischen Begabung die Komplikationen der Arbeitswerttheorie offengelegt.

Ricardo unterscheidet zwischen solchen Gütern, die von Natur aus knapp sind, und solchen, die beliebig reproduzierbar sind.[19] Dass Güter nützlich sein müssen, damit man im Tausch dafür etwas hergibt, galt als selbstverständlich. Für die Güter, die von Natur aus knapp sind, gilt das Prinzip von Angebot und Nachfrage. In diesen Fällen kann sich der Preis dauerhaft von den Gestehungskosten entfernen und dem Produzenten eine entsprechende Knappheitsrente einbringen. Ricardo ist jedoch vornehmlich an der Bestimmung des Wertes beliebig reproduzierbarer Güter interessiert. Seine zentrale Aussage zur Bestimmung des Tauschwertes solcher Güter – zugleich Leitsatz des ersten Kapitels – lautet:»Der Wert eines Gutes oder die Menge irgendeines anderen, für welchen es sich austauschen lässt, hängt von der verhältnismäßigen Menge der zu seiner Produktion erforderlichen Arbeit ab und nicht von der größeren oder geringeren Vergütung, die für diese Arbeit bezahlt wird«.[20]

Bei der Umrechnung unterschiedlicher Arbeitsqualitäten auf den »numeraire«»Arbeitsmenge« behalf sich Ricardo mit einem Kunstgriff.[21] Da die Wertschätzung verschiedener Arbeitsqualitäten auf dem Markt mit einer für alle praktischen Zwecke hinreichenden Genauigkeit bestimmt werde, lasse sich eine Skala von Arbeitsqualitäten bilden: Der Markt schätze die Arbeit des Goldschmiedes höher ein als die des Grobschmiedes und daher müsse sie mit einem entsprechenden Multiplikator gewichtet werden. Ricardo rechtfertigt diese Vorgehensweise damit, dass Änderungen in der Wertskala von Jahr zu Jahr ganz unbedeutend seien und für kurze Perioden daher nur einen geringen Einfluss auf den relativen Wert von Gütern haben können.[22] Gegenüber dieser Methode, deren sich ja auch Smith bedient, lässt sich der Vorwurf des Zirkelschlusses erheben: Ricardo entnimmt dem Markt die Bewertung für unterschiedliche Arbeitsleistungen, um dann mittels der Arbeitswerttheorie die sich auf dem Markt auf lange Sicht herausbildenden Tauschraten für beliebig reproduzierbare Güter ableiten zu können.

Intensiv musste sich Ricardo dagegen mit dem Problem befassen, dass wegen der gegen Ende des 18. Jahrhunderts sich rasant verändernden »organischen Zusammensetzung des Kapitals« die Kosten für »stehendes Kapital« nicht mehr vernachlässigt werden durften: »Es zeigt sich also, dass die in verschiedenen Gewerben vorgenommene Teilung des Kapitals in verschiedene Anteile von stehendem und umlaufendem Kapital eine erhebliche Modifikation der Regel bedingt, welche allgemein anzuwenden ist, sobald fast ausschließlich Arbeit zur Produktion verwandt wird«.[23] Der Versuch, Kapital als »vorgetane Arbeit« in Arbeitsmengen aufzulösen, musste als erfolglos gelten. Ricardos Hilfskonstruktion, dass Arbeit und Kapital zu gleichen Teilen an der Warenproduktion mitwirkten,[24] war daher in Wahrheit das Eingeständnis, dass der Versuch der Ordnung des Güterkosmos über den »numeraire« »Arbeitsmenge« gescheitert war.

Die intensive Durchdringung dieses Problemkreises ließ jedoch Ricardo das Paradoxon erkennen, dass ein Anstieg der Lohnkosten nicht, wie man annehmen könne, zu einem allgemeinen Preisanstieg führe, sondern im Gegenteil zu Preissenkungen in den Produktionsbereichen, deren Kapitalausstattung je Arbeitskraft über dem allgemeinen Durchschnitt liege.[25] Ricardo geht dabei von seinem Axiom aus, dass unter sonst gleichen Umständen ein Lohnanstieg nur auf Kosten der Profite gehen kann. Dann werden die Profite in den Bereichen am stärksten geschmälert, wo der Lohnkostenanteil überproportional groß ist. Die unterschiedliche Entwicklung der Profite löst Arbitragebewegungen aus; die Wanderung von Kapital löst über Ausstoßänderungen Preisbewegungen aus, die vorläufige Kapitalwanderungen initiieren, bis schließlich das Kapital in allen Verwendungen den gleichen Profit abwirft. Dies wird dann der Fall sein, wenn sich die Lohnkostenerhöhung entsprechend der Kapitalausstattung in den Preisen niedergeschlagen hat. F. A. von Hayek hat diese Feststellung den »Ricardo-Effekt« genannt.[26] Ein allgemeiner Lohnanstieg verändert bei unterschiedlicher betrieblicher Kapitalausstattung sowohl die relative Preisstruktur als auch die Produktionstiefe; mit Böhm-Bawerk könnten wir von der Verlängerung der Produktionsumwege sprechen. Man muss jedoch hinzufügen, dass höhere Lohnkosten auch die Preise für stehendes Kapital ansteigen lassen; daher müsste die Verlängerung der Produktionsumwege zumindest teilweise wieder rückgängig gemacht werden.

Da Ricardo selbst auf die Komplikationen der Arbeitswerttheorie bei stehendem Kapital aufmerksam gemacht hat, taucht natürlich die Frage auf, warum er sich nicht von ihr löste. Für Smith haben wir herausgearbeitet, dass er nicht – wie üblicherweise in der Literatur vermutet wird – die Anfänge einer Produktionskostentheorie geliefert hat. Für Ricardo könnten wir – gestützt auf einen Brief an McCulloch – vermuten, dass er die Arbeitswerttheorie zu einer Produktionskostentheorie fortentwickelt hätte, wenn ihm die Zeit hierfür noch vergönnt gewesen wäre. Nach einem Seufzer über die Schwierigkeiten der Werttheorie skizziert er eine Alternative zur Arbeitswerttheorie:»Ich denke manchmal, daß ich, wenn ich das Kapitel über den Wert in meinem Buche neu zu schreiben hätte, anerkennen würde, daß der relative Wert der Güter durch zwei Gründe anstatt durch einen reguliert würde, nämlich durch die relative Arbeitsmenge, die zur Erstellung der in Frage kommenden Produkte notwendig ist, und durch die Profitrate für die Zeit, in der das Kapital untätig wäre und die Güter auf den Markt gebracht wären«.[27]

Sraffa hat die Schlussfolgerung, dass Ricardo in der Werttheorie einen »Frontwechsel« vollzogen habe, als unbegründet zurückgewiesen. Er wies nach, dass in der dritten Auflage der »Grundsätze« im Vergleich zur ersten keine Divergenz in seiner Auffassung zur Arbeitswerttheorie festzustellen sei.[28] Meek sekundiert: Ricardo habe seinen Fehltritt (sic!) in einem späteren Brief an McCulloch korrigiert.[29] »Ich bin völlig überzeugt« – so zitiert Meek Ricardo –»daß wir in der Bestimmung der in den einzelnen Produkten verkörperten Arbeitsmenge als der Regel, die ihren Tauschwert bestimme, auf dem rechten Wege sind«.[30] Meek folgert aus diesem Zitat, dass einer der Hauptstützen des Arguments, Ricardo habe gelegentlich erkannt, dass er sich habe irreleiten lassen, unwiederbringlich beiseitegefegt sei.[31] Liest man den Kontext der von Meek zitierten Stelle sorgfältig durch, so kommt man keineswegs zu dieser dezidierten Feststellung. Vielmehr nimmt Ricardo auch in diesem Brief wieder auf den Produktionsfaktor »Zeit« Bezug – »ein Ding, das an einem Tag produziert und zum Markt gebracht wurde durch die Arbeit von zehn Männern, ist nicht so wertvoll wie ein anderes Gut, produziert und zum Markt gebracht nach zehn Tagen, nachdem eines Mannes Arbeit für zehn Tage darauf verwandt wurde«[32] – und drückt wiederum seine ganze Unzufriedenheit mit sich selbst aus.[33] Es kann weiterhin mit einiger Sicherheit angenommen werden, dass Ricardo zu einer Zweifaktorentheorie – Arbeit und Zeit – vorgestoßen wäre, wenn ihn nicht sein früher Tod daran gehindert hätte.[34]

Dass sich Ricardos Sinneswandel nicht in der dritten Auflage der »Grundsätze« niedergeschlagen hat, erklärt sich daraus, dass man unterscheiden muss zwischen dem, was man in Briefen, die eher privaten Charakter haben, gegenüber Mitstreitern äußert, und dem, was man in Lehrbüchern ausbreitet. Solange sich die Zweifel nicht zu einer alternativen Theorie verdichtet haben, wird man seine Leser damit noch nicht konfrontieren wollen.

3.   Malthus' und Mills abweichende Auffassung

Wenn Smith und Ricardo die Tauschwerte beliebig reproduzierbarer Güter behandeln, dann wollen sie keine Aussage über die absoluten Werte der einzelnen Güter machen, sondern über die Struktur der relativen Preise, die sich auf lange Sicht ergibt. Die Kontroverse zwischen Ricardo und Malthus resultiert daraus, dass Malthus demgegenüber auf die Determinanten der aktuellen Preisbildung achtet. Daher vertrat er die Auffassung, dass der Preis durch Angebot und Nachfrage reguliert werde: »... Der Geldwert von Waren oder ihr Preis (wird) durch das Verhältnis von Angebot und Nachfrage bestimmt. Und dieses Gesetz scheint so allgemein zu sein, dass sich wahrscheinlich kein einziges Beispiel einer Preisänderung findet, das sich nicht in befriedigender Weise auf eine vorhergehende Veränderung des Verhältnisses von Angebot und Nachfrage zurückführen ließe«.[35] Nebenbei bemerkt war Malthus' und nicht Ricardos Ansicht die zu ihrer Zeit geläufigere. Ricardo hat sich ausdrücklich darüber beklagt: »Die Ansicht, daß der Güterpreis einzig und allein von dem Verhältnis des Angebotes zur Nachfrage oder der Nachfrage zum Angebot abhängt, ist in der Volkswirtschaftslehre fast zu einem Axiom geworden und in dieser Wissenschaft die Quelle vieler Irrtümer gewesen«.[36]

Wenn Ricardo auf die relative Preisstruktur, die sich auf Dauer heraus-
kristallisieren musste, abstellte, so wollte er damit nicht leugnen, dass der
Marktpreis durch Verschiebungen der Nachfrage beeinflusst würde; auf
kurze Sicht gilt ja, dass sich bei gegebenem Gütervorrat die Preisbildung
nach der Knappheit ergibt. Eine Erhöhung der Nachfrage nach einem
bestimmten Produkt lässt dessen Preis ansteigen und verschafft damit
dessen Produzenten eine zeitweilige Knappheitsrente. Bei unbeschränkter
Konkurrenz setzen nun so lange Wanderungsbewegungen ein, bis diese
Knappheitsrente verschwunden ist und in allen Kapitalverwendungen
gleiche Profite erwirtschaftet werden. Ricardo behauptet also nicht, dass
der Preis eines Gutes immer gleich der in Geldeinheiten bewerteten Arbeitsmenge ist, sondern dass die Preise zweier Produkte, zu deren Erstellung gleiche Arbeitsmengen erforderlich sind, auf Dauer nicht voneinander abweichen können. Daher weist Ricardo mit Recht Malthus'
Vermutung zurück, dass er Kosten und Wert gleichsetze. Er korrigiert:
»Das ist der Fall, wenn er unter Kosten »Produktionskosten«, einschließlich des Profits, versteht. In den obigen Zeilen meint er das aber nicht, und
deshalb hat er mich nicht klar verstanden«.[37]

Mill dagegen glaubte noch, auf dem Boden von Ricardos Arbeitswerttheorie zu stehen:»Glücklicherweise gibt es nichts in den Gesetzen des
Wertes, was für gegenwärtige oder zukünftige Autoren zur Klärung üb-
rigbleibt; die Theorie über diesen Gegenstand ist abgeschlossen.«[38] In
Wahrheit aber vertrat Mill eher Malthus' als Ricardos Position. In seiner
»Theorie der internationalen Werte« spricht er davon, dass man zur Erklärung der Werte international gehandelter Güter auf ein Gesetz zurückgreifen müsse, das dem Produktionskostengesetz vorgeschaltet sei,
»das Gesetz von Angebot und Nachfrage«.[39] Schumpeter kommentiert
dies wie folgt:»Wenn dies nicht bedeutet, daß Mill – ohne sich dessen
völlig bewusst zu werden – sich genau der Analyse zuwandte, die für
Ricardo ein Fluch war, dann ist mir der Sinn dieser Stelle unverständ-
lich«.[40] Mill wollte Preisbildungsprozesse erklären,[41] während Ricardo
letztlich an Allokationsprozessen interessiert war.

4.   Allokation und Arbitragegleichgewicht

Die englischen Klassiker gehen in ihrer Wert- und Preistheorie von der
grundlegenden Annahme aus, dass sich auf den Märkten tendenziell
Wertgleiches tausche. Sollten die getauschten Produkte nicht wertgleich

sein, so hat derjenige einen zusätzlichen Vorteil, der weniger an Arbeit und Mühe für sein Produkt aufgewendet hat.

Dies erkennen aber auch die anderen Produzenten, die daraufhin ihre Produktion auf das Gut konzentrieren, für das man im Austausch mehr erhält, als man selbst an Arbeit und Mühen aufgewendet hat. Daraufhin steigt das Angebot in diesem Gut und drückt die Tauschrate so lange, bis sich schließlich Wertgleiches tauscht. In den Worten von Smith:»Die Ware wird dann genau für das verkauft, was sie wert ist, oder was sie den, der sie zu Markte bringt, wirklich kostet«.[42] Anderenfalls setzen von den Gewinndifferentialen ausgelöste Arbitragebewegungen ein. Dies ist die Grunderkenntnis der klassischen Werttheorie.

Dass Ricardos Interessen den Wanderungen des Kapitals in die jeweils rentabelsten Verwendungen, bis die Profitraten allgemein nivelliert sind, gilt, ergibt sich aus seiner früheren Tätigkeit an der Londoner Börse. Im Börsenspiel war derjenige erfolgreich, der früher als andere Arbitragegeschäfte wahrnahm. An verschiedenen Stellen breitet Ricardo diese für ihn zentrale Erkenntnis aus;[43] er schildert sehr präzise, wie solche Allokationsprozesse ablaufen.[44]

Smith wie Ricardo wissen natürlich, dass es zu einem Ausgleich der Profitraten nur bei Markttransparenz und offenen Märkten kommen kann. Daher sprechen sie oft auch von der Tendenz zur Nivellierung der Profitraten. Smith betont besonders stark die Anstrengungen der Produzenten, die Möglichkeiten, überdurchschnittliche Profite zu erzielen, zu verheimlichen.[45]

Beide Autoren liefern keine eigentliche Monopolpreistheorie.[46] Monopole können entstehen, wenn die Märkte geschlossen sind, entweder weil aufgrund von Privilegien einem oder wenigen Produzenten ein ausschließliches Fabrikationsrecht eingeräumt wurde oder weil einige Produzenten im Besitze erschöpfbarer Ressourcen sind. Die Differenz zwischen der spezifischen und allgemeinen Profitrate können wir dann als Monopolrente interpretieren.

Bei Konkurrenz und offenem Marktzutritt hat dagegen jedes Gut einen natürlichen Preis und einen Marktpreis, der – falls abweichend – in Richtung des natürlichen Preises gravitiert.[47] Der Marktpreis fällt mit dem natürlichen Preis zusammen, wenn die wirksame Nachfrage (»effectual demand«) gerade ausreicht, um das zu den durchschnittlichen Kosten erstellte Gut abzunehmen. Ist die jeweilige Nachfrage geringer, dann sehen sich die Anbieter gezwungen, sich gegenseitig zu unterbieten;[48] der

Marktpreis sinkt unter den natürlichen Preis; die Produktion wird so lange eingeschränkt, bis der Marktpreis dem natürlichen Preis entspricht. Spiegelbildlich verläuft der Prozess, wenn der Marktpreis über dem natürlichen Preis liegt.

Oft wird angenommen, dass der natürliche Preis dem »iustum pretium« der mittelalterlichen Scholastik entspreche.[49] Eine Gleichsetzung liegt nahe, da im »iustum pretium« die bei der Produktion anfallenden Kosten (»labor et expensae«) entgolten werden sollten, wobei der Lohn für die Arbeit der »standesgemäßen Nahrung« entsprechen sollte. Der »iustum pretium« ist jedoch Ausfluss eines Denkens, das durch eine stationäre Welt – das Zunftwesen der mittelalterlichen Stadt – geprägt wurde. Hier herrschten klare Vorstellungen von dem, was als »standesgemäße Nahrung« zu gelten hatte, so dass der Vorstellung vom »iustum pretium« normierende Kraft zukam: Einerseits schickte es sich nicht, sich aus Profitsucht bereichern zu wollen, andererseits sollte dem Produzenten das ihm Zustehende zukommen. Demgegenüber ist das Wechselspiel von natürlichem Preis und Marktpreis bei den englischen Klassikern der Versuch, Preisbildungsprozesse und Produktionsanpassungen bei Konkurrenz zu erklären. Danach gravitieren die Marktpreise ohne hoheitliche Eingriffe in Richtung natürlicher Preis; überdurchschnittliche Profite sind dann nicht Ergebnis asozialer Profitsucht, sondern Indiz dafür, dass im Verhältnis zur »wirksamen Nachfrage« zuwenig produziert wurde. Die Wanderungen im Produktionsbereich kommen zur Ruhe, wenn in allen Produktionen natürlicher Preis und Marktpreis zur Deckung gelangt sind. Der natürliche Preis ist damit gleich den durchschnittlichen Entgelten für die Inanspruchnahme von Arbeitsleistungen, Kapital und Boden. Die einzelnen Güter haben dann ihren natürlichen Preis, wenn bei Markttransparenz, Kapitalmobilität und Fehlen von Marktzutrittsschranken keine Tendenz zu Faktorbewegungen besteht – also bei einem allgemeinen Arbitragegleichgewicht.[50]

Diese Schlussfolgerung drängt sich auf, wenn man den von Smith und Ricardo angesprochenen Zusammenhang zwischen Preis- und Faktorbewegungen herausarbeitet. Dies ist auch Schumpeters Auffassung, wenn er Smiths Preistheorie als »eine primitive, aber wirksame Art, die allgemeine Interdependenz der Größen zu beschreiben«, bezeichnet. Sie sei »lediglich eine andere Bezeichnung für die Theorie der ökonomischen Logik … – einschließlich aller Prinzipien der Allokation von Ressourcen und der Einkommensbildung«.[51]

1 Mill, Principles, S. 435.
2 Katallaktik – von griechisch ›katalláttein' stammend – meint den Austausch, aber auch Ausgleich und Aussöhnung (sic!).
3 Smith, Wohlstand, Buch I, 4. Kap., S. 35.
4 Ricardo, Grundsätze, S. 35.
5 Schumpeter, Geschichte, Bd. I, S. 392.
6 Smith, Wohlstand, Buch I, 6. Kap., S. 59.
7 Ebenda, S. 61.
8 Ebenda, S. 63.
9 Vgl. hierzu auch: Schefold, 1981, S. 58.
10 Smith, Wohlstand, Buch I, 6. Kap., S. 63.
11 Vgl. auch Schefold, 1981, S. 63. Ferner: Schneider, 1981, S. 314.
12 Smith, Wohlstand, Buch I, 6. Kap., S. 65.
13 Smith, Wohlstand, Buch I, 5. Kap., S. 37.
14 Ebenda, S. 38.
15 Ebenda, S. 40.
16 Ebenda, S. 40 f.
17 Stark, 1960, S. 25.
18 Meek, 1973, S. 82.
19 Ricardo, Grundsätze, S. 35.
20 Ebenda, S. 35. – Hieraus ist öfter geschlossen worden, dass Ricardo eine Arbeitsmengentheorie und keine Arbeitskostentheorie vertreten habe – so von Kruse (1959, S. 72). Dieser Schluss ist missverständlich, denn Arbeitsmengen stehen bei Ricardo für repräsentative Entlohnungen je Arbeitszeit. Insofern ist eine Arbeitsmengentheorie immer auch eine Lohnkostentheorie. Ricardo will vielmehr sagen, dass in einer Wirtschaft ohne Einschränkung der Faktormobilität unterschiedliche Preise (Vergütungen) für wertgleiche Leistungen nicht durchgehalten werden können.
21 Ricardo, Grundsätze, S. 41 f.
22 Ebenda, S. 42. – Hierzu merkt Schumpeter (Geschichte, Bd. I, S. 725, Anm. 37) belustigt an: »Ricardo, dessen Argumente sich erklärtermaßen immer auf langfristige Phänomene bezogen, (empfand) in diesem Fall keine Gewissensbisse, als er ein kurzfristiges Argument anführte – ein weiteres Beispiel seiner extremen Unbekümmertheit.«
23 Ricardo, Grundsätze, S. 54.
24 Diese Vereinfachung wählte Ricardo, als er die Eigenschaften des Goldes im Hinblick auf einen »unveränderlichen Wertmaßstab« diskutierte (Grundsätze, 1. Kap., 6. Abschnitt).
25 Ebenda, S. 57 und 60.
26 Vgl. hierzu: F. A. von Hayek, 1969, S. 266, Anm. 3.
27 Ricardo an McCulloch, Brief vom 13. Juni 1820. Abgedruckt in: Ricardo, The Works, Bd. 8, S. 194. (Eigene Übersetzung, Hervorhebung von mir, J. St.) – In diesem Sinne auch der Brief vom 2. Mai 1820 an McCulloch, in: Ebenda, S. 186.
28 Sraffa, Introduction, in: Ricardo, The Works, Bd. 1, S. XXXVIII ff.
29 Meek, 1973, S. 106.
30 Ricardo an McCulloch, Brief vom 25. Januar 1821, abgedruckt in: Ricardo, The Works, Bd. 8, S. 344. (Eigene Übersetzung).
31 Meek, 1973, S. 106.
32 Ricardo an McCulloch, Brief vom 25. Januar 1821, in: Ricardo, The Works, Bd. 8, S. 344.
33 Ricardo bekennt, dass er nicht so bald McCulloch seine Überlegungen zu diesem schwierigen Punkt mitgeteilt hätte, wenn er sich hätte schmeicheln können, nach mehr Überlegungen zu befriedigenderen Schlussfolgerungen zu gelangen. »Aber ich bin sicher, ich könnte es nicht, denn ich habe so lange darüber nachgedacht, daß ich die Hoffnung aufgegeben habe, meine eigenen Versuche könnten mir ohne Hilfestellung Klarheit verschaffen.« (Ricardo an McCulloch, ebenda)
34 Die These, dass Ricardos Werttheorie auf zwei Elementen – Arbeit und Zeit – aufbaue, findet sich häufig in der dogmenhistorischen Literatur. Vgl. Marshall, 1977, S. 672; Schumpeter, Geschichte, Bd.

I, S. 725; Blaug zählt Ricardo sogar zu den Vorläufern der österreichischen Kapitaltheorie (1971, S. 189). Vgl. ferner: Schneider, 1981, S. 316.

35 Malthus, Grundsätze der Politischen Ökonomie, S. 113.
36 Ricardo, Grundsätze, S. 238.
37 Ricardo, Grundsätze, S. 60 f., Anm. 4.
38 Mill, Principles, S. 436 (eigene Übersetzung).
39 Ebenda, S. 584.
40 Schumpeter, Geschichte, Bd. I, S. 738.
41 Vgl. auch Mills Präzisierungen zur Bildung des Marktpreises: »Die Vorstellung eines Verhältnisses zwischen Nachfrage und Angebot (ist) nicht am Platze, … Die eigentliche mathematische Analogie ist die der Gleichung« (Principles, S. 448, eigene Übersetzung).
42 Smith, Wohlstand, Buch I, 7. Kap., S. 70.
43 Ricardo, Grundsätze, S. 56, 77, 79, 111.
44 Ebenda, S. 77 f.
45 Smith, Wohlstand, Buch I, 7. Kap., S. 77.
46 So auch Schefold (1981, S. 75): »Die klassische Diskussion der Konkurrenz (orientiert sich) aufgrund der internen Logik ihrer Argumentation nicht an der Marktform …, sondern an den Eintrittsschranken.«
47 Der klassische Unterschied zwischen Marktpreis und natürlichem Preis geht nach Streissler auf Cantillon zurück. Vgl. Streissler, 1981, S. 35.
48 Vgl. hierzu die formalisierte Darstellung bei E. Helmstädter, Wie bilden sich die Marktpreise nach Adam Smith?, in: F. Neumark (Hrsg.), Studien I, 1981, S. 94–100.
49 Routh (1975, S. 124) spricht davon, dass die Idee des ›iustum pretium‹ noch in Ricardos Theorie zu finden sei. – Schneider (1981, S. 315) urteilt: »Der natürliche Preis ist ein Dogma: hier wird Sein mit Sollen verwechselt.«
50 Ähnlich charakterisiert Dobb (1977, S. 63) Smiths Argumentation als »Theorie der gleichen Nettovorteile«.
51 Schumpeter, Geschichte, Bd. I, S. 391 (Hervorhebung von mir, J. St.).

V. Die unterschiedlichen verteilungstheoretischen Perspektiven der englischen Klassiker

1. Smiths optimistische Perspektive

England war zur Zeit der englischen Klassiker ein Agrarland. Eine gute Ernte füllte den Fonds, aus dem alle schöpften; eine schlechte Ernte brachte Elend und Arbeitslosigkeit. Systematisch gesehen änderten sich bei Missernten die relativen Preise: Agrarprodukte wurden im Verhältnis zu Manufakturwaren und Dienstleistungen teurer. Profite und Löhne sanken, Arbeitskräfte wurden entlassen. Das Wohl der englischen Volkswirtschaft war stärker den Launen des Wetters ausgesetzt als wir heutzutage den Launen der »Erdölscheichs«. Auch die englische Agrarverfassung hinterließ ihre Spuren in der Verteilungstheorie: Der Grundherr lebte von den Erträgen seiner Ländereien, aber er bebaute sie nicht selbst, sondern verpachtete Land und Gebäude an jemanden, der das Gehöft oder Gut in eigener Regie verwaltete und das Umlaufkapital einschoss, aus dem Saatgut und die Löhne für die Arbeitskräfte bezahlt wurden. Aus der Ernte wurden die Grundherren, die Kapitalisten-Pächter und die Arbeitskräfte entlohnt. Smiths Dreiteilung des Sozialprodukts in Rente, Profit und Lohn entspringt dem englischen Pachtsystem – in den Worten Erich Streisslers: »Smith ist der Schöpfer der klassischen Trias, der Identifikation von Produktionsfaktoren und Verteilungsempfängern, jeweils als Klassen aufgefaßt«.[1]

Damit bestimmt für Smith die zivilisatorische Entwicklung einer Volkswirtschaft die Aufteilung des Sozialproduktes. In der mythischen Vorzeit kommt der Arbeiter (Jäger, Bauer) ausschließlich in den Genuss der von ihm erzeugten Produkte, in einem hochentwickelten Stadium der Gesellschaft muss er aus seinem Arbeitsfleiß auch diejenigen zufriedenstellen, die ihm Kapital vorgeschossen und Boden zur Nutzung überlassen haben.[2] Doch liefert Smith keine in sich geschlossene Verteilungstheorie, sondern eher Ad-hoc-Erklärungen für Entstehung und Entwicklung der einzelnen Einkommensarten. Teilweise widersprechen sich die Ausführungen.

So bezeichnet Smith einmal die Bodenrente als Preisbestandteil,[3] worüber sich dann Ricardo mokiert hat,[4] ein andermal sind »hohe oder niedrige Löhne und Profite ... die Ursachen eines hohen oder niedrigen Preises; hohe oder niedrige Rente ist dessen Wirkung«[5], was auf Ricardos Differentialrente hinweist. Die Interpretation des Profits als Preiselement wiederum steht im Widerspruch zu seiner These, dass dieser als Residualgröße anfällt.[6] Doch ließe sich die These – Profit als Preiselement – insofern vertreten, als ein durchschnittlicher Profitsatz gewährleistet sein muss, um Kapitalabwanderungen zu verhindern. Eine geschlossene Profittheorie liefert Smith jedoch nicht.[7] Die Erklärungen zur Lohnbildung hat er aus praktischem Anschauungsunterricht gewonnen; er hat sie jedoch nicht in ein konsistentes verteilungstheoretisches Konzept integrieren können. Es lassen sich fünf verschiedene Lohntheorien ausfindig machen:

- Der Lohn entspricht dem natürlichen Preis für Arbeit;
- der Lohn ist abhängig vom Entwicklungspfad einer Volkswirtschaft;
- der Lohn ist abhängig von der Verhandlungsposition der Arbeitsmarktparteien;
- der Lohn ist abhängig von der jeweiligen Dotierung der zur Entlohnung des Gewerbefleißes bestimmten Fonds;
- der Lohn fällt als Residualeinkommen an.

Im letzten Fall handelt es sich jedoch nicht um eine Lohntheorie, sondern um die Erklärung des Einkommens des Arbeiter-Unternehmers, der, nachdem er Kapital aufgenommen hat, auf eigene Rechnung tätig wird. Smith merkt zu diesem Fall an, dass ein Teil des Gewinns dem Kapitalnehmer zukomme, da er das Risiko trage und sich der Mühe der Kapitalbenutzung unterziehe, dass der andere Teil dem Kapitalgeber zukomme, der jenem die Gelegenheit gebe, den Gewinn zu machen.[8] Danach umfasst der Gewinn also: Zins für die Bereitstellung von Kapital, Risikoprämie und Unternehmerlohn (Mühe der Kapitalbenutzung). Zwar finden wir eine analytisch saubere Abgrenzung der einzelnen Einkommensarten gegenüber dem Gewinn erst bei J. B. Say, doch lässt sich die häufig in der dogmengeschichtlichen Literatur vertretene Auffassung, Smith und seine Nachfolger hätten nicht die im Gewinn steckenden Einkommensarten erkannt, in dieser krassen Form nicht aufrechterhalten.

Für die eigentliche Erklärung der Lohnhöhe sind daher nur die ersten vier Fälle von Belang. Wir werden sehen, dass sich Smiths lohntheoretische Ansätze auf einen zurückführen lassen: Der Lohn ist ein Knappheitsphänomen. Dies gilt letztlich auch für Smiths Existenzminimum-Theorem (Fall 1).

Der natürliche Preis für Arbeit entspricht den Kosten für die Aufrechterhaltung des Arbeitskräfteangebots (Reproduktionskosten). Liegt der Lohnsatz über dem natürlichen Preis für Arbeit, so wird die einzelne Familie in den Stand gesetzt, mehr Kinder zu ernähren als notwendig sind, um den Bestand an Arbeitskräften insgesamt zu erhalten und umgekehrt. Jedoch sind die Reproduktionskosten der Arbeit keineswegs eindeutig zu bestimmen.[9] Das Existenzminimum ist in räumlicher und zeitlicher Hinsicht unterschiedlich; in Irland beispielsweise lag es immer unter dem, was in England als zumutbar galt.[10] Wenn Smith in seinem Kapitel über »den natürlichen Preis und den Marktpreis der Waren« den natürlichen Lohnsatz für Arbeit als den jeweils an einem bestimmten Ort vorherrschenden Durchschnittssatz bezeichnet, so ist damit in Wahrheit der natürliche Lohn nicht ein Entgelt für die Reproduktionskosten der Arbeit, sondern ein Knappheitsphänomen. Der natürliche Lohn ist realisiert, wenn die Arbeitskräfte von sich aus keine Veranlassung sehen, durch Arbeitsplatzwechsel Lohndifferentiale wahrzunehmen. Dies hieß für Smith nicht unbedingt, dass für vergleichbare Arbeitsquantität immer und überall gleiche Löhne bezahlt werden; vielmehr werde es gewisse Lohndifferentiale geben, da die Arbeiter womöglich die Unannehmlichkeiten, die mit einem Arbeitsplatzwechsel verbunden sind, scheuen: »Es scheint nach der Erfahrung doch offenbar, daß von allen Arten von Gepäck der Mensch am schwierigsten von der Stelle zu bringen ist«.[11]

Die Höhe der Durchschnittslöhne wiederum hängt vom Entwicklungstempo einer Volkswirtschaft ab (Fall 2). Smith macht anhand historischer und zeitgenössischer Fälle deutlich, dass hohe Löhne immer dann gezahlt werden, wenn Arbeitskräfte knapp sind. Damit wird ein hoher Lohn nicht in einer reichen, aber stationären Volkswirtschaft gezahlt, sondern in einer wachsenden Volkswirtschaft;[12] denn nur dann nimmt die Zahl der Arbeitsplätze schneller zu als die Zahl der Arbeitskräfte, und die Konkurrenz um die Arbeitskräfte treibt den Lohn in die Höhe, so dass sowohl der Lebensstandard der Arbeitskräfte als auch ihr Anteil am Sozialprodukt steigt.

In einer stationären Volkswirtschaft war der Arbeiter dagegen beim Aushandeln des Lohnes auch wegen der unterschiedlichen Marktmacht im Nachteil (Fall 3). Auf diese lohntheoretische Variante passt die Bezeichnung »machtdeterminierter Ansatz«. Für die überlegene Verhandlungsposition des Arbeitgebers gibt es zwei Gründe[13]: Die Marktform und die geringe Elastizität der Arbeitsnachfrage. Die Gesetze waren in England zur Zeit der englischen Klassiker arbeiterfeindlich. Smith äußert deutlich seine Missbilligung. Koalitionen von Arbeitern zwecks Durchsetzung höherer Löhne waren verboten[14], während die Arbeitgeber sich offen oder heimlich zwecks Lohndrückerei zusammentun konnten. Wehrten sich die Arbeiter dagegen, so täten sie es oft »mit der ganzen Torheit und Maßlosigkeit verzweifelter Menschen«[15]; daher hätten die Arbeitgeber leichtes Spiel und riefen die Obrigkeit gegen den Aufruhr zu Hilfe.[16] Darüber hinaus könnten die Arbeitgeber zumindest eine Zeitlang von dem Kapital leben, das sie bisher angesammelt hätten, während Not und Armut die Arbeiter zwängen, mehr oder weniger jeden Lohnsatz zu akzeptieren. Daher könnten die Arbeitgeber den Lohn drücken, ohne dass das Angebot von Arbeitsleistungen erkennbar zurückginge.[17]

Zusätzlich hat Smith noch eine Lohn- und Beschäftigungstheorie für die kurze Frist entworfen, die Lohn- und Beschäftigungsschwankungen erklären sollte (Fall 5). Diese sah er durch die unterschiedliche Dotierung desjenigen Fonds bestimmt, der zur Entlohnung des Gewerbefleißes bestimmt war.[18] In Jahren guter Ernte sank der Tauschwert von Getreideprodukten; dies ermunterte Lohnabhängige, sich selbständig zu machen, da sie nun hofften, für den Gegenwert ihrer Arbeitsleistungen ihren Lebensunterhalt aus eigener Kraft finanzieren zu können; zugleich stieg die Nachfrage nach Arbeitsleistungen jeglicher Art an, da nun die Wohlfeilheit der Lebensmittel die Beschäftigung zusätzlicher Dienstboten ermöglichte. Da jedoch Arbeitskräfte knapper wurden, wurde sowohl der wirkliche – das heißt in Waren bemessene – als auch der Geldpreis der Arbeit gesteigert. Umgekehrtes ereignete sich bei Missernten: Der Lohnfonds schrumpfte, bisher selbständige Handwerker wurden Tagelöhner, Arbeitskräfte wurden entlassen, und der wirkliche wie der Geldpreis der Arbeit sanken.

Smith sah, dass es zeit seines Lebens aufwärts ging. Dies verleiht seinen Anschauungen einen optimistischen Grundton. Er erwartete und hoffte, dass gerade den armen Tagelöhnern (»labouring poor«) ein besseres Los zuteil werde, dass sich die Verteilung des Sozialprodukts zu ihren Gunsten verändere.[19] Hartherzig – wie Joan Robinson glaubt[20] – war Smith nicht.

2. Malthus' Bevölkerungsgesetz, Änderung der Verteilungsquoten und Stagnation

Malthus und Ricardo dagegen erlebten die Verelendung der Arbeiterschaft geradezu hautnah; denn entgegen Smiths Erwartungen stieg die Zahl der Erwerbstätigen schneller als die Zahl der Arbeitsplätze, das Lohnniveau sank.

Der Angebotsdruck auf dem Arbeitsmarkt resultierte aus der allgemeinen Bevölkerungsexplosion[21] – die Kindersterblichkeit war wegen der zunächst besseren Versorgungslage stark zurückgegangen –, dann aus dem Zuzug von Arbeitskräften aus Irland und den ländlichen Gebieten und schließlich durch die arbeitslos gewordenen vormals selbständigen Handwerker. Das sinkende Lohnniveau ließ das Arbeitskräfteangebot sogar noch ansteigen, weil die beschäftigten Arbeitskräfte bereit waren – um den Einkommensverlust aufzuholen –, länger zu arbeiten, und weil sich Frauen und Kinder zusätzlich den Fabrikherren verdingen mussten, um das nackte Überleben zu sichern. Die Welt, die Malthus und Ricardo als erwachsene Männer und Mill als Heranwachsender sahen, war düster, mitleidslos; eine Welt des Elends, des Hungers, moralischer und sexueller Verkommenheit; eine Welt der Klassengegensätze und blutiger Unruhen.[22]

Auf die Verkündigungen von Gesellschaftsreformen wie die von Godwin – alles Elend in der Welt nähme ein Ende, wenn die Früchte der Erde und menschlicher Arbeit gleich verteilt seien[23] –antwortete Malthus in seinem Essay »On Population«[24]: Wenn wir den Menschen vorgaukeln, dass bei Änderung der Eigentumsordnung sich alles zum Besseren wende, so würden die Menschen im Vertrauen auf eine gute Zukunft mehr Kinder in die Welt setzen; das Erwachen würde schrecklich sein, da für die Nachgeborenen an der Tafel der Natur kein Gedeck ausgelegt sei[25]; denn die Menschen würden sich schneller vermehren, als neuer Boden urbar gemacht werden könnte. Malthus, zentraler Satz lautet: »Und nehmen wir die gegenwärtige Bevölkerung zu tausend Millionen an, so würde sich die menschliche Gattung wie die Ziffern 1, 2, 4, 8, 16, 32, 64, 128, 256 vermehren, die Nahrungsmittel dagegen wie 1, 2, 3, 4, 5, 6, 7, 8, 9. In zwei Jahrhunderten würde die Bevölkerung sich zu den Nahrungsmitteln wie 256 : 9 verhalten, in drei Jahrhunderten wie 4096 : 13, und in zwei Jahrtausenden würde die Differenz beinahe unberechenbar sein«.[26]

Weder die Erkenntnis, dass sich die Menschen nach Maßgabe einer geometrischen Reihe vermehrten, noch die Erkenntnis, dass die Nahrungsmittelproduktion nur langsam zunehmen könne (Ertragsgesetz), waren neu. Eine wissenschaftliche Entdeckung war jedoch die Zusammenfügung beider Axiome und die daraus abgeleitete Schlussfolgerung.[27] In späteren Ausgaben hat Malthus sein Apriori-Argument durch statistische Erhebungen und soziologische Beweisführung zu untermauern versucht und zugleich merklich differenziert.[28] Malthus sah als einzigen Ausweg die Steuerung des generativen Verhaltens über sexuelle Enthaltsamkeit (»moral restraint«). Heute lässt sich leicht sagen, dass Malthus die Bevölkerungsexplosion überschätzt habe.[29] Dies trifft zwar auf die industriellen Kernländer zu, nicht aber auf die Länder, die sich an der Schwelle zur Industrialisierung befinden. Hier gilt ebenfalls, dass man die Bevölkerungsentwicklung über eine Regulierung des generativen Verhaltens unter Kontrolle bringen will; natürlich sind die Mittel dem technischen Fortschritt angepasst worden.

Ricardo teilte Malthus' Sicht. Im Gegensatz zur Smithschen Ökonomie der Reichtumsmehrung ist Ricardos Lehre eine Ökonomie des Mangels: Wie sollen wir die spärlicher werdenden Früchte der Erde verteilen? Er geht wie Smith davon aus, dass wirtschaftlicher Fortschritt den Faktor Arbeit knapper werden lässt, dass daraufhin der Lohnsatz steigt und die Bevölkerung zunimmt. Gegenüber Smiths Perspektive kommt als limitierender Faktor die begrenzte Verfügbarkeit zusätzlicher landwirtschaftlicher Ressourcen ins Bild. Ausgehend vom Ertragsgesetz, liefert Ricardo eine funktionale Verteilungstheorie: Die Verteilung des Sozialprodukts im Zeitablauf auf Rente, Profit und Lohn. Maurice Dobb urteilt: »Hier stoßen wir auf eine einheitliche Wert-, Profit- und Rententheorie, deren Elemente etwas von der Klarheit und Präzision mathematischer Beweisführung haben und mit der auf höchst überzeugende Weise Konsequenzen von einiger Bedeutung verbunden waren«.[30] In der Tat!

Wächst die Nachfrage nach Agrarprodukten, so muss zusätzlicher Boden unter den Pflug genommen werden beziehungsweise bereits kultivierter muss intensiver bebaut werden.[31] Der zusätzliche Boden ist aber qualitativ schlechter als der zuvor kultivierte – anderenfalls wäre er ja früher bebaut worden – und die intensivere Bebauung bereits kultivierten Bodens bringt im Verhältnis zum erforderlichen Kapital- und Arbeitsaufwand geringere Erträge als bisher – das Gesetz vom abnehmenden Bodenertragszuwachs.

Die Vergrößerung der Nahrungsmittelproduktion erfordert je zusätzlicher Einheit einen höheren Kapital- und/oder Arbeitsaufwand. Wird diese zusätzliche Einheit benötigt, so müssen diese zusätzlichen Kosten im Preis entgolten werden. Damit steigt der Preis von Getreide im Verhältnis zu Manufakturwaren und Dienstleistungen. Die Verschiebung der relativen Preise bringt den Eigentümern des bereits kultivierten Bodens eine zusätzliche Rente (Differentialrente) ein:

- eine Qualitätsrente, wenn zusätzlicher Boden unter den Pflug genommen würde;
- eine Intensitätsrente, wenn bereits kultivierter Boden intensiver bebaut wird;
- eine Lagerente, wenn der zusätzliche Boden von der gleichen Qualität wie der bereits kultivierte, aber ungünstiger gelegen ist.

Auf dem Grenzboden fallen nur die Entgelte für den durchschnittlichen Lohn und den durchschnittlichen Profit an. Hält die Nachfrage nach Getreide weiter an, so muss zusätzlicher (schlechterer) Boden bebaut werden. Der Getreidepreis steigt, gemessen in Einheiten anderer Güter, und damit fällt auf dem früheren Grenzboden ebenfalls eine Rente an. Der Preis für Arbeitsleistungen bleibt konstant – gemessen in Getreideeinheiten –, da er weiter nicht gesenkt werden kann.[32] Wegen der Veränderung der relativen Preise steigt daher der Geldlohn, so dass korrespondierend die Profite auf den Grenzböden und in allen übrigen Kapitalverwendungen fallen. Damit sinkt auch auf den intramarginalen Böden die Profitrate zugunsten der Bodenrente.

Die Bodenrente ist ein Monopoleinkommen; sie wird gezahlt, weil der Faktor Boden nicht beliebig vermehrt werden kann. Ist die gänzlich verfügbare landwirtschaftliche Nutzfläche bebaut worden und hält die Nachfrage nach Agrarprodukten an, so fällt bei abermaliger Verschiebung der relativen Preise auch auf dem Grenzboden eine (absolute) Rente an. Der Anteil der Grundbesitzer am Sozialprodukt steigt, die Anteile des Arbeits- und Kapitaleinkommens fallen entsprechend. Da die Reallöhne ein bestimmtes Niveau nicht unterschreiten können, werden bei einer andauernden Verschiebung der relativen Preise zugunsten von Agrarprodukten die Profite entsprechend gekürzt: das Gesetz der tendenziell fallenden Profitrate. Ein Teil der Produktion wird unrentabel werden, das Beschäftigungsniveau wird sinken, und der Wachstumsprozess mündet in einen stationären Zustand ein. Das, was bei Smith als Folge vereinzelter Missernten eintrat, ist zur Dauererscheinung geworden.

Damit ist offensichtlich, dass die Bevölkerungsvennehrung an eine nicht zu überschreitende Grenze stößt. Ricardo sieht zwar, dass aufgrund technischen Fortschritts und ausgedehnter Meliorationen die Ergiebigkeit des Bodens gesteigert werden kann;[33] daher gilt das Ertragsgesetz bloß tendenziell. Doch kann bei wachsender Bevölkerung der Marsch ins Elend nur verlangsamt, aber nicht gestoppt werden.

Es bleibt zu fragen, warum nicht die Klasse der Grundbesitzer ihre Erträge aus der Verpachtung landwirtschaftlicher Nutzfläche investiv anlegt. Die Antwort lautet, dass diese Klasse, die sich vorwiegend aus dem englischen Adel rekrutierte, immer bloß von den Einkünften ihrer Ländereien lebte. Wenn nun der Bevölkerungszuwachs deren Einkünfte ansteigen ließe, dann wurden die Häuser prächtiger und die Feste rauschender; das heißt, die Grundbesitzer verprassten, was die Kapitalisten hätten produktiv anlegen können.

Eine biographische Notiz: Ricardo vertraute seinen theoretischen Ableitungen; er investierte Teile seines an der Börse gewonnenen Vermögens in den Ankauf landwirtschaftlicher Nutzflächen. Ein Beispiel für die erfolgreiche Verbindung von Theorie und Praxis.

3.   Die Irritationen der Lohnfondstheorie

In Malthus' und Ricardos Welt, in der der Fonds, aus dem alle mit Nahrungsmitteln versorgt werden, schwächer zunimmt als die Bevölkerung, sind Entwicklung des Lebensstandards und durchschnittlicher Lohnsatz abhängig von der Zunahme der Bevölkerung und der daraus resultierenden Erwerbstätigkeit. Dieser Zusammenhang hat in der Lohnfondstheorie konkrete Gestalt gefunden: Ein bestimmter Teil des Sozialprodukts steht für Lohnzahlungen zur Verfügung und wird in der Regel als derjenige Teil des Umlaufkapitals verstanden, der für die Anheuerung von Arbeitskräften bestimmt war. Hinzu mussten noch die Fonds gerechnet werden — wie Mill ergänzt[34] –, aus denen unproduktive Dienste wie solche von Soldaten, Haus- und Staatsdienern entlohnt werden.

Die Formel für den Lohnfonds – K/A = l, wobei K für die Summe aller Lohnfonds, A für die Zahl der Erwerbstätigen und l für den durchschnittlichen Lohnsatz stehen – war nicht als bloße Tautologie (Lohnsatz mal Erwerbstätige ergibt Lohnsumme), sondern als eine empirisch gehaltvolle Theorie zu verstehen[35]: Eine Anhebung des Lohnsatzes über das ursprünglich für eine bestimmte Periode zwischen Unternehmern und

Arbeitern vereinbarte Maß hinaus muss die Zahl der beschäftigten Erwerbstätigen verringern. Diese Schlussfolgerung lag aufgrund der Vorstellung nahe, dass der Lebensunterhalt aus dem finanziert wurde, was die Unternehmer mittels ihres Umlaufkapitals vorgeschossen haben. Wird den Arbeitern auf deren Druck hin je Arbeitskraft mehr ausbezahlt, so erhalten zwar die ersten einen höheren Lohn, doch gehen die letzten leer aus, da dann bereits die Vorschüsse verbraucht sind – in den Worten Mills: »Löhne – gemeint ist natürlich die Durchschnittsrate – können nicht steigen, außer bei einem Anwachsen der gesamten zur Anheuerung von Arbeitskräften bestimmten Fonds oder in einer Verringerung der Zahl der Erwerbstätigen«.[36]

Das Volumen des Lohnfonds – und damit auch der Lohnsatz – hing von zwei Faktoren ab:

- von der Produktivitätsentwicklung in der Landwirtschaft und
- von der gesamtwirtschaftlichen Sparrate.

Da die Produktivitätsentwicklung vorgegeben ist (Ertragsgesetz) und die Arbeiter von ihrem Lohn so gut wie nichts erübrigen konnten, hing der Arbeitslohn vom Konsumverzicht (Sparen) der Kapitalisten ab. Daraus resultiert implizit eine positive Einschätzung des Gewinns.

Man kann sich leicht vorstellen, dass die Lohnfondstheorie im Mittelpunkt politischer Kontroversen stand. Die Bemühungen der Arbeitskräfte um Aufbesserung ihres Lebensstandards durch Arbeitsvereinigungen (»labour unions«) und entsprechende parlamentarische Initiativen zur Abschaffung des Koalitionsverbots konnten mit Hinweis auf die Lohnfondstheorie leicht abgeblockt werden: Wem sei gedient, wenn es Teilen der Arbeiterschaft besser ginge, andere Teile dafür aber ohne Beschäftigung seien.[37] Wenn man dagegen glaubte, das Los der Arbeiter mittels gewerkschaftlicher Aktivitäten bessern zu können, musste man zuallererst gegen die Lohnfondstheorie zu Felde ziehen und diese als unwissenschaftlich oder im Dienste der Kapitalinteressen stehend entlarven. So hielt W. Roscher die Lohnfondstheorie für einen »Aberglauben«.[38] Er stützte sich bei seiner Zurückweisung auf B. von Hermann, nach dessen Auffassung die Lohnhöhe nicht vom Ausmaß des Vorschusses der Kapitalisten abhänge, sondern von der Kaufkraft desjenigen Konsumenten, der das letzte Erzeugnis begehre. Sei diese hoch, so könnten auch hohe Löhne gezahlt werden und vice versa.[39] Das ist natürlich nicht sehr überzeugend. Woher soll die Kaufkraft des letzten Konsumenten kommen, wenn nicht aus dem, was die letzte Ernte eingebracht hat und die Kapitalisten aus ihren Einkommen erübrigt haben? Umso sensationeller musste der Widerruf Mills, des Gralshüters der klassischen Lehre, einschlagen.[40] Mill hat auf die provokante Frage Thorntons, ob wirklich ein unabhängiger und prädeterminierter Lohnfonds existiere[41], eingeräumt:»Es gibt kein Naturgesetz, das die Löhne mit innerer Notwendigkeit hindert, bis zu dem Punkt zu steigen, wo sie nicht nur den Fonds absorbierten, den er (der Unternehmer) zur Fortführung seines Geschäftes bestimmt hat, sondern auch all das, was er sich über das Notwendigste hinaus für die private Lebensführung gestattet. Die wirkliche Grenze für den Anstieg ist die praktische Erwägung, wieviel ihn ruinieren oder zur Geschäftsaufgabe zwingen würde, nicht aber die unerbittlichen Grenzen des Lohnfonds«.[42] Er folgerte daraus:»Die Doktrin, wie sie bislang von allen oder nahezu allen Volkswirtschaftlern (einschließlich meiner Person) gelehrt wurde, welche die Möglichkeit der Lohnanhebung über Arbeitervereinigungen bestritt ... diese Doktrin ist ihrer wissenschaftlichen Grundlage beraubt und muss zum alten Eisen geworfen werden«.[43]

Nach Auffassung Marshalls räumte Mill vorschnell das Feld[44]; nach Schumpeter enthält Mills Besprechungsaufsatz eher eine Korrektur oberflächlicher Missverständnisse als einen Rückzug.[45] Dass natürlich auch der Privatkonsum der Kapitalisten zur Disposition stand, dürfte auch im zeitgenössischen England, vor allem wenn die Kapitalisten nichts von einer puritanischen Lebensweise hielten, auf der Hand gelegen haben. Dass zudem die Arbeitgeber über die Monopolbildung den Lohn drücken konnten und dies meist auch mit Erfolg taten, hatte schon Smith angeprangert.

Mill hat zugestanden, dass gewerkschaftliche Aktivität in der Verbesserung des Schicksals der Arbeiter ein wichtiges Betätigungsfeld finden könne. Richtiges oder falsches Vorgehen der Gewerkschaften war für ihn eine Frage der Vernunft und der sozialen Verantwortung, nicht aber eine Frage, die für alle Zeit wegen der unwiderruflichen Zwänge der Volkswirtschaftslehre entschieden sei.[46] Diese Klarstellung entsprach im Übrigen seiner in den»Principles« geäußerten Auffassung, dass die Gesetze der Produktion den Charakter physikalischer Wahrheiten hätten, die Gesetze der Verteilung hingegen Ergebnis menschlicher Einrichtung seien und daher menschlicher Einwirkung unterlägen.[47] Allerdings will Mill damit nicht sagen, dass die Verteilung ganz in das Belieben einer Gesellschaft gestellt sei.[48] Wenn die Umverteilung über gewerkschaftliche Aktivität nicht nur die Dispositionen über den Gegenwartskonsum betrifft, sondern darüber hinaus die Verteilung des Sozialprodukts zugunsten des Gegenwartskonsums – über die Verringerung der Investitionsquote — verändert, so hat die Gesellschaft die Kosten in Form geringeren Zukunftskonsums und geminderter Beschäftigung zu tragen.[49] Damit würde sich die gewerkschaftliche Aktivität nachteilig auch für die Arbeitskräfte auswirken.

Insofern enthielte die Lohnfondstheorie doch einen richtigen Kern, weil sie den Blick auf den Zusammenhang zwischen Konsum und Kapitalbildung lenkt. Daher kann Mark Blaug behaupten:»Die Lohnfondstheorie war eine schlechte Lohntheorie, doch enthält sie die Zutaten zu einer guten Kapitaltheorie«.[50]

---

1 Streissler, 1981, S. 39.
2 Hierin kann die Andeutung einer Ausbeutungstheorie gesehen werden. Vgl. hierzu: Schumpeter, Geschichte, Bd. I, S. 252.
3 Smith, Wohlstand, Buch I, 6. Kap., S. 63.
4 Ricardo (Grundsätze, S. 69):»Der Getreidepreis ist nicht hoch, weil eine Rente einrichtet wird, sondern eine Rente wird gezahlt, weil der Getreidepreis hoch steht.«
5 Smith, Wohlstand, Buch I, 11. Kapitel (Einleitung), S. 195.
6 Smith, Wohlstand, Buch I, 6. Kap., S. 65.
7 Schumpeter (Geschichte, Bd. I, S. 251):»Wenn man Smith überhaupt eine Profit-Theorie zuschreiben will, so muß diese aus meist recht vagen und sogar widerspruchsvollen Hinweisen zusammengesetzt werden.«
8 Smith, Wohlstand, Buch I, 1. Kap., S. 66.
9 Schumpeter (Geschichte, Bd. I, S. 812) schreibt, Smith habe das Existenzminimum-Theorem mit so großer Sorgfalt behandelt, dass nicht viel davon übrig blieb.
10 Vgl. hierzu das Kapitel»Die irische Einwanderung«, in: Friedrich Engels, Die Lage der arbeitenden Klasse in England, S. 92 ff.
11 Smith, Wohlstand, Buch I, 8. Kap., S. 97.
12 Smith (Wohlstand, Buch I, 8. Kap., S. 91) führt als Beleg u. a. an, dass in den aufstrebenden amerikanischen Kolonien»um eine junge Witwe mit 4 oder 5 jungen Kindern, die in den mittleren oder unteren Volksklassen in Europa so wenig Aussicht auf einen zweiten Mann haben würde, ... dort oft als um eine Art gute Partie gefreit (wird)«. (Kinder als Form der Altersvorsorge).
13 Ebenda, S. 85 ff.
14 Zur politischen Auseinandersetzung um das Koalitionsrecht der Arbeiter – insbesondere zu Anfang des 19. Jahrhunderts in Großbritannien – vgl. Thompson, 1969, Part 3, 14 III.
15 Smith, Wohlstand, S. 86.
16 Ebenda.
17 Smith fügt hinzu (ebenda, S. 85), dass das Abhängigkeitsverhältnis auf Dauer auch gegenseitig sein könnte.
18 Vgl. hierzu besonders die Seiten 108–113 des 8. Kap. in Buch I.
19 Vgl. hierzu besonders Smiths Beschreibung der Folgen des wirtschaftlichen Wachstums für die »arbeitenden Armen« (S. 100 f.).
20 Robinson, 1965, S. 40.

21 Nachdem die Bevölkerung mit etwa 7 Mill. in Großbritannien bis zur ersten Hälfte des 18. Jahrhunderts konstant blieb, hat sie sich von 1750 (7,4 Mill.) bis 1820 fast verdoppelt (14,1 Mill.) und stieg seitdem in jedem Jahrzehnt um jeweils knapp 3 Mill. Vgl.: B. R. Mitchell, Statistischer Anhang, in: C. M. Cipolla und K. Borchardt, Die industrielle Revolution, Bd. 4, S. 489.

22 Einen erschütternden Bericht über diese Welt gibt Chapman: 1877, Vol. III, S. 55 ff. – Diese Stelle ist abgedruckt in: Routh, 1975, S. 135 f.

23 Vgl. zu Godwins Auffassung das Zitat auf S. 23.

24 Der volle Titel mit dem bezeichnenden Untertitel lautet: An Essay on the Principle of Population as it Affects the Future Improvement of Society, which Remarks on the Speculations of Mr. Godwin, M. Condorcet, and other Writers. – Die erste Auflage erschien 1798 (anonym).

25 Malthus ließ sich zu folgendem Bild hinreißen:»Ein Mensch, der in eine schon in Besitz genommene Welt geboren wird, hat keinen Rechtsanspruch auf die kleinste Menge an Nahrung … An der großen Festtafel der Natur ist kein Gedeck für ihn gelegt. Sie sagt ihm, sich zu packen, und sie wird ihre eigenen Befehle rasch ausführen … Die Heiterkeit der Gäste wird zerstört durch das Schauspiel von Elend und Abhängigkeit in allen Teilen der Halle und die lärmende Aufdringlichkeit derer, die mit Recht wütend sind, dass sie die Versorgung nicht finden können, die man sie erwarten lehrte.« – Da diese Stelle Anstoß erregte, hat sie Malthus ab der zweiten Auflage seines »Essay« weggelassen.

26 Malthus' Versuch über das Bevölkerungsgesetz …, 1900 (2. Aufl.), S. 10.

27 Salin:»… die erste der Wissenschaft vernehmliche Stimme des Pessimismus in dem optimistischen Bacchanale der Jahrhundertwende.« (1967, S. 77)

28 Borchardt vermutet sogar, dass bei Malthus'»Entdeckung« politische Motive im Vordergrund gestanden hätten und dass die eigentlichen Entdeckungen nachgeliefert worden seien. (1978, S. 14)

29 Übrigens machte schon Smith die Beobachtung, dass die Geburtenhäufigkeit in den wohlhabenden Kreisen stark zurückgegangen war. (Wohlstand, Buch I, 8. Kap., S. 102)

30 Dobb, 1977, S. 78.

31 Im Folgenden sind neben der einschlägigen Sekundärliteratur besonders die Kapitel II, V und VI aus Ricardos»Grundsätzen« ausgewertet worden.

32 Ricardo schreibt (Grundsätze, S. 81):»Mit einem Steigen des Preises von Lebensmitteln und Bedarfsartikeln wird der natürliche Preis der Arbeit steigen, mit dem Sinken ihres Preises wird er sinken.« Gemeint ist eine kompensierende Entwicklung des Geldlohnes, um den Lebensstandard konstant zu halten.

33 Ricardo, Grundsätze, S. 38. – Vgl. auch Ricardos Bemerkungen zu Bodenmeliorationen in den Kapiteln über die Besteuerung von Renten, Profiten und Boden. Vgl. zur Bedeutung des Ertragsgesetzes aus klassischer Sicht: Sowell, 1974, S. 75 ff.

34 Mill, Principles, S. 343 f.

35 Vgl. hierzu Dobb, 1977, S. 150.

36 Mill, Principles, S. 344. (Eigene Übersetzung)

37 Um so bemerkenswerter ist, dass eine Reihe von Wirtschaftswissenschaftlern (erfolgreich) für die Abschaffung der»Combination Acts« (Koalitionsverbote für Arbeiter) eintraten. Vgl. hierzu: D. Winch, Das Aufkommen der Volkswirtschaftslehre als Wissenschaft 1750–1870, in: C. M. Cipolla und K. Borchardt (Hrsg.), Die Industrielle Revolution, Bd. III, S. 354.

38 Roscher, 1906, S. 497, Anm. 7 (Buch IV, Kap. 3, § 167).

39 F. B. W. von Hermann, Staatswirtschaftliche Untersuchungen, München 1870, S. 476 f.

40 So wertet M. Dobb (1977, S. 151) Mills Korrektur seiner lohntheoretischen und -politischen Position.

41 W. T. Thornton, On Labour, London 1869, S. 84. Die Frage ist zitiert in: Dobb, 1977, S. 151.

42 Die Besprechung von Thorntons»On Labour« ist erstmals in: Fortnightly Review, May 1869, veröffentlicht und in »Dissertations and Discussions, IV« abgedruckt worden. Die wesentlichen Passagen, die in dieser Arbeit zitiert und übersetzt wurden, sind wiedergegeben in: Mill, Principles, Appendix O (The Wages Fund Doctrine), S. 993.

43 Ebenda.

44 Marshall, Principles, 1977, Appendix J (The Doctrine of the Wages-Fund), S. 679.

45 Schumpeter, Geschichte, Bd. I, S. 818, Anm. 204,

46 Mill, Principles, Appendix O, S. 993.

47 Mill, Principles, Appendix O, S. 199.

48 Dies hat besonders Sowell (1974, S. 96 f.) betont.

49 Dies wird ganz deutlich, wenn wir beispielhaft annehmen, es gäbe nur zwei Klassen – Kapitalisten und Arbeiter – und nur ein Produkt (Weizen), das zugleich Konsum- wie Investitionsgut sei; der Gegenwartskonsum der Arbeiterklasse kann gesteigert werden, wenn die Kapitalisten ihren Konsum einschränken müssen. Wenn jedoch in der Gegenwart verzehrt wird, was zu Investitionszwecken (Saatgut) zurückgelegt werden sollte, so gibt es weniger zu säen und zu ernten und damit in der Zukunft weniger zu arbeiten und zu essen.

50 Blaug, 1972, S. 85. – Vgl. hierzu auch das Kapitel VII in diesem Buch.

VI. UTILITARISTISCHE ETHIK, GESELLSCHAFTLICHE WOHLFAHRT UND AUßENHANDEL

1. Vorurteile

Man sagt den englischen Klassikern Vernachlässigung der sozialen Frage nach.[1] Damit macht man ihnen indirekt den Vorwurf, dass das Los der Arbeiter hätte gebessert werden können, wenn sie etwas mehr sozialpolitische Phantasie aufgebracht hätten. Die Interpretation, die englischen Klassiker hätten ihr Hauptaugenmerk auf die physische Wohlfahrtssteigerung über Kapitalbildung gelegt, die Aspekte der Allokationseffizienz und die gesellschaftliche Wohlfahrtssteigerung über Umverteilung vernachlässigt, ist schief. Die klassische Werttheorie als Theorie der relativen Preise ist eine politisch verwertbare Vorstellung über die jeweils besten Verwendungen von Arbeit und Kapital. Die Auffassung, erst mit dem Aufkommen der subjektiven Wertlehre sei die materiell-technische Sicht der gesellschaftlichen Wohlfahrt überwunden worden, übersieht, dass die der Politischen Ökonomie der Klassiker zugrundeliegende Vorstellung vom Glück des Menschen –»das größte Glück der größten Zahl« – die Notwendigkeit der Umverteilung einschließt, wenn man so mehr Menschen zu ihrem Glück verhelfen kann. Es steht auf einem anderen Blatt, dass Ricardo und Malthus eine Umverteilungspolitik wegen der auf lange Sicht negativen Folgen ablehnten. Ricardo sah vielmehr im Freihandel das entscheidend wirksame Mittel allgemeiner Wohlfahrtssteigerung und der Einkommensumverteilung – über die Änderung der relativen Preise.

Da wir die Auffassung der Klassiker von der besten Verwendung von Arbeit und Kapital bereits behandelt haben (Kapitel IV), befassen wir uns zunächst mit den Überlegungen über das Glück des Menschen, die das Denken der Menschen damals stark geprägt haben, dann mit den Gründen, die Malthus und Ricardo staatliche Eingriffe in die Einkommensverteilung und in die Arbeitswelt ablehnen ließen, und schließlich mit der von Ricardo angestrebten Wohlfahrtssteigerung über den Außenhandel.

2. Utilitaristische Ethik und gesellschaftliche Wohlfahrt

Grundlage der sozialphilosophischen Einstellung der Klassiker war der Utilitarismus; das theoretische Fundament dazu hat Jeremy Bentham gelegt, den Begriff »Utilitarismus« hat Mill beigesteuert.[2] Die »utilitaristische Ethik« war individualistisch geprägt. Sie ging von dem Axiom aus, dass die einzelnen Menschen nach Glück streben und Leid vermeiden wollen. Sozialphilosophisch bedeutsam wird dieser triviale Satz, wenn wir sagen, dass die Menschen, die so handeln, offensichtlich richtig handeln. Daraus folgt negativ, dass niemand das Recht hat, einen anderen in seinem Streben nach persönlichem Glück zu behindern, und positiv, dass die politische Führung die Pflicht hat, den Menschen in ihrem persönlichen Streben nach Glück zu helfen.

Der Utilitarismus baut auf vier Grundprinzipien auf:[3]

1. Handlungen werden nicht aufgrund eines vorgegebenen moralischen Rasters beurteilt – z. B.: wenn die Preisforderung für ein Gut über dem »iustum pretium« liegt, ist sie moralisch verwerflich –, sondern anhand der daraus erwachsenden Folgen. Läge der Marktpreis über dem »iustum pretium«, würden deshalb zusätzliche Anbieter angelockt werden und sänke daraufhin der Marktpreis, so sei die freie Konkurrenzpreisbildung staatlicher Preisregulierung vorzuziehen.[4]

2. Daraus folgt: Maßstab für die Beurteilung der Folgen ist ihr »Nutzen« für die Gesellschaft, wobei dieser jedoch keineswegs bloß materialistisch zu verstehen ist.

3. Bei der Wahl zwischen zwei Alternativen – eine Frau vor der Wahl zwischen einem älteren reichen oder einem jüngeren hübschen Mann – können sowohl Lust als auch Unlust anfallen. Als Kriterium für die Rationalität einer Wahl kann ihr »Gratifikationswert« betrachtet werden: Das mit der jeweiligen Wahl oder Handlung verbundene Maß an Lust vermindert um das damit verbundene Maß an Unlust. Die Gratifikationswerte werden mit Hilfe des hedonistischen Kalküls ermittelt.[5]

4. Es kommt aber nicht bloß auf den Gratifikationswert für die Handelnden allein an, sondern auf die Gratifikationswerte aller von der Handlung oder Wahl Betroffenen. Gesucht ist also das Maximum der Gratifikationswerte aller Betroffenen oder in der uns geläufigeren Formulierung Francis Hutchesons: Gesucht ist »das größte Glück der größten Zahl«.

Die utilitaristische Ethik scheint nun einen Widerspruch in sich zu bergen: Wenn der Einzelne berechtigt ist, nach Glücksmaximierung zu streben, wie kann dann zugleich dem Grundsatz –»das größte Glück der größten Zahl« – Genüge getan werden? Smith hat gezeigt, dass bei einem bestimmten institutionellen Arrangement – Wettbewerbsmärkte und Profitstreben – die List der Konkurrenz die Wirtschaftssubjekte zur Produktion sozialer Güter, zum Beispiel billigere und bessere Güterversorgung, veranlasse. Doch kann die Überwindung der Spannung zwischen Eigen- und Gesamtinteresse für einige Beteiligte unliebsame Konsequenzen haben: Wenn die Einführung und Ausbreitung des mechanischen Webstuhls die Renditen der Kapitalisten steigen ließe und zugleich die Bevölkerung mit billigerem Kattun versorgte, so wäre auf der Sollseite das Schicksal der arbeitslos gewordenen Weber zu verbuchen. Der hedonistische Kalkül ergäbe jedoch positive Gratifikationswerte: Das höhere Maß an Nutzenzugang bei Kapitalisten und Konsumenten überwöge den Zuwachs an Leid bei den arbeitslosen Webern. Gemäß der Maxime »das größte Glück der größten Zahl« wären die jetzt arbeitslosen Weber aus dem Gewinn der Kapitalisten und der Ersparnis der Konsumenten, beispielsweise über materielle Zuwendungen, zu entschädigen.[6] Umverteilung des Einkommens ist im gesamtwirtschaftlichen Nutzenkalkül durchaus vorgesehen. Wenn, wie die Utilitaristen annehmen, Glück etwas mit Wohlstand zu tun hat, dann ist von zwei Menschen derjenige glücklicher, der reicher ist; er ist aber nicht, so nimmt Bentham an, um so viel glücklicher, wie er reicher ist.[7] Entsprechend dem hedonistischen Kalkül kann durch Umverteilung des Reichtums die Gesamtwohlfahrt gesteigert werden; denn der Nutzenzuwachs des Ärmeren übersteigt den Nutzenentgang des Reicheren. Die Verteilung ist so lange wohlfahrtssteigernd, wie Nutzenzuwachs und Nutzenentgang noch nicht ausgeglichen sind. Die Schlussfolgerung, die Bentham aus solchen Überlegungen zog, war ziemlich radikal:»Je stärker sich die tatsächliche Verteilung der Gleichheit nähert, desto größer wird die totale Summe des Glücks sein«.[8] Kein Wunder, dass man Bentham und seinen Kreis die»radical philosophers« nannte.

Die Maxime der Gleichverteilung des Reichtums gälte jedoch nur für den Fall, dass die Leistungsmotivation nicht blockiert würde. Genau dies steht für Bentham fest:»Wenn alles Eigentum gleich verteilt wäre, würde die sichere und unmittelbare Konsequenz sein, daß nichts mehr zu verteilen wäre«.[9] Wenn man den Fleißigen um die Früchte seines Tuns bringt, dann droht die Arbeitsmoral des nachlässigsten Arbeiters zur Richtschnur zu werden. Daher folgt Bentham:»Die Schaffung der Gleichheit ist eine Schimäre: das einzige, was getan werden kann, ist die Minderung der Ungleichheit«.[10] Für die damalige Zeit bemerkenswert genug. Mit Hilfe des hedonistischen Kalküls soll das Fundament für die rationale Wahl zwischen alternativen Möglichkeiten gelegt werden. In diesem Anspruch zeigte sich der Glaube an die rationale Gestaltbarkeit gesellschaftlicher Einrichtungen. Wenn bei Staatsaktionen der Wohlstandszuwachs schwerer wöge als die Nutzeneinbuße, so wüßte der rational handelnde Staatsmann – die Problematik des interpersonellen Nutzenvergleichs einmal beiseite gelassen –, was er zu tun hätte. Der Qualitätssprung gegenüber Smiths Staatskonzeption ist darin zu sehen, dass der Staat für das Geschick seiner Bürger verantwortlich wird. Konsequenz dieses Ansatzes müsste die Ausweitung der staatlichen Tätigkeit sein. Schlagen wir daraufhin Benthams »constitutional code« auf, und blättern wir bloß das Inhaltsverzeichnis durch, so stoßen wir auf eine umfangreiche Kabinettsliste, die einen dermaßen ausgedehnten Tätigkeitsbereich signalisiert, dass Lionel Robbins von einem Bild sprechen kann, welches schlecht zu der zeitgenössischen Vorstellung eines Laissez-faire-Staates passt.[11]

Ein solches Konzept, das menschliches Glück zu einer Frage nationaler Buchhaltung macht und Gesetze und Institutionen danach gestalten will, wäre nicht nach dem Geschmack David Humes oder Smiths, die mehr auf die Früchte der Erfahrung als auf die erwarteten Segnungen der spekulativen Logik setzten. Bei Bentham spürt man die starken Wirkungen der Ausläufer der französischen Aufklärung.[12] Nehmen wir moderne Kriterien als Abgrenzung, so könnten wir Bentham als Vertreter des konstruktivistischen Rationalismus, Smith als Vertreter des – heute so genannten – kritischen Rationalismus betrachten.[13]

Bei Smith konnten die Leute lernen, wie das Geschehen im ökonomischen Kosmos ablief und was zur Reichtumsmehrung zu tun sei. Wenn sie aber angesichts des Massenelends eingangs des 19. Jahrhunderts an Smiths Botschaft irre wurden, so vermittelte ihnen Bentham die Gewissheit, dass sie trotz allem auf dem rechten Wege seien und eine auf anderen als den utilitaristischen Prinzipien basierende Welt nicht der menschlichen Vernunft gemäß sei. Insofern ließe sich der Utilitarismus als bürgerliche Rechtfertigungsideologie auffassen[14]; andererseits war er revolutionär.[15]

Die politischen Verhältnisse im zeitgenössischen England ähnelten mehr einer Oligarchie als einer Aristokratie.[16] Englische Regierungen konnten durchaus als ein Organ von Klasseninteressen betrachtet werden. Damit nun die jeweilige Regierung sich gehalten fühlte, tatsächlich für die große Masse tätig zu sein, plädierte Bentham – wohl unter dem Einfluss von James Mill – für die Einführung der Demokratie und des allgemeinen Wahlrechts[17], Forderungen, die dann im Laufe des 19. Jahrhunderts auch realisiert wurden.

Konservativen Denkern war die Reduktion menschlicher Motivation auf ein Lust-Unlust-Kalkül zuwider. Wenn das Heroische, die Pflichterfüllung, das Schöne sich auflösen ließen in Gratifikationswerte, was hob dann das Leben des Menschen über das von Schweinen hinaus, die ebenfalls in der Lage seien, Kartoffeln, Eicheln oder Trüffeln Gratifikationswerte zuzuordnen? Daher spricht Carlyle in seinen »Latter-Day Pamphlets« von der »pig-philosophy«.[18] Natürlich ist diese Polemik eine drastische Vergröberung der utilitaristischen Ethik; denn neben den rein sinnlichen sind auch geistige Freuden in den hedonistischen Kalkül aufgenommen. Wenn aber Bentham – wohl bewusst zynisch – sagt:»Quantity of pleasure being equal, push-pin (irgendein Kinderspiel, J. St.) is as good as poetry«[19], dann setzt er sich dem Verdacht aus, als hätte er für das, was das Menschsein über das rein animalische Dasein hinaushebt, nicht viel übrig, während er wahrscheinlich bloß meinte, dass man niemandem vorschreiben könne, was er schön finden solle.[20]

Mill hat der Gefährdung des Utilitarismus, zu einer Philosophie der Plattheit und des flüchtigen Genusses zu verkommen, dadurch zu begegnen versucht, dass er die Pflichterfüllung, das Streben nach Tugend als das wahre utilitaristische Ziel herauszustellen trachtet:»Die utilitaristische Doktrin ... behauptet nicht nur, daß Tugend erstrebenswert ist, sondern daß sie uneigennützig, um ihrer selbst willen, zu erstreben ist«.[21] Mit dieser Interpretation hat er zwar denen, die sich an der »pig-philosophy« stoßen, den Wind aus den Segeln genommen, zugleich aber den Utilitarismus zur Leerformel werden lassen; denn nun kann man uneigennützig seinem Eigennutz dienen, während man ihn eigennützig mindern kann.[22] Der Begriff »Nutzen« ist zur Worthülse geworden, die mit jedem beliebigen Inhalt aufgefüllt werden kann.

Mill versucht, die utilitaristische Ethik mit der christlichen auszusöhnen:»In der goldenen Regel des Jesus von Nazareth erkennen wir den wahren Geist der Nützlichkeitsethik. Zu tun, wie du wünschst, daß dir getan werde, und den Nächsten wie sich selbst zu lieben – diese Maximen verkörpern geradezu ideal die utilitaristische Moral«.[23] Wenn Salin daraufhin die utilitaristische Ethik darin endigen sieht,»daß sie ihre eigene Lehre als Bibel, ihre Naturgesetze als Götzen in den Tempel einsetzt, aus dem sie mit Mühe den wahren Gott vertrieben hat«[24], so tut er Mill unrecht. Mill will nicht Christus aus dem Tempel vertreiben, sondern dem Utilitarismus einen anderen (höheren) Sinn und damit eine neue Legitimationsgrundlage geben. Auch Nietzsches Ausbruch gegen Mills »Gemeinheit«, die den ganzen menschlichen Verkehr auf Gegenseitigkeit der Leistung begründen wolle[25], kann diesen nicht treffen, da er kein »gemeiner« Utilitarist mehr war. Man kann natürlich bedauern, dass er mit dem Utilitarismus nicht förmlich gebrochen hat.[26]

3. Umverteilung und Kapitalbildung

Im Anschluss an die Maxime »das größte Glück der größten Zahl« hätten Malthus und Ricardo nicht geleugnet, dass ein weniger üppig gedeckter Tisch der Reichen und ein reichlicher gedeckter Tisch der Armen die gesellschaftliche Wohlfahrt gesteigert hätte; aber sie hätten ergänzt: nur auf kurze Sicht; die Folgen solcher Umverteilung wären für die Gesellschaft verhängnisvoll. Finanzielle Besserstellung der Armen ließe diese mehr Kinder als vorher in die Welt setzen, die wiederum auf Unterstützung angewiesen seien; zugleich verschlechtere sich wegen der Gültigkeit des Ertragsgesetzes die Versorgungslage insgesamt. Daher lehnt Ricardo staatliche Umverteilung zugunsten der Armen strikt ab: Die Armengesetze » ... dienen nicht, wie es die Gesetzgebung in wohlwollender Weise beabsichtigte, dazu, die Lage der Armen zu heben, sondern die der Reichen wie die der Armen zu verschlechtern«.[27] Seine ablehnende Haltung fußte auf seinen verteilungs- und inzidenztheoretischen Überlegungen, aber auch auf praktischen Erfahrungen.

Die gemeindlichen Unterstützungszahlungen ausgangs des 18. Jahrhunderts basierten auf den jeweiligen Getreidepreisen und der Familiengröße.[28] So wurde eine Lohnskala ermittelt, und die Differenz zwischen einem fiktiven Lohn und dem tatsächlichen Einkommen wurde zugeschossen (Allowance-System). Diese Ausgleichszahlungen stiegen binnen kurzem dermaßen stark an, dass Fabrikanten und Grundeigentümer in einzelnen Gemeinden diese Last nicht mehr tragen konnten und ihre

Fabrik oder ihr Grundeigentum aufgaben oder abwanderten. Zweifellos hat diese Entwicklung der Armenunterstützung Ricardos theoretische Überlegungen stark geprägt.

Finanzielle Unterstützung der Armen bedeutete – bei Beibehaltung der traditionellen Staatszwecke – eine höhere steuerliche Belastung. Die Arbeiterschaft konnte zu Zahlungen nicht herangezogen werden, da ihr Existenzminimum gerade durch den geltenden Lohnsatz gesichert war. Eine Anhebung der Verbrauchs- beziehungsweise Produktsteuern würde den Reallohn schmälern und damit kompensatorisch den Geldlohn her- aufdrücken[29], so dass die Profite entsprechend geschmälert würden. Damit stünden aber weniger Mittel zur Kapitalbildung bereit, so dass »die Hilfsquellen von Volk und Staat mit wachsender Schnelligkeit versiegen (werden) und Elend und Verfall folgen (werden)«.[30] Ricardo befürchtete, dass staatliche Umverteilung den Zukunftskonsum zugunsten des Gegenwartskonsums schmälerte – über die Verringerung der privaten Investitionstätigkeit.[31]

Lässt sich Malthus' und Ricardos Ablehnung staatlicher Umverteilung – ausgehend von ihren Axiomen – geradezu mit naturwissenschaftlicher Präzision ableiten, so finden wir bei Mill eine grundsätzliche Bereitschaft zur Umverteilung durch die Gesellschaft. Gälten nach Mill im Produk- tionsbereich Zwangsläufigkeiten, denen sich niemand entziehen könne – Mills stets wiederkehrende Formel lautet:»Whether they like it or not« –, so sei die Frage der Verteilung des Sozialprodukts eine Frage gesell- schaftlicher Konvention.[32] Das kann aber nicht heißen, dass die Um- verteilung politischem Belieben anheimgestellt sei[33], wie man bei flüch- tiger Lektüre schließen könnte. Wird über die Umverteilung die Kapitalbildung gekürzt, so wird auf Zukunftskonsum verzichtet – »Whether they like it or not«. Auch Mill ist sich dessen bewusst:»Die Gesellschaft kann die Verteilung des Wohlstands nach irgendwelchen Regeln, die sie für passend hält, organisieren, aber welche praktischen Resultate aus der Wirkungsweise jener Regeln erwachsen, muss durch Beobachtung und Überlegung entdeckt werden gleich irgendeiner anderen physikalischen oder geistigen Wahrheit«.[34] Doch kann man daraus nicht wie Sowell schließen, dass damit die ursprüngliche Unter- scheidung zwischen Produktions- und Verteilungsgesetzen zusammen- breche.[35] Mill will sagen, dass die Regierung zwar die Verteilung beliebig ändern könne, dass sie aber die Rückwirkungen auf die Produktion zu bedenken hätte. Damit erweitert er den politischen Aktionsradius[36], ohne jedoch die jeweilige Regierung aus den Zwängen der Politischen Ökonomie zu entlassen.[37]

4. Die Einstellung gegenüber den Fabrikgesetzen

Der zweite große sozialpolitische Problembereich war die Regelung der Arbeitsverhältnisse in den Fabriken. Bevölkerungszunahme und Zuwanderungen aus Irland drückten die Löhne vielfach unter das Existenzminimum. Die Arbeiter mussten ihre Arbeitsleistungen ausweiten, was wiederum die Lohnsätze drückte – eine schier ausweglose Situation für die Arbeiter. Bewegte man sich in Malthusianisch-Ricardianischen Gedankengängen, so erschienen unmittelbare politische Aktionen wenig hilfreich. Da Überbevölkerung und Ertragsgesetz die Geißeln der Menschheit waren, war das Elend in den Fabriken bloß die sichtbare Auswirkung. Verbot man Kinder- und Frauenarbeit, so wurde die Not nicht gelindert, sondern viele Familien wurden dem Hungertod überantwortet. Gesetzliche Vorschriften zur Verkürzung der Arbeitszeit ohne Lohnausgleich hätten das Existenzminimum weiter gesenkt, Arbeitszeitverkürzung mit Lohnausgleich hätte die Profitraten gedrückt und damit das Angebot an Arbeitsplätzen auf Dauer reduziert.

Mill löste sich aus dem mächtigen Schatten Ricardos. Die Frage der Arbeitszeitverkürzung war für ihn ein Fall, bei dem private Verträge zu suboptimalen Ergebnissen führen: die Kollektivgut-Problematik.[38] Wenn sich Fabrikanten und Arbeiter über die Auswirkungen ihrer Absprache im Unklaren sind, weil sie nicht das Verhalten der Konkurrenten kennen, so werden sie deren Reaktionen abwarten wollen. Da aber alle so denken, geschehe nichts. Der Arbeiter wird nicht auf eine Arbeitszeitverkürzung drängen, weil er um seinen Arbeitsplatz fürchtet; der Unternehmer wird eine solche Forderung abweisen, weil er um seine Konkurrenzfähigkeit besorgt ist. Bei einem staatlichen Erlass entfällt die Sorge um die Verhaltensweise der Konkurrenten. Die Realisierung einer gesetzlichen Vorschrift mag dann erweisen, dass sie sich für beide Seiten positiv auswirkt, sei es, dass die allgemeine Arbeitsmoral steigt[39], sei es, dass verborgene Rationalisierungsmöglichkeiten wahrgenommen werden, sei es, dass der Einsatz arbeitssparender Maschinen lohnt und der Einspareffekt die zusätzlichen Lohnkosten übersteigt.

Folgten die Politiker jedoch der herrschenden Meinung innerhalb der Politischen Ökonomie, so waren ihnen in sozialpolitischer Hinsicht die Hände gebunden. Thomas Carlyle hat deswegen seine Abneigung gegenüber einer solchen Auffassung in folgender drastischer, zugleich aber anschaulicher Polemik ausgedrückt:»Sie (die Politische Ökonomie) wirft ihr philosophisch-politisch-wirtschaftliches Senkblei in das Meer der menschlichen Leiden. Wenn sie uns dann mitgeteilt hat, wie tief und unendlich groß der Abgrund ist, bietet sie uns als einzigen Trost, daß der Mensch nichts dagegen tun kann – außer dabeizustehen und neugierig das Wetter zu beobachten und dem Spiel der natürlichen Gesetze zuzusehen«.[40]

5. Über Freihandel zur gesellschaftlichen Wohlfahrtssteigerung

Die Klassiker selbst waren jedoch keineswegs der Auffassung, dass die Politiker nichts tun könnten. Sie könnten die binnen- und außenwirtschaftlichen Handelsbarrieren niederreißen.

Der Auffassung der Merkantilisten, im Außenhandel müsse jedes Land auf seinen Vorteil bedacht sein und über eine aktive Handelsbilanz die inländische Beschäftigung anheben, wurde entgegengehalten – so schon Hume –, dass die Erzielung eines ständigen Exportüberschusses aus logischen Gründen unmöglich sei. Ein Exportüberschuss vergrößere die inländische Geldmenge, verringere das inländische Gütervolumen, also Anstieg des Preisniveaus, während im Ausland die Geldmenge verknappt und das Gütervolumen aufgestockt würden, also Senkung des Preisniveaus, so dass die Handelsströme zwangsläufig umgelenkt würden.[41] Aus dieser Sicht folgt, dass staatliche Manipulationen des Außenhandels zwecks Erzielung eines Exportüberschusses selbstzerstörend sind. Gilt diese Schlussfolgerung – hieran kann es nach Auffassung der Klassiker keinen Zweifel geben –, dann ist Freihandel wünschenswert, weil der Wohlstand aller am internationalen Handel beteiligten Nationen steigt: Im Rahmen der internationalen Arbeitsteilung kann sich dann jedes Land auf die Produktion jener Güter spezialisieren, die es unter den Handelspartnern am kostengünstigsten herstellen kann. Würde das aber bedeuten, dass diejenigen Länder von der internationalen Arbeitsteilung ausgeschlossen wären, die für keine Produktionsrichtung einen absoluten Kostenvorteil aufzuweisen hätten? Die Antwort auf diese Frage hat Ricardo gegeben.

Ricardo weist an einem einfachen Modell (ein Zwei-Länder- und Zwei-Güter-Fall) nach, dass sich internationale Arbeitsteilung (Spezialisierung) auch dann einstelle, wenn die Arbeitskosten in einem Land in beiden Verwendungen über denen des Handelspartners lägen. Wir wollen Ricardos Gedankengang an seinem »klassisch« gewordenen Fall – Tausch englischen Tuches gegen portugiesischen Wein – nachvollziehen.[42] In seinem Wein-Tuch-Fall setzt sich Ricardo souverän über die Zufälligkeiten unserer realen Welt hinweg.[43] Er unterstellt höhere Arbeitskosten in England sowohl in der Tuch- als auch in der Weinproduktion. In Wein gemessen sind die Kosten der Tuchfabrikation in Portugal jedoch höher als in England, da Portugal bei der Produktion eines zusätzlichen Quantums Tuch auf ein größeres Quantum Wein verzichtet als England. Umgekehrt verhält es sich bei den Kosten der Weinproduktion; hier liegen die Kosten in England (Verzicht auf Tuch bei einem zusätzlichen Quantum Wein) über denen in Portugal.

Damit weist Portugal in der Weinproduktion einen komparativen Kostenvorteil auf, England in der Tuchproduktion. England erlangt bei Spezialisierung auf Tuch einen Vorteil, weil es gegen Tuch mehr portugiesischen Wein eintauscht, als es bei Verzicht auf die entsprechende Menge Tuch im Inland selbst erzeugen könnte, et vice versa. Wenn sich nun beide Länder gemäß ihres komparativen Kostenvorteils spezialisieren – Portugal auf Wein und England auf Tuch –, so steigt bei gleichem Ressourceneinsatz das Weltsozialprodukt. Ricardo hat sich jedoch nicht für die Frage interessiert, wie sich der Wohlfahrtsgewinn aus der internationalen Arbeitsteilung auf die Handelspartner aufteilt.

In Ricardos Fall wird der britische Tuchproduzent für portugiesischen Wein höchstens soviel Tuch hergeben, wie er gegen englischen Wein bezahlen müsste; er wird mindestens soviel Tuch hergeben müssen, wie der portugiesische Weinbauer in Portugal einlösen könnte. Zwischen diesen beiden Extremen wird sich das Tauschverhältnis einpendeln. Liegt es in der Nähe des in Portugal üblichen, so fällt der Wohlfahrtsgewinn nahezu gänzlich an den englischen Tuchproduzenten und umgekehrt. Der Frage der Aufteilung des internationalen Wohlfahrtsgewinns hat sich Mill zugewandt. Er betrachtete sich dabei lediglich als Vollender des von Ricardo geknüpften Gedankenstranges.[44]

Im internationalen Handel ist – so Mill – das Gesetz von Angebot und Nachfrage dem Arbeitswertgesetz vorgelagert.[45] Sind die Engländer passionierte Portweintrinker, so wird der Preis für portugiesischen Wein –

gemessen in Tuch – sehr hoch sein. Wenn die Portugiesen ein zusätzliches Quantum Tuch eintauschen wollen, müssen sie mit ihrem Preis für Wein nur wenig heruntergehen – die Preiselastizität in Bezug auf Wein ist relativ hoch. Sind umgekehrt die Portugiesen stark interessiert an englischem Tuch, so brauchen die Engländer den Preis für Tuch nur wenig zu senken, um ein zusätzliches Quantum Wein einzutauschen. Das heißt: Wenn wir das Tauschverhältnis für Tuch und Wein ermitteln wollen, müssen wir die jeweiligen Elastizitäten kennen – das Theorem der internationalen Werte.[46] Die Kenntnis der Elastizitäten international gebändelter Güter gibt Aufschluss, ob eine Änderung ihres Wertes (Auf- oder Abwertung) ein geeignetes Mittel zur Export- oder Importsteigerung ist.

Die englischen Klassiker gingen von einer kooperativen Sicht des internationalen Handels aus; war aber ihre Perspektive utopisch[47], weil sie die politischen Realitäten vernachlässigten oder gar übersahen? Die Antwort auf diese Frage fällt klar aus: Sowohl Smith als auch Ricardo in seiner Rolle als Parlamentarier, wenn wir die prononciertesten Vertreter der englischen Klassik herausgreifen, waren im wahrsten Sinne des Wortes »Politische Ökonomen«. Das mag in Bezug auf Smith nicht sonderlich überraschen, ist doch allgemein bekannt, dass er nationale Interessen der allgemeinen Wohlstandssteigerung vorzog oder sorgfältig beide Gesichtspunkte abwägte:

- Er sah in der britischen Navigationsakte – eine ziemlich drastische Diskriminierung der überlegenen holländischen Handelsflotte – »vielleicht die weiseste aller Handelsverordnungen«[48], Verteidigung war für ihn wichtiger als Wohlergehen[49];
- einen zeitweiligen Schutz einheimischer Produktionszweige hielt er für vertretbar, wenn sie unter dem Druck ausländischer Konkurrenz zusammenzubrechen drohten und die Anpassungskosten allzu schwer auf den Schultern der Volkswirtschaft lasten würden[50];
- die Erwartung der Herstellung völliger Handelsfreiheit in England hielt er für ebenso töricht wie den Glauben an Utopia.[51]

Auch Ricardo war keineswegs blind für politische Zwänge und Machtverhältnisse. Er trat für Freihandel ein, weil neben der allgemeinen Wohlfahrtssteigerung aus der Spezialisierungsmöglichkeit der Import preiswerter landwirtschaftlicher Produkte die relativen Preise im Inland zugunsten der Industriegüter verschieben würde, so dass der Fonds, aus dem die Arbeitskräfte bezahlt würden, größer werden könnte. Die Abschaffung der Kornzölle veränderte also auch, vielleicht sogar vornehmlich, die Einkommensverteilung zugunsten der »labouring poor«. Der Anstieg der Reallöhne ging dann zu Lasten der landwirtschaftlichen Grundrenten. Ricardo hat unentwegt als unabhängiger Abgeordneter im Unterhaus für die Abschaffung der Kornzölle plädiert; doch wusste er, dass das »landed interest« – quer durch die beiden großen Parlamentscliquen – das Unterhaus dominierte. Daher schlug Ricardo nicht die gänzliche Beseitigung der Kornzölle vor, sondern befürwortete zunächst Übergangsmaßnahmen.[52]

Samuelsons Auffassung, Ricardianisches Denken habe auf die Beseitigung des Zollschutzes für Getreide kaum Einfluss gehabt[53], ist wohl falsch: Ricardo hat das Unterhaus gezwungen, sich mit seinen parlamentarischen Initiativen auseinanderzusetzen und seine klare Beweisführung war die Grundlage für die politische Agitation der National Anti-Corn-Law-League, die unermüdlich und schließlich erfolgreich für Freihandel focht.[54] Dass der konservative Premierminister, Sir Robert Peel, die Abschaffung der Kornzölle gegen den erbitterten Widerstand eines großen Teils der eigenen Fraktion durchboxte[55], wäre ohne die wissenschaftliche und parlamentarische Vorarbeit Ricardos nicht vorstellbar.

Der erste große wissenschaftliche Angriff gegen das klassische Axiom von der Vorteilhaftigkeit des Freihandels kam von Friedrich List. Die Klassiker gingen bei ihren Überlegungen zum Außenhandel davon aus, dass sie prinzipiell überall Gültigkeit hätten. List bezweifelte das: Freihandel sei für bereits entwickelte Länder wie England vorteilhaft, nicht aber für Länder, deren Industrien noch in den Kinderschuhen steckten.[56] Ricardos Weltsicht ist danach gewissermaßen statisch: Alle Volkswirtschaften haben ihre optimale Produktionsfunktion realisiert, Lists Weltsicht dagegen dynamisch: Der Freihandel kann die Entwicklung zu einer optimalen Produktionsfunktion behindern. Es kam List also darauf an, die aufstrebende nationale Industrie zeitweise vor übermächtiger ausländischer Konkurrenz zu schützen. Das Motto Lists lautete: »Schutzzoll unser Weg, Freihandel unser Ziel.« Marshall pflichtet List bei, wenn er sagt, dass die Ricardianer den indirekten Auswirkungen des Freihandels bei unterschiedlichem Entwicklungsstand zu wenig Beachtung geschenkt hätten.[57] Die englischen Klassiker hätten dem wohl zugestimmt, aber aus ihrer Kenntnis menschlicher Verhaltensweisen zu bedenken gegeben, ob die

Produzenten solche Argumente nicht als Vorwand nehmen könnten, um vor lästiger Konkurrenz geschützt zu sein.

---

1   Dazu immer noch lesenswert die Verteidigung der englischen Klassiker durch A. Weber (1930; 1977, S. 313–334).

2   Mill (Utilitarism, 1962, S. 252, 2. Kap., Anm. 1):»The author of this essay has reason for believing himself to be the first person who brought the word utilitarian into use.« – Schumpeter irrt wohl, wenn er Bentham für den Erfinder dieses Begriffes hält. (Geschichte, Bd. I, S. 185)

3   Im Folgenden stütze ich mich weitgehend auf Höffe, 1975, S. 9 ff.

4   Schon die Spätscholastik sah im normalen Konkurrenzpreis den »iustum pretium« und löste sich damit vom normativen Konzept.

5   Von griechisch »hedoné«: Freude, Lust. – Zur Messung der Gratifikationswerte siehe Benthams 4. Kapitel von »Introduction to the Principles of Morals and Legislation«:»Value of a Lot of Pleasure or Pain, How to Be Measured« (sic!), abgedruckt in: Utilitarianism, edited by M. Warnock, S. 64 ff.

6   Bei Schumpeter (Geschichte, Bd. II, S. 1298) finden wir den Hinweis, dass die moderne Wohlfahrtsökonomie eine Wiederbelebung der Benthamschen Tradition sei.

7   J. Bentham, Principles of Civil Code, The Works, edited by Bowring, Vol. I, S. 305. – Hier entnommen der ausführlichen Zitation durch Robbins, 1952, S. 62.

8   Bentham, Principles of Civil Code, S. 305. Zitiert nach Robbins, S. 62.

9   Ebenda, S. 303. Zitiert nach Robbins, S. 63.

10 Ebenda, S. 311. Zitiert nach Robbins, S. 63.

11 Vgl. Robbins, S. 42.

12 Vgl. hierzu auch: F. A. von Hayek, 1971, S. 220.

13 Ganz ähnlich schreibt der Philosoph Spaemann:»Der Utilitarismus ist ein rationaler Rekonstruktionsversuch, vergleichbar der Rekonstruktion eines lebendigen Organismus durch physikalischchemische Theorien bzw. durch kybernetische Modelle.« (1981, S. 70–89)

14 Bei Marx und Engels wird der Utilitarismus als Verbrämungsideologie geächtet, die als Schleier über die Exploitationsverhältnisse gelegt wird (Die deutsche Ideologie, abgedruckt in: Marx/Engels, Werke, Bd. 3, Berlin 1978, S. 394 f.). Von Marx stammt im Übrigen die amüsanteste Polemik gegen Bentham, »dessen Nase erst ein Interesse haben muß, ehe sie sich zum Riechen entschließt«. (Ebenda, S. 194)

15 Schumpeter (Geschichte, Bd. I, S. 186, Anm. 74) bestätigt diese Auffassung, wenn er sagt, dass sich sowohl Konservative als auch Sozialisten zu den Anhängern Benthams rechnen können.

16 Vgl. hierzu Sabine, 1961, S. 694 f.

17 Vgl. Sabine, 1961, S. 695 f.

18 Carlyle, Latter-Day Pamphlets, Chap. VIII: Jesuitism, London 1850, S. 28 ff. – Im Übrigen hatte eine solche Charakterisierung Tradition. In der Antike pflegte man die Jünger Epikurs mit Schweinen gleichzusetzen. Der Dichter Horaz bekannte: »Auch ich war ein Schweinchen aus der Herde Epikurs.«

19 Dieses Zitat findet sich bei Mill, der selbst keine Fundstelle angibt (»Somewhere in his Benthams works«). Mill: Bentham (from »Dissertations and Discussions«, Vol. I), in: Utilitarianism, edited by M. Warnock, S. 123.

20 Wenn wir Benthams Überzeugung in eine lateinische Sentenz kleiden, wird sie überall akzeptiert:»De gustibus non est disputandum«.

21 Mill, 1962, S. 289.

22 In diesem Sinne auch Schumpeter (Geschichte, Bd. I, S. 183):»Wenn wir über die Befriedigung der einfachsten Begierden sehr weit hinausgehen, nähern wir uns der Gefahr, die Erwartung von ›Lust‹ mit allen nur möglichen Motiven zu identifizieren, sogar mit dem mutwilligen Erdulden von Leid, was die Lehre selbstverständlich zur leeren Tautologie macht.«

23 Mill, 1962, S. 268.

24 Salin, 1967, S. 91.

25 Nietzsche, 1966, S. 670.

26 Watkins schreibt: »Es ist jedoch nur zu bekannt, daß er (John Stuart Mill, j. St.) anstatt bei der Verteidigung der Freiheit mit dem Utilitarismus zu brechen, den traurigen Versuch machte, beide mit Hilfe seiner Unterscheidung zwischen ›höheren' und ›niederen' Freuden zu vereinen.« (Drei Auffassungen menschlicher Freiheit, in: J. W. N. Watkins, Freiheit und Entscheidung, Tübingen 1978, S. 204)

27 Ricardo, Grundsätze, S. 90. (Hervorhebung von mir, J. St.)

28 Vgl. hierzu: Laum, 1923, S. 952.

29 Ricardo, Grundsätze, S. 161.

30 Ebenda, S. 125.

31 Zu fragen bliebe, ob nicht die Besteuerung der Grundrente eine Umverteilung von Gegenwartskonsum ermöglicht hätte. Dann hätte genau der Teil der Grundrente steuerlich belastet werden müssen, der für die Überlassung des von Natur aus knappen Gutes »Boden« entrichtet wird. Eine Besteuerung der Teile der Grundrente jedoch, die als Entgelte für die Überlassung von Gebäuden, Gerätschaften oder für Meliorationen anzusehen sind, hätte zu einer Anhebung der Grundrente geführt, da für solche Investitionen zumindest die landesübliche Profitrate berechnet werden. Dann stiege aber auch das Preisniveau für Agrarprodukte, da die Pächter ihre höheren Betriebskosten im Preis weitergeben würden. Wegen der daraus resultierenden Anhebung der Geldlöhne und der Schmälerung der Profite würde doch wieder der Zukunftskonsum getroffen.

32 Mill, Principles, S. 199 f.

33 So irrtümlicherweise W. A. Jöhr, 1982, S. 3.

34 Mill, Principles, S. 201. (Eigene Übersetzung)

35 Sowell, 1974, S. 96 f.

36 Bei Befolgung dieser Maxime kann die nationalökonomische Phantasie eine Reihe verteilungspolitischer Ansatzpunkte entdecken. Vgl. hierzu Mills eigene Überlegungen in: Principles, S. 228 und S. 749.

37 Der Vorwurf F. A. von Hayeks, die heutige Umverteilungspraxis sei »das Ergebnis einer grundsätzlichen Konfusion, die von dem angeblich liberalen britischen Denker John Stuart Mill ausging«, ist daher ungerecht. (Interview vom 6. 3. 1981, S. 36)

38 Vgl. Mill, Principles, S. 956 ff. und 963 ff. – Vgl. ferner die Interpretation bei Blaug, 1972, S. 132 f.

39 Dass eine solche Annahme nicht aus der Luft gegriffen wäre, zeigen die erfolgreichen Experimente von Robert Owen in New Lanark, wo dieser als Pionier in Verbesserungen der Arbeitsbedingungen bei höherer Entlohnung überdurchschnittliche Gewinne erwirtschaften konnte. Vgl. hierzu die schöne Schilderung in: Heilbroner, 1960, S. 113 ff.

40 Carlyle, Chartism, o. J., S. 113.

41 Hume, 1955, S. 63 f.

42 Vgl. hierzu: Ricardo, Grundsätze, S. 112 ff.

43 Zur Ricardianischen Modelltechnik vgl. das IX. Kapitel über das jeweilige methodische Vorgehen der englischen Klassiker.

44 Mill schreibt in diesem Zusammenhang: »Nur sehr selten verfolgt er (Ricardo, J. St.) die Grundsätze der Wissenschaft bis in die Verästelungen ihrer Konsequenzen. Aber wir glauben, daß niemand, der gründlich in den Geist seiner Entdeckungen eingedrungen ist, irgendwelche Schwierigkeiten selbst mit den Einzelheiten seiner Lehre haben wird, außer der, daß Geduld und Umsicht bei der Verfolgung seiner Grundsätze zu ihren Ergebnissen hin geboten sind.« (Of the Laws of Interchange between Nations; 1844, Reprint 1948, S. 5, eigene Übersetzung)

45 Mill, Principles, S. 436.

46 Mill, Of the Laws of Interchange, S. 9 ff.

47 Watrin vermutet dies. Vgl.: Watrin, 1967, S. 202.

48 Smith, Wohlstand, Buch IV, 2. Kap., S. 248.

49 Ebenda.

50 Ebenda, S. 253 f.

51 Smith, Wohlstand, Buch IV, 3. Kap., 1. Abt., S. 256 f.

52 Zum parlamentarischen Wirken Ricardos bei der Behandlung der Korngesetze vgl. Braun, 1984, S. 77–84.

53 Samuelson, (1962) 1970, S. 289.

54   Unter anderem setzte die Anti-Corn-Law-League – von Richard Cobden, dem freihändlerischen Vorsitzenden der Handelskammer Manchester, im Januar 1839 gegründet – Preise für die besten Essays »Showing the Injurious Effects of the Com Law upon Tenant Farmers and Farm Labourers« aus. – Siehe hierzu: The Three Prize Essays on Agriculture and The Com Law. Published by the National Anti-Corn-Law-League, Manchester und London 1842.

55   Die Parlamentsreden von Sir Robert Peel gegen die Schutzzölle waren so eindrucksvoll – vor allem in der Parlamentssitzung vom 22. Januar 1846 –, dass sie unmittelbar danach ins Deutsche übersetzt wurden: »Gegen die Schutzzölle!« Ins Deutsche übertragen von A. Kretzschmar, Druck und Verlag des Verlags-Comptoirs, Grimma 1846.

56   Vgl. besonders: F. List, 1959, vornehmlich das 12. Kap.: Die Theorie der produktiven Kräfte und die Theorie der Werte. – Schumpeter präsentiert ein liebenswürdiges Kurzportrait Friedrich Lists. (Geschichte, Bd. I, S. 619)

57   Marshall, 1977, S. 633.

VII. Zins, Wachstum und Konjunktur

1. Zins als Entgelt für Abstinenz

Großbritannien war bis in Ricardos Zeit hinein ein bäuerlich geprägtes Land: Die jährlichen Ernteergebnisse entschieden über das Los der Bevölkerung; die inländischen Banken spielten als Kreditvermittler noch eine untergeordnete Rolle[1]; die Kapitalgeber trugen in der Regel auch unternehmerisches Risiko. War eine Ernte gut ausgefallen, so sanken die Preise für Lebensmittel im Verhältnis zu den übrigen Waren und Dienstleistungen. Daher konnten die Wirtschaftssubjekte mehr für den Kauf anderer Produkte und/oder für den Lohnfonds abzweigen. Die Beschäftigung stieg an, weil zusätzliche Nachfrage nach Manufakturware eine Produktionsausdehnung erheischte und weil der Lohnfonds höher dotiert werden konnte; herrschte bereits Vollbeschäftigung, so stieg der Lohnsatz.

Wenn der Lohnfonds aufgestockt wurde, weil die Bürger bei guten Ernten einen größeren Teil ihres Einkommens sparen konnten, dann musste der Zins als der relative Preis für Kapital sinken und damit die Investitionstätigkeit anregen. Der Zins war daher für die englischen Klassiker ein reales Phänomen. Wenn die Geldmenge verdoppelt würde, dann würden sich die Preise verdoppeln, aber nicht die relativen Preise verändern[2]; sicherlich würde dieser Prozess Zeit in Anspruch nehmen, schließlich würde aber der Preis für die Inanspruchnahme von Kapital im Verhältnis zu den Warenpreisen gleich bleiben.

Eine exakte Analyse des Zinsphänomens blieb jedoch sowohl bei Smith als auch bei Ricardo ausgespart. Das ist bei Smith eher verständlich als bei Ricardo. Smith war von der Aufgabe der Verschmelzung einzelner Theoreme, praktischer Erfahrungen und historischer Kenntnisse zu einer ökonomischen Gesamtschau so absorbiert, dass er sich um die Analyse einzelner Phänomene nur bemühte, wenn es ihm zum Verständnis des Ganzen unbedingt notwendig erschien. Ricardo dagegen fand dem Smithschen »Wohlstand« bereits vor; er wäre auch wegen seiner Erfahrungen als professioneller Geldanleger und wegen seiner analytischen

Begabung zur Erforschung des Zinsphänomens geradezu prädestiniert gewesen. Smiths Betrachtungen zum Zinsphänomen sind vage, teilweise sogar widersprüchlich. Böhm-Bawerk konzediert Smith immerhin, dass man in seinen zerstreuten Bemerkungen mehr oder minder deutlich die Keime fast aller späteren sich widersprechenden Kapitalzinstheorien auffinden könne.[3] Typisch für Smiths Zinsauffassung ist wohl die Aussage, dass ein Zins für Kapital gezahlt werden müsse, weil es sonst nicht zur Verfügung gestellt würde.[4] Hier ist der Zins identisch mit dem Profit für denjenigen, der den Arbeitern den Lohn vorgeschossen und teilweise auch das Werkzeug bereitgestellt hat. Somit ist der Zins Produktionskostenbestandteil. Zugleich finden wir bei Smith den Weg zur Ausbeutungstheorie des Zinses vorgezeichnet: »Vielmehr erwartet der Eigentümer dieses Kapitals, obgleich er fast aller Arbeit entbunden ist, dennoch einen Profit … Unter diesen Umständen gehört nicht immer das ganze Produkt der Arbeit dem Arbeiter. Er muss es in den meisten Fällen mit dem Eigentümer des Kapitals, der ihn beschäftigt, teilen«.[5]

Auch Ricardo unterscheidet noch nicht zwischen Profit und Kapitalzins – ein Hinweis darauf, dass Kapitalgeber und Unternehmer in der Regel noch ein und dieselbe Person sind. Eine nähere Analyse des Zinsphänomens hätte sich Ricardo wegen seiner tiefschürfenden Diskussionen der Entwicklung der relativen Preise bei unterschiedlicher Proportion und Dauer des eingesetzten Kapitals geradezu aufdrängen müssen. Freilich hat er in diesem Zusammenhang eine Bemerkung gemacht, die auf Seniors Abstinenztheorie und die österreichische Kapitaltheorie hinweist: »Der Wertunterschied (zwischen zwei Gütern, J. St.) entspringt in beiden Fällen aus der Kapitalisierung des Profits und ist nur eine gerechte Entschädigung für die Zeit, während welcher der Profit vorenthalten wurde«.[6] Dieser Satz ist vielsagend, aber doch keine Erklärung des Zinsphänomens. Ricardo konstatiert lediglich, dass für zwei Produkte mit gleichem Arbeitseinsatz, aber unterschiedlichem Kapitaleinsatz ein unterschiedlicher Preis gezahlt werden müsse, weil Erspartes – auf den Geld- und Kapitalmärkten angelegt – Zins abwerfe. Die Erklärung, warum das so ist, bleibt Ricardo schuldig.

Diese Frage will Nassau William Senior beantworten. Wir gelangen zu Seniors Zinserklärung, wenn wir die Idee des Lohnfonds noch einmal aufgreifen. Jeder, der von seinem Einkommen etwas zurücklegt, kann nach Maßgabe seines Konsumverzichts anderen Erwerbstätigen ein Einkommen verschaffen. Diese sind während der Zeit, in der ihnen der Lohn vorgeschossen wird, entweder unmittelbar produktiv tätig oder aber mittelbar, indem sie Produktionsmittel – Werkzeug, Maschinen, Fabrikhallen – anfertigen. Sparleistungen, also Verzicht auf Konsum bzw. Abstinenz, ermöglichen den produktiven Einsatz von Werktätigen und das Einschlagen von Produktionsumwegen.

Das Ausmaß der Beteiligung des Verzichts auf gegenwärtigen Genuss (Abstinenz) an Fortschritt und Wohlergehen demonstriert Senior an einem Beispiel: »In einem fortgeschrittenen Stadium der Gesellschaft ist das gebräuchlichste Werkzeug das Ergebnis früherer Jahre, vielleicht früherer Jahrhunderte. Eines Zimmermanns Werkzeug gehört zu dem simpelsten, auf welches wir stoßen. Aber welcher Verzicht gegenwärtigen Vergnügens musste von dem Kapitalisten aufgebracht werden, der zuerst das Bergwerk aufschloss, dessen Produkt des Zimmermanns Nägel und Hammer sind! Wieviel Arbeit – verwendet auf ferne Ergebnisse – musste von jenen aufgebracht werden, die die Instrumente fertigten, mit Hilfe derer das Bergwerk erstellt wurde. In der Tat, wenn wir bedenken, daß alle Werkzeuge … selbst die Produkte früherer Werkzeuge sind, mögen wir zu dem Schluss kommen, daß es nicht einen Nagel unter den vielen Millionen jährlich in England verfertigten Nägeln gibt, der nicht bis zu einem gewissen Grade das Produkt von auf ein fernes Resultat gerichteter Arbeit ist, oder – in unserer Ausdrucksweise – das Resultat von Abstinenz ist«.[7]

Daraus lässt sich folgern, dass ohne Abstinenz Fortschritt und Entwicklung nicht möglich wären. Neben den Produktionsfaktor »Arbeit« tritt also der Produktionsfaktor »Abstinenz«. In die auf den Märkten gehandelten Produkte sind »Arbeit« und »Abstinenz« eingegangen. Damit hat Senior die Zinstheorie in die Produktionstheorie integriert. Die Produktionserlöse enthalten dann die Entgelte für die an der Erstellung beteiligten Produktionsfaktoren. Löhne sind das Entgelt für den Produktionsfaktor »Arbeit« und Zinsen das Entgelt für den Produktionsfaktor »Abstinenz«.

Wenn man dagegen die Ausbeutungstheorie des Zinses vertritt, dann ist natürlich Seniors Abstinenztheorie der Rechtfertigungsversuch für die Ausplünderung der Werktätigen durch die habgierigen Kapitalisten. Die amüsanteste Polemik gegen Senior, die diese Auffassung zum Ausdruck bringt, stammt von Ferdinand Lassalle: »Der Kapitalprofit ist der ›Entbehrungslohn‹! Glückliches, unbezahlbares Wort! Die europäischen Millionäre, Asketen, indische Büßer, Säulenheilige, welche auf einem Bein auf einer Säule stehen, mit weit vorgebogenem Arm und Oberleib und

blassen Mienen einen Teller in's Volk streckend, um den Lohn ihrer
Entbehrungen einzusammeln! In der Mitte und hoch über alle seine
Mitbüßer hinausragend als Hauptbüßer und Entbehrer das Haus Rothschild! Das ist der Zustand der Gesellschaft! Wie ich denselben nur so
verkennen konnte«.[8]

Diese Polemik trifft aber nicht den Kern des Problems: Erst der Verzicht auf Gegenwartskonsum ermöglicht Zukunftskonsum. Dies gilt auch
für eine sozialistische Wirtschaftsordnung. Soll der Zukunftskonsum
vergrößert werden, so muss eine (zusätzliche) Prämie für den Verzicht auf
Gegenwartskonsum gezahlt werden.

2.   Das »Sparen-gleich-Investieren-Theorem«

Die englischen Klassiker haben Sparen, Zins, Kapitalbildung und
Wachstum in einem engen Zusammenhang gesehen. Wenn der Einzelne
sparte, dann nur, um entweder selbst zu investieren oder um das Geld
einer Bank anzuvertrauen, die es an andere Investoren weitergab. Profite
und von der Bank gezahlte Zinsen durften nicht stark voneinander abweichen, weil sonst der Sparer sein Geld selbst investiv angelegt hätte. Aus
dieser Perspektive wird auch Smiths Vorurteil gegenüber dem »unproduktiven« Hauspersonal verständlich; denn was dieses verbrauchte,
konnte nicht zur Beschäftigung von produktiven Werktätigen verwandt
werden: »Indem die Sparsamkeit den zum Unterhalt produktiver
Arbeitskräfte bestimmten Fonds vergrößert, bewirkt sie, daß auch die Zahl
derjenigen Arbeitskräfte wächst, deren Arbeit den Wert der von ihnen
bearbeiteten Sache vermehrt.«[9] Also: Sparen ist Voraussetzung für die
Beschäftigung produktiver Arbeitskräfte und für Wachstum. Nur wenn
man diesen Zusammenhang vor Augen hat, ist Smiths überspitzte These –
»Sparsamkeit, und nicht Gewerbefleiß ist die unmittelbare Ursache von
Kapitalvermehrungen«[10] – verständlich. Mit solchen Sätzen leitete Smith
»die mehr als 150jährige Herrschaft der Pro-Spartheorie« ein.[11] Für die
englischen Klassiker galt das »Sparen-gleich-Investieren-Theorem«. Auch
Keynes sah das so: »Hätten die Reichen ihren neuen Reichtum für ihre
eigenen Vergnügungen ausgegeben, so hätte die Welt schon lange eine
solche Wirtschaft unerträglich gefunden, aber sie sparten und sammelten
wie die Bienen – darum nicht weniger zum Vorteil der ganzen Gemeinschaft, weil sie selbst niedrigere Ziele im Auge hatten. Die ungeheuren

Anhäufungen festen Kapitals, die zum größten Segen der Menschheit während des halben Jahrhunderts vor dem Kriege entstanden, hätten niemals in einer Gesellschaft stattfinden können, in der Reichtum gleichmäßig verteilt wurde«.[12]

Erhöhtes Sparen ist nach klassischer Ansicht nicht Nachfrageausfall, sondern Verlagerung der konsumtiven Verwendung auf andere Personen, deren Beschäftigung ihrerseits das Sozialprodukt vergrößert. Ein Nachfragemangel kann in dieser Welt nicht auftreten: Die Arbeiter geben alles aus, was sie verdienen, und die Kapitalisten stecken erübrigtes Einkommen in die Produktion. Aus dem Erlös der Produktion wiederum finanzieren die Kapitalisten den Lohnvorschuß, die Beschaffung von Werkzeugen und den eigenen Hausstand. Die Entwicklung schreitet stetig fort. Freilich ist dieses nur ein grobes Abbild der Entwicklung; denn natürlich kann es aufgrund unternehmerischer Fehldispositionen zu Überproduktionen in einzelnen Bereichen kommen und damit zu Preisverfall und zu partieller Arbeitslosigkeit.

3. Die Vorstellung einer gleichgewichtigen wirtschaftlichen Entwicklung

a) Die Aussagen des Sayschen Theorems

Die klassische Vorstellung einer insgesamt stetig fortschreitenden Wirtschaft wird allgemein unter dem Begriff »Saysches Theorem« gefasst. Der französische Nationalökonom Jean Baptiste Say hat auf deduktivem Wege nachgewiesen, dass es eine allgemeine »Verstopfung der Absatzwege« – eine allgemeine Verlustproduktion – nicht geben könne.[13] In der gewöhnlich zitierten Form besagt das Saysche Theorem: Jedes Angebot schaffe sich seine eigene Nachfrage, die Vergrößerung des Angebots ziehe automatisch eine entsprechende Nachfrageausweitung nach sich. Eine allgemeine »Verstopfung« (»general glut«) der Absatzwege könne es daher nicht geben. Dies traf genau die Vorstellung von Ricardo und der damals herrschenden Lehrmeinung.[14] Insofern ist es zulässig, die hinter dem Sayschen Theorem stehende Sicht des wirtschaftlichen Geschehens als repräsentativ für die Auffassung unserer Klassiker zu nehmen.

Bei der Würdigung des Sayschen Theorems dürfen wir den sozialen und wirtschaftshistorischen Hintergrund und die institutionellen Gegebenheiten zur Zeit der englischen Klassiker, wie er zu Anfang dieses

Kapitels kurz ausgeleuchtet wurde, nicht aus den Augen verlieren. Thomas Sowell hat herausgearbeitet, was das Saysche Theorem an Einzelaussagen enthält.[15] Wir haben uns auf seine Analyse gestützt, sie aber teilweise modifiziert und ergänzt:

1. Die Zahlungen für die Faktorleistungen, die bei der Erstellung eines bestimmten Produkts zu entrichten sind, reichen aus, das ganze Produkt zu kaufen (die sogenannte »Saysche Identitätsgleichung«).

2. Geld wird bloß als Transaktionskasse gehalten; Geld vermittelt Tauschakte, ist bloß ein Zeichen (»signe«); an sich wird Ware gegen Ware getauscht[16]: die Annahme der »Neutralität des Geldes«.[17]

3. Es gibt keinen Nachfrageausfall; die Leute sparen Teile ihres Einkommens, um sie zu investieren oder anderen zu Investitionszwecken zu überlassen: das »Sparen-gleich-Investieren-Theorem«. Eine Investition ist eine Verlagerung von Kaufkraft, keine Kürzung der Gesamtnachfrage.

4. Wenn aufgrund besserer Ernten mehr gespart werden kann, sinkt der Zins und die Investitionstätigkeit steigt. Wenn die Investitionstätigkeit bei gegebenem Zinssatz zunimmt, so wird Sparkapital knapper und es steigt dessen relativer Preis (Zins). Daraufhin werden die weniger rentablen Investitionen ausgesondert, und die Verwendungsrichtung des Einkommens ändert sich; es wird mehr gespart. Das Zinsspiel bringt also Sparen und Investieren zur Übereinstimmung.

5. Eine höhere Sparrate wird wegen der Änderung der Produktionsstruktur (Einschlagen von »produktiven Umwegen«) das gesamtwirtschaftliche Produktionsniveau steigen lassen.

6. Ungleichgewichte kann es in einer Volkswirtschaft nur insoweit geben, als die Struktur des Produktionsausstoßes nicht mit den Konsumentenpräferenzen übereinstimmt – nicht aber, weil der Produktionsausstoß insgesamt überschüssig ist; partielle Ungleichgewichte lösen entsprechend dem »Theorem der gleichen Nettovorteile« (Dobb) sofort Anpassungsprozesse bei den Produktionsfaktoren Kapital und Arbeit aus.

Da die Annahme einer allgemeinen Verlustproduktion sich theoretisch nicht nachweisen ließ, konnte es etwas Derartiges auch nicht in der Realität geben. Wer dieses behauptete, musste einen Denkfehler begangen haben.

b) Malthus' Widerlegungsversuch

Die Realität hielt sich nicht an die theoretischen Ableitungen. Es gab Zeiten, die durch eine allgemeine Warenfülle charakterisiert waren.

Malthus, Ricardos Freund und wissenschaftlicher Widerpart, spottete: »Da möchte ich doch fragen, wo sich die Beschäftigungen befinden, denen es an Kapital fehlt und die nach der erwähnten Theorie zahlreich und völlig imstande sein müssten, das überschüssige Kapital aufzunehmen, das unleugbar die europäischen Märkte in so vielen verschiedenen Geschäftszweigen überschwemmt? Die Besitzer von flüssigem Kapital wissen recht wohl, daß solche Geschäftszweige jetzt nicht zu finden sind«.[18] Aus dieser und ähnlich lautenden Feststellungen Malthus' ist gefolgert worden, dass er einer der frühen Vertreter der Unterkonsumtionstheorie gewesen sei.[19] Nun ist aber Unterkonsumtion die Kehrseite der Medaille »allgemeine Verlustproduktion« und als solche keine Erklärung des eigentlichen Phänomens. Die Ursache des Phänomens liegt für Malthus auch nicht darin, dass die Menschen auf einmal nicht mehr konsumieren möchten oder könnten, sondern ist auf die andere Verwendung des Einkommens – größere Spartätigkeit – und die damit verbundene geänderte Produktionsstruktur zurückzuführen. Diese bringt ein höheres Produktionsvolumen hervor, das sich bei gleicher effektiver Nachfrage nur mit Verlust absetzen ließe. Nicht im Sparen bzw. im Konsumverzicht schlechthin sieht Malthus die Ursache allgemeiner Verlustproduktion – »ohne Zweifel kann man durch Sparsamkeit einen viel größeren Anteil des Ertrags zur Erhaltung produktiver Arbeit bestimmen als sonst üblich ist«[20] (unser »Sparengleich-Investieren-Theorem«) –, sondern in der Veränderung der bisher üblichen Einkommensverwendung in Richtung Sparen: »… daß die Kapitalisten selbst ebenso wie die Grundbesitzer und andere Reiche einig sind in dem Bestreben, dadurch zu sparen, daß sie ihren üblichen Komfort und ihre Genüsse aufgeben und von ihrem Einkommen einen Teil dem Kapital hinzufügen. Unter solchen Umständen kann die zunehmende Menge Waren, die von der zunehmenden Menge produktiver Arbeiter hergestellt wird, unmöglich Käufer finden, ohne ein Sinken der Preise, das wahrscheinlich ihren Wert unter die Produktionskosten herabdrücken oder wenigstens den Gewinn so herabsetzen würde, dass ebenso die Fähigkeit wie der Wille zum Sparen dadurch ganz erheblich beeinträchtigt werden«.[21]

Malthus ist besonders auf die geänderte Beschäftigungs- und Produktionsstruktur bei Anstieg der Sparquote – Aussage 5 des Sayschen

Theorems – fixiert: Geringerer Eigenbedarf der Kapitalisten bedeute geringere Nachfrage nach persönlichen Diensten; diejenigen, die früher
solche Leistungen angeboten hätten, müssten sich jetzt in produktive
Arbeiter verwandeln; die daraus resultierende Mehrproduktion finde
keine Abnehmer oder lasse sich doch nur zu sinkenden Preisen absetzen:
»Gerade dies ist aber die Bedeutung des Ausdrucks Überproduktion, die
in diesem Fall augenscheinlich eine allgemeine und nicht eine teilweise
ist«.[22]

In dem Wort »augenscheinlich« kommt das ganze Dilemma plastisch
zum Ausdruck, in dem sich Malthus befindet und das er selbst ahnt. Say
und Ricardo haben den theoretischen Nachweis erbracht, dass es keine
allgemeine Überproduktion geben könne; Malthus weiß die Realität, den
Augenschein, auf seiner Seite; er versucht die Existenz einer allgemeinen
Verlustproduktion auf deduktivem Wege nachzuweisen – mittels der
Ceteris-paribus-Methode[23], kann diesen Beweis aber nicht ohne zusätzliche Annahmen – »bei einer verhältnismäßig stillstehenden Bevölke-
rungszahl, die noch dazu ihre Bedürfnisse einschränkt«[24] – und nicht ohne
interpretierende Vermutungen – »wenigstens den Gewinn so herabdrücken würde«[25] – erbringen.

Malthus befindet sich in diesem Dilemma, weil er zwei Dinge verwechselt: deflationäre Effekte bei Vergrößerung des Produktionsvolumens
nach Änderung der Produktionsstruktur und bei gleichbleibender Geldmenge einerseits und allgemeiner Überproduktion andererseits. Malthus
vermutet, dass eine größere Produktion bei gleichbleibender Geldmenge
zu einem kumulativen Abwärtsprozess führen müsse, während Ricardo
und Say argumentieren würden, dass sich nach einer Übergangszeit die
gleichen Preisrelationen einpendeln. Malthus ist also offensichtlich auf den
Anpassungsprozess fixiert, der sich nicht ohne gesamtwirtschaftliche
Störungen vollziehe, während die Vertreter des Sayschen Theorems mittels
der komparativen Statik sogleich auf das erwartete Resultat (allgemeiner
Preisrückgang, daher auch geringere Kosten und insgesamt gleiche Profitraten) abstellen.[26]

Malthus konnte dies jedoch nicht klarstellen; seine Gedanken kreisten
um die Gefahren einer steigenden Sparrate; seine ständigen Wiederho-
lungen konnten Ricardo jedoch nicht erschüttern. Robert L. Heilbroner
kommentiert diese Auseinandersetzung wie folgt:»Armer Malthus! Er
kam in dem Wortwechsel immer schlechter davon. Seine Argumente

waren wirklich verworren ... Malthus stolperte über ein Phänomen, das noch 50 Jahre lang nicht die Aufmerksamkeit der Volkswirtschaftler auf sich lenken würde: das Problem der Hochkonjunkturen und Depressionen«.[27]

c) Says Rückzugsgefechte

Schließlich stolperte aber auch Say selbst über dieses Phänomen. Er konnte sich auf Dauer angesichts zeitweilig offenkundigen Warenüberflusses nicht mit dem Argument aus der Schlinge ziehen, dass man bloß die Produkte und Produktionsweisen herausfinden müsste, wo noch Gewinne zu machen wären. Er sah aber nicht, wo seine Argumentationskette brüchig sein sollte. Er hatte den Augenschein gegen sich, konnte aber die Begründungen für den allgemeinen Verlustabsatz nicht akzeptieren. Daher versuchte er sein Theorem durch zusätzliche Absicherungen zu retten. So wollte er den Begriff »Produkt« auf solche Güter beschränkt wissen, die zu den Produktionskosten abgesetzt werden könnten.[28] Dann kann es natürlich ex definitione keinen Verlustabsatz geben. Damit ist sein zentraler Satz unwiderlegbar, zugleich aber auch inhaltsleer geworden.

Weiterführend ist dagegen sein Hinweis, dass bei allgemeiner Verlustproduktion rentable Kapitalverwendungen durch künstliche Hindernisse eingeschränkt würden. Zu solchen künstlichen Hindernissen zählte er die Steuern: Wenn Produktionsmittel, die früher zur Aufzucht eines Rindes ausgereicht hätten, nun bloß noch die Aufzucht eines Schafes gestatteten[29], weil aus dem Lohnfonds die Mittel für Steuerzahlungen entnommen würden, könnte man nicht erwarten, dass sich die Kapitalanleger um solche Investitionsmöglichkeiten bemühten. Der heutige Leser erkennt natürlich sofort den Denkfehler: Ein allgemeiner Verlustabsatz kann so nicht erklärt werden, denn die zusätzlichen Steuern, die jetzt den Gewinn schmälern, treten ja wieder als Nachfrage auf – entweder als Staatsverbrauch oder als Transfers. Say bietet dagegen eine Erklärung, warum die Investitionsquote und damit der Produktionsausstoß rückläufig sind: Würde man den Steuersatz senken, dann würde sich das Produktionsvolumen ausdehnen und als Konsequenz würden auch die Steuereinnahmen wieder steigen. Says »Rind-Schaf-Fall« zeigt – auf die heutige Zeit übertragen – das Anliegen der »angebotsorientierten Theorie« und zugleich die Zeitlosigkeit von Problemen, die wir für den modernen Wohlfahrtsstaat reserviert glauben.

4. Wachstum – wozu?

Wenn Ricardo annahm, dass es mit dem Sayschen Theorem seine Richtigkeit habe, dann hieß das für ihn nicht, die Menschen brauchten sich um die Zukunft keine Sorgen zu machen, sondern bloß, wirtschaftliche Krisen nähmen nicht durch die Mehrproduktion im verarbeitenden Gewerbe ihren Anfang. Eine allgemeine wirtschaftliche Krise entstehe vielmehr dadurch, dass immer mehr Kaufkraft – wegen des Bevölkerungsdrucks und wegen Bebauung ertragsärmerer Böden – aus dem industriellen Sektor abfließe; die Profitrate sinke dort; Konkurse häuften sich; Arbeitslosigkeit nehme zu; kurz: er hat die Vision des Übergangs einer wachsenden Wirtschaft in die wirtschaftlliche Stagnation als existentielle Bedrohung.

Für Smith war eine wachsende Wirtschaft die unabdingbare Voraussetzung, um das Los gerade der Ärmsten der Armen zu verbessern. Nur dann nehme die Nachfrage nach Arbeitskräften schneller zu als das Angebot und nur dann sei mit Lohnaufbesserungen zu rechnen. Diese Auffassung wurde allgemein von den zeitgenössischen Nationalökonomen geteilt; sie gilt sozusagen als die Auffassung der englischen Klassiker schlechthin. Für sie ergab die Antwort auf die Frage:»Wachstum – wozu?« einen Sinn. Joan Robinsons prägnante Formulierung – in Anlehnung an Smiths»Wohlstand« – lautet:»Der Reichtum der Nation war ihr investierbarer Überschuß«.[30]

Heutzutage – so Robinson – hätten erst die Naturwissenschaftler den in ihre Wachstumsmodelle vernarrten Nationalökonomen sagen müssen, dass exponentielles Wachstum bis in alle Ewigkeit für jede physische Einheit ein Ding der Unmöglichkeit sei.[31] Auch sei Wachstum als Problemlöser aus folgenden Gründen obsolet geworden:[32]

1. Unter den Bedingungen der Privatwirtschaft sei Kapitalbildung unweigerlich mit wachsender Ungleichheit verknüpft; daher würden erst die Trivialwünsche einiger weniger Reicher erfüllt, bevor die dringenden Bedürfnisse der vielen befriedigt würden; der Verteilungskampf werde nicht nachlassen.

2. Die Befriedigung privater Bedürfnisse bedinge Wohlstandsverluste anderer; die Verbreitung privater Kraftwagen sei das beste Beispiel: Je höher der Konsumstandard, desto ungemütlicher das Leben.

3. Schließlich (»to keep the show going«) müssten ständig neue Produkte eingeführt und neue Bedürfnisse geweckt werden. In einer Konkur-

renzwirtschaft garantiere eine Zunahme des Konsums keine Zunahme an Zufriedenheit.

Wir haben hier Robinson als Vertreterin einer weitverbreiteten Gegenposition zum herrschenden Selbstverständnis der Nationalökonomie zu Wort kommen lassen, um die Zeitlosigkeit einer solchen Position bzw. um die Modernität des »Spätklassikers« Mill zu dokumentieren.

Für Mill war »die unwiderstehliche Notwendigkeit, dass der Strom menschlicher Erwerbstätigkeit sich schließlich in eine offenbar stillstehende (stagnant) See ergießen sollte«[33], keineswegs eine unerfreuliche Aussicht, sondern im Gegenteil für die Menschen die Chance, sich von der Hektik und dem Kampf gegeneinander zu lösen und sich endlich ihrer wahren Bestimmung zuzuwenden. Der Ausbildung der Kunst des Lebens und dem moralischen und sozialen Fortschritt werde mehr Aufmerksamkeit geschenkt, wenn man weniger mit der Erwerbskunst als solcher beschäftigt sei.[34] Das erinnert stark an Erich Fromms Maxime, die viele Zeitgenossen fasziniert: »Vom Haben zum Sein.« In einigermaßen fortgeschrittenen Nationen bedeutet Wachstum hauptsächlich – so Mill[35] –, dass Leute, die bereits reicher seien als für irgendjemanden nötig sei, ihre Mittel verdoppelt hätten, um Sachen zu verbrauchen, die wenig oder kein Vergnügen bereiteten mit Ausnahme der Zurschaustellung des Reichtums. Was wirklich not tue, sei eine gerechtere Verteilung des Reichtums.

Zum Verhältnis von Wachstum – damals hauptsächlich mit steigender landwirtschaftlicher Nutzfläche gleichzusetzen – und Umwelt (Natur) führte Mill aus: »Es liegt auch nicht viel Genugtuung in der Vorstellung einer Welt, in der spontaner natürlicher Aktivität nichts zu tun übrig bleibe, jeder Streifen Land, der Früchte für menschliche Wesen tragen könne, kultiviert würde, jedes Blumenfeld oder jede natürliche Weide beackert würden, alle Vierfüßler oder Vögel, die sich nicht zum Nutzen des Menschen domestizieren ließen, und mit ihm um Nahrung rivalisierten, ausgerottet würden, jede Hecke oder jeder überflüssige Baum gerodet würde und in der kaum ein Platz übrigbliebe, wo ein wilder Strauch oder eine Blume wachsen könnten, ohne im Namen einer produktiveren landwirtschaftlichen Nutzung als Unkraut ausgerissen zu werden«.[36]

Es wäre jedoch falsch, aufgrund dieser Zitate Mill für eine bestimmte Richtung vereinnahmen zu wollen; dafür argumentiert er viel zu differenziert. Mit Sicherheit lässt sich bloß eines sagen: Mill gehörte nicht zu denjenigen, die sich in den Tanz um das goldene Kalb hätten einreihen wollen.

1   Das eigentlich bedeutende Bankgeschäft war die Finanzierung der britischen Außenhandelsgeschäfte (»merchant bankers«). Hier lag Großbritanniens Rolle als führende Kapitalmacht der Welt begründet; im Vergleich dazu war die Rolle der im Inlandsgeschäft tätigen »bankers« bloß provinziell. Vgl. hierzu: Born, 1972, S. 6.

2   Ricardo (Grundsätze, S. 218): »Wenn durch die Entdeckung einer neuen Mine, durch Mißbräuche im Bankwesen oder irgendeine andere Ursache die Geldmenge stark vermehrt wird, so geht ihre endgültige Wirkung dahin, den Preis des Gutes im Verhältnis zu der vermehrten Geldmenge zu erhöhen.«

3   Böhm-Bawerk, 1921, S. 61.

4   Smith, Wohlstand, S. 61 (1. Buch, 6. Kap.).

5   Ebenda, S. 62.

6   Ricardo, Grundsätze, S. 54.

7   Senior, 1965, S. 68 (eigene Übersetzung).

8   Lassalle, Herr Bastiat-Schulze von Delitzsch, S. 116.

9   Smith, Wohlstand, S. 91 (2. Buch, 3. Kap.), (Hervorhebung von mir, J. St.).

10 Ebenda, S. 90.

11 Schumpeter, Geschichte, Bd. I, S. 255.

12 Keynes, 1920, S. 13.

13 Über Ursprünge und Verästelungen des Sayschen Theorems informiert außerordentlich intensiv: E. von Bergmann, 1895, S. 61–136. – Eine kritische Analyse des Sayschen Theorems hat Krelle (1947) geliefert.

14 Ricardo, Grundsätze, S. 211 f.: »Say hat indessen in der befriedigendsten Weise gezeigt, daß es keinen Kapitalbetrag gibt, der in einem Lande nicht verwendet werden kann, weil der Nachfrage nur durch die Produktion Schranken gesetzt sind. Niemand produziert zu einem anderen Zweck als zu konsumieren oder zu verkaufen, und er verkauft nur in der Absicht, ein anderes Gut zu kaufen, das ihm unmittelbar nützlich sein oder das zu zukünftiger Produktion beitragen kann. Daher wird er durch Produzieren notwendigerweise entweder zum Konsumenten seiner eigenen Waren oder zum Käufer und Konsumenten der Waren anderer.«

15 Sowell, 1974, S. 77 ff.

16 Say, 1829, S. 209: »Ein Produkt wird mit dem anderen gekauft. Man verkauft in Frankreich mehr Getreide, weil man in diesem Lande Tuch und viele andere Dinge in weit größerer Quantität fabriziert.«

17 Die Annahme der Neutralität des Geldes ist bei Mill (Of the Influence of Consumption on Production, in: Ders., Essays on Some Unsettled Questions, S. 69 ff.) aufgehoben. Dabei kann es bei ihm, obwohl auch für ihn das Saysche Theorem tendenziell gültig ist, sehr wohl Situationen geben, wo es zu gleicher Zeit zu einem Überschuss an Waren und an Geld kommt; in einer Situation einer geldlosen Tauschwirtschaft sei das Saysche Theorem unwiderlegbar gültig. – Damit sind jedoch die Ursachen zeitweiligen Festhaltens des Geldes und zeitweiligen Enthortens noch nicht erklärt.

18 Malthus, Grundsätze, S. 546 f.

19 Vgl. die Einteilung in G. von Haberlers »Prosperität und Depression« (1948, S. 119), das als Standardwerk angesehen werden kann.

20 Malthus, Grundsätze, S. 417.

21 Ebenda, S. 418.

22 Ebenda, S. 419.

23 Auf die Inkongruenz des methodischen Vorgehens bei Malthus hat Lutz (1932, S. 18 f.) aufmerksam gemacht.

24 Malthus, Grundsätze, S. 420.

25 Ebenda, S. 417.
26 Bei Say (1829, S. 209) lesen wir zur Bedeutung der Veränderung der Geldmenge im Wachstums-
    prozess:» ... und eine kleine Quantität Geldes würde uns denselben Dienst leisten, als jetzt eine
    größere, gleichwie uns ein Goldstück von 20 Franken dermalen ebenso viel nützt, als vier Fünf-
    frankenthaler.«
27 Heilbroner, 1960, S. 108.
28 Say (1829, S. 219 f.):»Ein Produkt ... ist eine Sache, deren Nützlichkeit so viel wert ist, als sie kostet. In
    der Tat, wenn man, um einen Gegenstand zu erzeugen, der infolge des Dienstes, den er leisten kann,
    nicht über fünf Franken wert ist, einen Wert von sechs Franken consumiren, d. h. verrichten muß, ...
    zerstört (man) in Wirklichkeit den Wert von einem Franken.« – Vgl. zur Sayschen Interpretation des
    Begriffes»Produkt«: E. von Bergmann, 1895, S. 74 ff.
29 Say, 1848, S. 476. – Hier zitiert nach Lutz, 1932, S. 8.
30 Robinson, 1977, S. 1337.
31 Ebenda, S. 1336.
32 Ebenda, S. 1337.
33 Mill, Principles, S. 746. (Eigene Übersetzung)
34 Ebenda, S. 751.
35 Ebenda, S. 749.
36 Ebenda, S. 750. (Eigene Übersetzung)

VIII. Von der Zettelbank zur Zentralbank

1. Geld als reales Phänomen

Die englischen Klassiker haben im Geld kein Phänomen wirtschaftsprägender Kraft gesehen. Ihnen wird daher vorgeworfen, ihre Art der Behandlung des Geldes bedeute einen wissenschaftlichen Schritt sogar hinter das Niveau der merkantilistischen Ratgeber zurück.[1] In der Regel wird die Behandlung des Geldes durch die englischen Klassiker auf Smiths ablehnende Haltung gegenüber dem Merkantilsystem zurückgeführt, die dann die Auffassung der Nachfolger präjudiziert habe.[2] Hätten die Merkantilisten im Geld die alles bewegende Kraft gesehen, so sei Smith in das andere Extrem verfallen: »Money doesn't matter«.[3] Das von Smith auf die konkurrierenden Lehren des Merkantil- und physiokratischen Systems gemünzte Gleichnis der Weidenrute – wenn diese zu der einen Seite geneigt sei, so müsse man sie zur anderen Seite biegen, damit sie wieder ins Lot komme –, passte dann auch auf seine Lehre selbst.

Smiths Aussagen können jedoch keineswegs allein aus seiner Haltung gegenüber den Merkantilisten erklärt werden. Für die Merkantilisten war offenkundig, dass diejenigen, die Gold aus Übersee mitbrachten, Kaufkraft besaßen und dass sich in ihrer Umgebung das Wirtschaftsleben entfaltete. Aber womöglich sind solche Länder, die wie Spanien und Portugal als die führenden Seefahrernationen vom Goldimport profitierten, in der wirtschaftlichen Entwicklung zurückgefallen, weil sie glaubten, sich nationalen Reichtum nicht mehr selbst erarbeiten zu müssen. Für die englischen Klassiker war dagegen offenkundig, dass der Reichtum einer Nation von Arbeit – genauer: von der intelligenten Organisation der Arbeit – und von Kapitalbildung, also der Spartätigkeit, abhing. Wichtig für das Überleben waren vor allem die jährlichen Ernteergebnisse. Fiel eine Ernte besonders gut aus und sanken daher die Preise für Lebensmittel, so konnten mehr Mittel für den Lohnfonds bereitgestellt werden. Damit stiegen, wie bereits gezeigt, Löhne und Beschäftigung an.[4] Der Verlauf der Geldpreise der Lebensmittel zeigte an, ob eine Ernte gut oder schlecht ausgefallen war; dabei schien nichts unwichtiger als die jeweilige Geldmenge zu sein.

Wir sind heutzutage dermaßen mit stoffwertlosem Zentralbankgeld und der Bedeutung von Zentralbankentscheidungen für Beschäftigung, Preisniveau und Zahlungsbilanz vertraut, dass für uns die Vorstellung eines Geldes in stofflicher Form, das allein wegen seines Warenwertes etwas »galt«, völlig fremd geworden ist; mehr vielleicht noch die Tatsache, dass in England während des 17., 18. und in der ersten Hälfte des 19. Jahrhunderts Privatleute »Banknoten« produzieren und in Umlauf bringen konnten.[5]

Die Entstehung der Banknote ist ein hervorragendes Beispiel für die ordnungspolitische Idee, dass gesellschaftliche Institutionen weder dem Naturrecht abgelauscht noch von einem weisen Staatsmann erfunden wurden, sondern als Produkt eines kulturellen Prozesses anzusehen sind. Anfang bis Mitte des 17. Jahrhunderts wurde es üblich, Barbeträge in Gold- und Silbermünzen bzw. ungemünztes Gold (bullions) bei Goldschmieden oder bekannten Bankiers zu hinterlegen, entweder weil man auf Reisen ging und/oder das Barvermögen vor Dieben geschützt wissen wollte. Es stellte sich dann schnell heraus, dass solche Depotbestätigungen durch Goldschmiede oder Geldwechsler als Zahlungsmittel akzeptiert wurden, weil man sie jederzeit zum Eintausch vorlegen konnte. Diese Depotscheine, die dann wie oder anstatt Bargeld umliefen, wurden als »Zettel« und die emittierenden Institute als »Zettelbanken« bezeichnet. Hiermit sollte keineswegs Geringschätzung ausgedrückt werden; vielmehr besagte die Benennung »Zettel« oder »Bankzettel«, dass die Depotscheine weder Geld noch Wertpapiere waren.[6] Solche Zettel waren Zahlungsversprechen der jeweiligen Emissionsbank, einem Sichtwechsel vergleichbar. Born konstatiert: »Und während heute der Text einer Banknote nur angibt, wieviel Geld sie ist, drückte er früher aus, wieviel Geld die Notenbank für diese Note zu zahlen versprach«.[7]

Wenn diese Zettel als Zahlungsversprechen anstelle von Gold- oder Silbermünzen umliefen und jederzeit in Bargeld konvertierbar waren, so hatte sich am Warenwert des Geldes im Prinzip nichts geändert. Die Zettel ließen sich stückeln und waren bequemer zu transportieren als Gold- oder Silberstücke, die die Hosen oder Jacken so hässlich ausbeulten und überdies scheelen Blicken neidischer Menschen ausgesetzt waren. Die Aussteller solcher Scheine bemerkten ebenfalls rasch, dass ihre Depotscheine wie Geld umliefen und bloß ab und an präsentiert wurden, beispielsweise wenn Transaktionen in Gebiete unternommen wurden, in denen Name und Bonität des Ausstellers unbekannt waren und daher auf seinen Namen ausgeschriebene Noten nicht an Geldes statt akzeptiert wurden. Die Notenemittenten konnten daher, wenn sie die Barabhebungsgewohnheiten ihrer Klientel kannten, mehr Zahlungsversprechen ausstellen, als sie selbst erfüllen konnten, indem sie Kredite vergaben oder selbst reale Aktiva erwarben.[8] Kritisch wurde es für die Bankiers allerdings, wenn die Zeiten wirtschaftlich unsicher wurden und die Klientel der Zettelbanken lieber Bargeld als Zettel halten wollte oder wenn von einem Bankier bekannt wurde, dass er wegen starker Geschäftsexpansion selbst zu einem Risiko werden könnte. Ging aber alles seinen gewohnten Gang, dann änderte sich am realen Charakter des Geldes auch bei Umlauf der Zettel nichts.

Der Charakter des Geldes als eines realen Phänomens kommt noch darin zum Ausdruck, dass die Produktion des Bargeldes selbst Gegenstand der realen Theorie war. Das eigentliche Geld wurde nicht mittels eines staatlichen Dekrets gedruckt und dann in den Umlauf gebracht, sondern von Privatleuten in Gold- oder Silberbergwerken geschürft. Versiegten bisherige Quellen oder wurden bekannte Edelmetallvorkommen unergiebiger, so wurden Gold und Silber im Vergleich zu anderen Waren knapper. In einer wachsenden Volkswirtschaft mussten sich dann die Wertrelationen verschieben; der relative Preis der als Geld umlaufenden Edelmetalle stieg. Damit nahm aber auch die Profitrate in der Gold- oder Silberproduktion zu. Es lohnte sich, Kapital in die Erschließung neuer Gold- oder Silberminen zu investieren. Umgekehrt sank der relative Preis des Goldes bzw. Silbers, wenn nach der Entdeckung neuer Minen das Land mit diesen Metallen überschwemmt wurde.[9]

Die Geldversorgung zur Zeit der englischen Klassiker hing also maßgeblich vom relativen Preis der Edelmetalle ab und damit von den im Silber- und Goldbergbau erzielbaren Profiten. Smith und vor allem Ricardo waren an den Abbau- und Gedingeverfahren in Silber- und Goldgewinnung interessiert, weil dies Auskunft über die Entwicklung der relativen Preise gab.[10]

Hat man dies alles im Blick, so kann man nicht mehr sagen, dass Smith und seine Nachfolger eine bis dahin hochstehende geldtheoretische Tradition ruiniert hätten, vielmehr hatten sie ihr Augenmerk auf etwas ganz anderes gerichtet. Ihre Vorgehensweise war von ihrem theoretischen und konzeptionellen Ansatz her folgerichtig.

2. Die theoretischen Positionen

a) Humes Betrachtungen über die zeitweiligen realwirtschaftlichen Auswirkungen von Geldmengenänderungen

Natürlich war den englischen Klassikern bewusst, dass von Geldmengenänderungen reale Wirkungen ausgingen. Das hatte Hume bereits gezeigt. Sein gegen die merkantilistische Lehre von den positiven Wirkungen einer aktiven Handelsbilanz vorgebrachter Beweis endete damit, dass auf Dauer die realen Phänomene wie Einkommen, Beschäftigung, Kapitalstock durch Geldmengenveränderungen via Handelsbilanzüberschüsse bzw. -defizite nicht berührt wurden.[11] Bemerkenswert sind Humes Beobachtungen über die zeitweiligen Wirkungen plötzlicher Geldvermehrungen und -verminderungen, die nicht gleichzeitig und proportional die Kassenbestände der Wirtschaftssubjekte aufstockten, sondern sich auf bestimmte Personen und Regionen konzentrierten.[12] Natürlich gilt auch hier, dass das Preisniveau schließlich entsprechend der Geldmengenvermehrung ansteigt; in der Zwischenzeit treten freilich realwirtschaftliche Wirkungen auf, die für die gewerbliche Wirtschaft vorteilhaft sind. Deren Nachfrage nach Arbeitskräften wächst; Beschäftigung und Lohnsumme nehmen zu; das Realeinkommen der Arbeiter steigt, da die Preise zunächst noch konstant bleiben. Erst wenn das zusätzliche Geld sich über die gesamte Volkswirtschaft ausgebreitet hat, werden die Entgelte für Arbeit, Manufakturwaren und Lebensmittel allgemein angehoben, die positiven realwirtschaftlichen Effekte verflüchtigen sich. Umgekehrte realwirtschaftliche Effekte ruft eine Verringerung der Geldmenge hervor:»Der Arbeiter erhält weniger Beschäftigung von den Produzenten und Händlern, obwohl er für alles denselben Preis auf dem Markt bezahlt. Der Landmann kann sein Korn und Vieh nicht absetzen, obwohl er seinem Grundherrn denselben Pachtzins zahlen muss. Die Armut, Bettelei und Trägheit, die folgen müssen, lassen sich leicht voraussehen«.[13]

Die Gründe für realwirtschaftliche Auswirkungen von Geldmengenänderungen sieht Hume also in der Reaktionsträgheit einiger Variablen. Solche Verzögerungen auf Veränderungen der Nachfrage treten im Aufschwung bei freien Kapazitäten und bei Geldillusion auf. Humes Erklärungen für Auf- und Abschwünge kommen für sich genommen dem Erklärungsmuster der späteren monetären Konjunkturtheorien recht nahe. Es fehlt das Scharnier zur Erläuterung des Umschlags vom Aufschwung in den Abschwung und umgekehrt. Ein solches Scharnier hat Hume jedoch in seinem Theorem vom tendenziellen Ausgleich der Handelsbilanz geliefert. Bringt man nun Humes Beobachtungen der realwirtschaftlichen Auswirkungen von Geldmengenveränderungen mit seinem Handelsbilanztheorem in Verbindung, so erhält man eine Art monetärer Konjunkturerklärung, die als Vorläufer der Theorien der Currency-Schule betrachtet werden kann.[14]

b)   Smiths Überlegungen zur Notenbankverfassung

In dieser Richtung hat Smith nicht weitergedacht und weitergearbeitet; er war ja an langfristigen Phänomenen interessiert – am Reichtum der Nationen und an den Möglichkeiten seiner dauerhaften Mehrung. Geld war für Smith ein Produktivitätsfaktor erster Ordnung, das »Große Rad der Zirkulation«[15], mehr aber auch nicht. Was ihm an dem Umlaufmittel Geld interessant dünkte, war die Frage, ob man ein anderes Umlaufmittel als Gold und Silber finden könnte, damit man diese Edelmetalle für eine produktivere Verwendung nutzen könnte,[16] zum Beispiel für den Ankauf ausländischer Konsum- und Investitionsgüter. Damit wäre gewissermaßen »ein neuer Fonds« zur Führung eines neuen Gewerbes geschaffen: »Das heimische Geschäft wird nun mit Papier betrieben, und Gold und Silber sind in einen Fonds für jenes neue Gewerbe verwandelt«.[17]

Wenn aber Papiergeld das große Rad der Zirkulation in Bewegung halten sollte, dann sollten es am besten »Bank- und Bankiersnoten« sein – unsere »Zettel« —, welche am bekanntesten und am besten für diesen Zweck geeignet seien.[18] Doch müssten Vorkehrungen gegen mögliche Missbräuche im Zuge der Geldproduktion seitens einzelner Bankiers getroffen werden. Hier scheint bei Smith deutlich die Auffassung durch, dass sowohl der einzelne Gläubiger als auch die Volkswirtschaft durch irgendeine Form hoheitlicher Bankenaufsicht vor den aus dem Papiergeldumlauf resultierenden Risiken, wenn im Zuge militärischer Bedrohungen ein allgemeiner Vertrauensverlust und eine allgemeine Zurückweisung der Banknoten einsetzen sollten, geschützt sein sollten.[19] Ihm schwebte wohl vor, dass der Herrscher ein bestimmtes Verhältnis von Bargeld- und Notenumlauf festlegen sollte. Für besonders wichtig hält er das Verbot der Emission geringwertiger Banknoten, wohl um das Risiko der Lohnempfänger, die in solchen Noten entlohnt würden, bei Bankkrächen zu mindern, und die Vorschrift, dass alle Noten auf Verlangen in Bargeld (Edelmetalle) konvertiert werden müssen.[20] Solche Vorschriften widersprechen nach Smiths Auffassung auch nicht dem System der natürlichen Freiheit:»Allein die Ausübung der natürlichen Freiheit durch einige wenige Individuen, die die Sicherheit der ganzen Gesellschaft gefährden könnten, wird durch die Gesetze aller Regierungen eingeschränkt, und muss es werden ... Die Verpflichtung, Brandmauern zu errichten, um dem Weitergreifen des Feuers vorzubeugen, ist eine Verletzung der natürlichen Freiheit von ganz derselben Art wie die hier vorgeschlagenen Bankmaßregeln«.[21]

Smith hat der makroökonomischen Geldwirkungslehre nichts Neues hinzugefügt; hier hatte ja Hume schon alles Notwendige gesagt. Das Originelle bei Smith ist in seinen eher mikroökonomisch orientierten Überlegungen zur institutionellen Absicherung der Geldnachfrager zu sehen, um ein aus privater Geldproduktion stammendes Papiergeld mit übergeordneten volkswirtschaftlichen Interessen kompatibel zu machen. Insofern hat Smith gerade denjenigen, die über alternative Formen der Geldproduktion nachdenken, einiges zu sagen.

c) Ricardos andere Akzentsetzung

Ricardo bleibt in den Bahnen klassischen Denkens – das liegt bei seinem auf lange Frist angelegten Denken auch nahe –:»Produkte werden stets mit Produkten oder Diensten gekauft; Geld ist nur das Mittel, welches den Austausch bewirkt«.[22] Die Geldmenge spielt für ihn überhaupt keine Rolle:»Eine kleinere Menge Geldes könnte ebensogut wie eine größere die Funktionen des im Umlauf befindlichen Tauschmittels ausüben. Zehn Millionen wären zu diesem Zwecke ebenso wirksam wie hundert Millionen«.[23]

Ricardos Kapitel »Über Geldumlauf und Banken« (Kapitel XXVII in den »Grundsätzen«) ist im Kern eine Kommentierung des entsprechenden Kapitels aus Smiths »Wohlstand«. Interessant und wichtig für die Entwicklung der Notenbankverfassung sind Ricardos Einlassungen über die Organisation der Geldproduktion. Gegenüber Smiths Position, die private Geldemission unter hoheitliche Aufsicht zu stellen und an bestimmte Regeln zu binden, betont er die Vorteile staatlicher Geldproduktion. Den Vorwurf, dass der Staat der Versuchung der Münzfälschung unterliege, hält er zwar für nicht unberechtigt, aber doch nicht für so gewichtig, dass bloß private Bankiers Noten ausstellen sollten:»Unter einer willkürlich handelnden Regierung würde dieser Einwand von großem Gewicht sein; aber in einem freien Land, mit einer aufgeklärten Gesetzgebung, könnte die Befugnis zur Papiergeldausgabe, unter Wahrung der notwendigen Beschränkung der Einlösbarkeit auf Wunsch des Inhabers, ruhig in die Hände von zu diesem besonderen Zwecke angestellten Kommissaren gelegt werden, und sie könnten von der ministeriellen Aufsicht gänzlich unabhängig gemacht werden«.[24]

Für die staatliche Notenemission sprechen nach Ricardo auch wohlfahrtstheoretische Gründe. Während bei privater Geldemission die öffentliche Hand bei Verschuldung im privaten Bankgewerbe Zinsen zu zahlen hätte und dafür später in entsprechendem Maße Steuern erhoben werden müssten, entfiele diese Notwendigkeit, wenn die Etatdefizite durch eigene Geldschöpfung finanziert werden könnten (»unverzinsliche Schuld«).[25] Dann könnten die Steuern entsprechend gesenkt werden bzw. Steuererhöhungen blieben aus; wir hätten dann also eine Umverteilung von den Banken in Richtung Arbeiterschaft und produzierendes Gewerbe.

d)   Malthus' Gegenposition

Die Gegenposition zu Ricardo und damit im Prinzip auch zu den englischen Klassikern hat wieder einmal Malthus bezogen: »Theoretische Nationalökonomen haben zu ängstlich den Anschein vermeiden wollen, als überschätzten sie die Bedeutung des Geldes, und sind dadurch leicht veranlasst worden, bei ihren Untersuchungen es ganz unberücksichtigt zu lassen. Es ist eine abstrakte Wahrheit, daß wir Waren gebrauchen und nicht Geld«.[26] Malthus' Aussage, die sich gegen das »Produkte-werden-immer-gegen-Produkte-getauscht-Axiom« wendet, besagt, dass die Reduktion der Komplexität und Vielschichtigkeit der vorfindbaren Welt in der reinen Theorie verfälschend wirke. Malthus bringt Beispiele bei: »Ein Umlaufmittel ist eine unumgängliche Vorbedingung jeder erheblichen Ersparnis. Selbst der Fabrikant würde nur langsam vorwärtskommen, wenn er die Löhne für seine Arbeiter in Form von Gebrauchsgütern aufspeichern müßte«.[27] Damit stellt Malthus die von Smith und Ricardo vernachlässigte Funktion des Geldes als Wertaufbewahrungsmittel als besonders wichtig heraus. Malthus' Schlussfolgerung lautet: »Das Umlaufmittel spielt eine so wichtige Rolle bei der Verteilung des Gewerbefleißes, daß wir es bei unseren Betrachtungen nicht außer acht lassen dürfen … Alle Versuche, die Vorgänge dadurch zu erklären, daß man Vorschüsse einer gewissen Menge Korn und Kleidung anstelle einer gewissen Geldmenge, die tatsächlich die in jedem Jahre veränderlichen Mengen Korn darstellt, voraussetzt, muß notwendig in die Irre führen«.[28]

Malthus' Vorwurf zielt deutlich auf Ricardos methodisches Vorgehen. Nun galt Ricardos vordringlichstes Anliegen der Frage der Verteilung eines stagnierenden Sozialprodukts bei wachsender Bevölkerung. Dabei war es hilfreich, nicht auf den Geld-, sondern auf den Reallohn zu blicken. Insofern tut Malthus Ricardo unrecht. Doch ist sein Vorwurf nicht gänzlich unberechtigt, insoweit Ricardo im Gelde nichts weiter als ein Äquivalent für Gütereinheiten sieht: »Wenn eine große Nachfrage nach Getreide entstünde, dann würde dessen Geldpreis steigen, denn wenn wir Getreide mit Geld vergleichen, so vergleichen wir es in Wirklichkeit mit einer anderen Ware;…«.[29] Obwohl also die Überlegungen Ricardos keineswegs bahnbrechend waren und trotz seiner methodologischen Einseitigkeit, hat Ricardo das Schicksal der modernen Notenbankverfassung maßgeblich beeinflusst.

3. Der ›Bank Restriction Act‹ von 1797 und die »Bullion-Kontroverse«

a) Die Entwicklung bis zum ›Bank Restriction Act‹

Die Bank von England hatte im Jahre 1797 während der Verschärfung der militärischen Auseinandersetzung Großbritanniens mit Napoleon die Einlösung von Banknoten gegen Münzgeld eingestellt. In den Jahren danach zogen die Preise, insbesondere die für Nahrungsmittel, deutlich an. Die Handelsbilanz war ständig passiv. Die öffentliche Auseinandersetzung entzündete sich an der Frage um die Ursachen der Notenentwertung. Da trat Ricardo mit einem Fanfarenstoß ins Rampenlicht des öffentlichen Interesses. Er zeigte in seinem grundsätzlichen, theoretisch gehaltenen Essay »The High Price of Bullion – a Proof of the Depreciation of Bank Notes«[30] die Ursachen für Geldentwertung und Passivierung der Handelsbilanz mittels des Theorems der Entwicklung der relativen Preise bei Änderung der Gold- bzw. Notenzufuhr auf. Dieser Essay, glänzend und mit großer Überzeugungskraft geschrieben, machte ihn sogleich zu einer unumstrittenen Autorität in Sachen Geld und Währung, zumal er ja bereits als Börsianer hinreichend bewiesen hatte, dass er sein Handwerk meisterhaft beherrschte.

Um die damalige geldpolitische Kontroverse, die unter dem Stichwort »Bullion-Kontroverse« in die Wirtschafts- und Dogmengeschichte eingegangen ist, voll würdigen zu können, müssen wir einen kurzen Blick auf die

Geschichte der Bank von England werfen.[31] Diese war im Jahre 1694 von einer Gruppe wohlhabender Leute als Aktiengesellschaft gegründet worden; das Stammkapital wurde in Form der Zeichnung einer Staatsanleihe in Höhe von 1,2 Mio. £ eingebracht. Das Kapital war also gänzlich an die Krone ausgeliehen, die dafür 8 % Zinsen und zusätzlich 4000 £ Verwaltungskosten zahlte. Dadurch kam der Zweck der Bank unverhüllt zum Ausdruck: Finanzierung der Ausgaben der englischen Krone. Die Bank erhielt das Recht, die üblichen Bankgeschäfte zu betreiben. In Anlehnung an die Gewohnheit der Goldschmiede gab sie für bei ihr hinterlegte Guthaben schriftliche, jederzeit einlösbare Zahlungsversprechen aus. Im Jahre 1708 erhielt die Bank im Gegenzug für die Übernahme weiterer Anleihen im Spanischen Erbfolgekrieg das Privileg, dass in England und in Wales keine Bank mit mehr als sechs Teilhabern Bankgeschäfte betreiben und Noten ausgeben dürfe, die jederzeit oder in einer kürzeren Frist als 6 Monate einlösbar seien. Dies ebnete der Bank von England den Weg für ihre spätere Rolle als Zentralbank. Die Bank von England war zuerst Verwalterin der Staatsschuld, dann der staatlichen Kassen, schließlich Hüterin des nationalen Barschatzes.

Im Zuge der militärischen Auseinandersetzungen mit Napoleon hatte die Bank von England der Krone erhebliche Darlehen gewähren müssen – bei wiederholten Mahnungen und Warnungen der Bankdirektoren. Die Aktiva der Bank bestanden seinerzeit zu zwei Dritteln aus Schuldscheinen oder Buchschulden des Staates. Dadurch war der Notenumlauf stark angestiegen. Im Winter 1796/97 setzte aus Furcht vor einer drohenden Invasion Napoleons ein Run auf die Landbanken ein. Ihr Fall vermehrte die Unsicherheit, und der bereits stark gesunkene Barvorrat der Bank von England schmolz schließlich auf ein Zehntel der umlaufenden Noten zusammen. Um der drohenden Zahlungsunfähigkeit zuvorzukommen, stellte die Bank von England die Auszahlung von Münzgeld gegen die Vorlage der Noten der Bank von England (die ursprünglichen Depotscheine) ein. Durch den »Bank Restriction Act« vom 3. Mai 1797 wurde dieses Vorgehen legalisiert. Die Noten der Bank von England waren mit dieser Entscheidung nichteinlösbare Zahlungsmittel bzw. Papiergeld geworden.

b)   Ricardos Beweisführung in der »Bullion-Kontroverse«

Nach dem Motto »Ein Unglück kommt selten allein« fielen in den folgenden Jahren die Ernten schlecht aus, die Preise für Lebensmittel zogen an, die Handelsbilanz wurde passiv, der Preis für ungemünztes Gold in

Banknoten stieg. Der wissenschaftlich-politische Streit (»Bullion-Kontroverse«) entbrannte um folgende Frage: Lag die Ursache für den allgemeinen Preisanstieg in sich häufenden Missernten? Wurde die Handelsbilanz passiv, weil sich Großbritannien deswegen vermehrt auf die Ressourcen des Auslands stützen musste, ohne dass dieses seinerseits zu Mehrkäufen bereit war? War also die vermehrte Notenausgabe bloß der Reflex des größeren Bedarfs an Geldmitteln? Oder war umgekehrt die vermehrte Notenausgabe der Bank von England verantwortlich für die Entwertung der Noten (erkennbar am Aufpreis für Barrengold) und für die Passivierung der Handelsbilanz?

Ricardos Erklärung für den Aufpreis des Barrengoldes war einfach und einleuchtend.[32] Er ging von dem Theorem aus, dass sich bei freiem Warenverkehr die Güter auf die am Welthandel beteiligten Länder entsprechend ihren relativen Preisen verteilen würden. So wird beispielsweise Getreide dorthin gebracht, wo sein relativer Preis am höchsten ist. Dies ist auch bei Gold der Fall. Wird in einem Land eine Goldmine entdeckt, steigt daraufhin die Versorgung dieses Landes mit Gold stark an und sinkt daher dessen Preis, in Weizen gemessen, so wird Gold so lange in andere Länder exportiert und Weizen importiert, bis der Preis des Goldes in Weizen überall übereinstimmt.

Geht man nun davon aus, dass die Ausgabe von Noten eines Landes stark ausgeweitet wird, so fällt deren Wert, gemessen in Weizeneinheiten. Es wird Weizen importiert, weil der Geldpreis des Weizens im Ausland niedriger liegt. Wenn das Ausland nicht entsprechend mehr von England bezieht, wird der Kurs der englischen Banknote sinken. Dann ist es für die britischen Weizenimporteure lohnend, Noten gegen Gold einzutauschen und dieses für den Kauf von Weizen zu verwenden. Dann wird Gold exportiert und Weizen importiert, solange der Weizenpreis des Goldes unterschiedlich ist. Schließlich ist die Handelsbilanz wieder ausgeglichen. Der Umtausch von Noten gegen Gold in Großbritannien schränkt dort den Notenumlauf ein, wirkt also deflationierend, während der Zufluss von Gold im Ausland inflationierend wirkt, bis die Preisstände in allen Ländern gleich sind. Damit hat Ricardo zwei bedeutende Entdeckungen gemacht: Die Noteneinlösepflicht als »die goldene Bremse an der Kreditmaschine« – um den berühmten Titel eines Aufsatzes von Schumpeter zu verwenden –, und die Wirkungsweise des Goldautomatismus im internationalen Handel.

Nachdem dies klargestellt ist, kann Ricardo schnell erläutern, wieso Missernten nicht zu Handelsbilanzdefiziten führen können. Eine Missernte, also eine Verringerung des Warenangebotes, wirkt bei gleichbleibender Notenmenge genauso wie eine Ausdehnung der Notenmenge bei gleichbleibendem Warenangebot. Der Geldpreis des Weizens steigt, Importe nehmen zu, Gold fließt ab, bis die Handelsbilanz und die Preisstände überall ausgeglichen sind. Wenn also die Handelsbilanz eines Landes dauerhaft passiv ist, dann ist dies nur deswegen möglich, weil die Noteneinlösepflicht aufgehoben ist. Eine Überexpansion von Banknoten im Hinblick auf die gegebene Warenmenge wird dann nicht rückgängig gemacht. Wenn aber nun das Ausland englische Banknoten nicht akzeptiert und Gold für den Ankauf von Weizen nicht von der Notenbank bereitgestellt wird, so werden umlaufende Goldmünzen eingeschmolzen und für Käufe im Ausland verwendet bzw. es steigt der Preis für Goldbarren auf dem freien Markt. Am Aufpreis für ungemünztes Gold kann man dann die Entwertung der Banknoten ablesen: »The High Price of Bullion – a Proof of the Depreciation of Bank Notes«.

Zur Klärung der sogenannten »Bullion-Kontroverse« setzte das britische Unterhaus eine Kommission zur Untersuchung der Ursachen des hohen Preises für Goldbarren ein. Die Kommission, der Ricardo selbst nicht angehörte, übernahm für ihren Bericht (»Bullion-Report«) vollständig Ricardos Argumentationslinie. Das britische Unterhaus respektierte schließlich die Ergebnisse dieses Berichts. Ein Gesetz aus dem Jahre 1819 ordnete die volle Konvertibilität von Noten gegen Gold für das Jahr 1823 an, aber bereits vor diesem Termin — vom 1. Mai 1821 an – konnte die Bank von England allen diesbezüglichen Verpflichtungen nachkommen.

c)   Die »Currency-Banking-Debatte«: Was ist Geld?

Auch nach seinem Tod hat Ricardo den Gang der wissenschaftlichen und politischen Diskussion um die Währungsverfassung bestimmt. Wir können die Auseinandersetzung zwischen der »Currency-Schule« und der »Banking-Schule« als die Fortsetzung der »Bullion-Kontroverse« betrachten. Es ging im Prinzip wieder um die gleiche Frage: Wie stellen wir eine von Währungskrisen freie Geldversorgung sicher? Wenn nun Geld dezentral produziert würde – so die Currency-Schule –, konnten ständig Störungen, Krisen auf die Volkswirtschaft übergreifen. Die Vertreter der Currency-Schule betrachteten also die Banknoten, auch wenn sie in Gold eingelöst werden könnten, als Geld, während umgekehrt die Banking-

Schule Banknoten als Kreditpapiere interpretierte, die gegen gute Handelswechsel abgegeben würden und die wieder an die Emissionsbanken zurückflössen, wenn man die Wechsel einlöste (das sogenannte »Fullartonsche Rückstromprinzip«); Banknoten seien also Reflex der Geschäftstätigkeit und könnten nicht störend auf die Geldversorgung einwirken.[33] Es setzte sich schließlich die Currency-Schule unter Führung eines Schülers von Ricardo, Samuel Loyd (später Lord Overstone) durch, nicht so sehr wegen der Überzeugungskraft der Argumente, sondern weil einer ihrer Parteigänger, Sir Robert Peel, auch britischer Premierminister war. Die »Peelsche Bankakte« von 1844 unterband weitgehend die Produktion von Banknoten durch private Banken und übertrug der Bank von England die Verantwortung für den Notenumlauf; diese sollte jedoch nicht der Krone Rechenschaft geben, sondern ihre Geschäftsgebarung bestimmten festen Regeln unterwerfen.[34] Dies entsprach ebenfalls Ricardos Geldverfassungsvorstellung.

---

1 Zur Rolle des Geldes aus der Sicht des Merkantilismus vgl. die instruktive Studie von H. C. Binswanger, 1982.

2 Streissler schreibt (1981, S. 42): »Geld paßte Smith wohl nicht, es roch nach Merkantilismus. Je weniger man über Geld sagte, desto besser. Und diese Ablehnung übertrug er auf die ganze Klasse.«

3 Ganz in diesem Sinne auch noch der Spätklassiker Mill: »Kurz – es kann, wenn man auf den Kern der Sache abstellt, keine unbedeutendere Sache in der Wirtschaft der Gesellschaft geben als Geld; außer in seiner charakteristischen Eigenschaft, Zeit und Arbeit zu sparen. Es ist ein Mechanismus, um schnell und bequem zu erledigen, was sonst auch getan würde, bloß weniger schnell und bequem.« (Principles, S. 488, eigene Übersetzung)

4 Bloß aus dieser Sicht ist die dogmenhistorische Kuriosität eines »Sonnenfleckentheorems« zu verstehen, mit Hilfe dessen ein Vollblutökonom wie W. St. Jevons Mißernten und Schwankungen der wirtschaftlichen Aktivität erklären wollte.

5 Bei der Skizzierung des wirtschafts- und geldgeschichtlichen Hintergrunds habe ich mich besonders auf folgende Arbeiten gestützt: Born, 1972, S. 4 ff.; E. Nasse, W. Lexis, A. Weber, 1924, S. 177 f.; Gerding, Zum Aussagegehalt des Greshamschen Gesetzes und seine Umkehrung bei wettbewerblicher Geldproduktion, Diss. Bochum 1986, hier besonders das 2. Kapitel: Staatliche und private Notenemission in der Ära des Zettelbankwesens.

6 Vgl. hierzu besonders Born, 1972, S. 3.

7 Ebenda.

8 Smith hielt eine Barreserve von ca. 20 % für angemessen; der Geldschöpfungsmultiplikator hätte damit für die damalige Zeit einen Wert von 5 angenommen: »Hält er (der Goldschmied, J. St.) gewöhnlich Noten im Betrag von 100000 £ in Umlauf, so mögen doch 20000 £ oft ein hinlänglicher Vorrat sein, um den gelegentlichen Ansprüchen zu genügen.« (Wohlstand, II. Buch, 2. Kapitel, S. 26)

9 Smith (Wohlstand, II. Buch, 2. Kapitel, S. 78) stellte zur Entwicklung der relativen Preise des umlaufenden Münzgeldes fest: »Das Verhältnis zwischen dem Wert des Goldes und des Silbers und irgendwelchen anderen Gütern hängt ab ... von dem Reichtum oder der Armut der Bergwerke, die zu einer bestimmten Zeit den großen Markt der handeltreibenden Welt mit diesen Metallen versorgen. Es hängt ab von dem Verhältnis zwischen der Menge Arbeit, die nötig ist, um eine bestimmte Menge irgendeiner anderen Art auf den Markt zu bringen.«

10   Smith hat sich daher in einem ausführlichen Kapitel wohlinformiert über die spezifischen Abbau-
       probleme eines Silberbergwerks ausgelassen (Wohlstand, I. Buch, besondere Abhandlung).
11   Vgl. hierzu: Hume, Of the Balance of Trade, 1955, S. 63 f.
12   Hume, Of Money, 1772, S. 293 ff.
13   Ebenda, S. 299 f.
14   Vgl. hierzu: Burchardt, 1928/II, S. 84.
15   Smith, Wohlstand, II. Buch, 2. Kap., S. 24. – Diese Formulierung ist nahezu wörtlich Hume ent-
       nommen: »(Geld) ist nur ein Rad im Handelsgetriebe, es ist das Öl, welches die Bewegungen ge-
       schmeidiger und leichter macht.« (1877, S. 22)
16   Smiths diesbezügliche berühmte Metapher lautet: »Das Gold- und Silbergeld, welches in einem Lande
       umläuft, kann sehr wohl mit einer Landstraße verglichen werden, die zwar alles Futter und Korn des
       Landes in Umlauf und auf den Markt bringt, aber selbst kein Quentchen davon produziert. Indem
       nun die verständigen Bankoperationen eine Art von Fuhrweg durch die Luft schaffen, wenn ich eine
       so kühne Metapher gebrauchen darf, setzen sie das Land instand, gleichsam einen großen Teil seiner
       Landstraßen in gute Weiden und Kornfelder zu verwandeln und dadurch das jährliche Produkt seines
       Bodens und seiner Arbeit beträchtlich zu vermehren.« (Wohlstand, II. Buch, 2. Kapitel, S. 67)
17   Ebenda, S. 28.
18   Ebenda, S. 25.
19   Ebenda, S. 68.
20   Ebenda, S. 79.
21   Ebenda, S. 72.
22   Ricardo, Grundsätze, S. 213.
23   Ricardo, Der hohe Preis der Edelmetalle, ein Beweis für die Entwertung der Banknoten, abgedruckt
       in: Ricardo, Grundsätze, S. 319. – Die Originalfassung »The High Price of Bullion – a Proof of the
       Depreciation of Bank Notes« ist zum erstenmal 1809 publiziert worden.
24   Ricardo, Grundsätze, S. 267.
25   Ebenda, S. 268.
26   Malthus hat seine Gegenposition jedoch nicht analytisch untermauert, sondern sie im Vorbeigehen
       für die dogmenhistorisch interessierte Nachwelt in Form einer Fußnote aktenkundig gemacht.
       (Malthus, Grundsätze, S. 429, Anm. 1)
27   Ebenda.
28   Ebenda.
29   Ricardo, Der hohe Preis der Edelmetalle …, S. 324.
30   Siehe Fußnote 23 in diesem Kapitel.
31   Hier stütze ich mich wiederum hauptsächlich auf die in Fußnote 5 genannten Autoren.
32   Im Folgenden wird eine Interpretation von Ricardos »The High Price of Bullion…« gegeben.
33   Zur Position der Banking-Schule vgl. die wohlfundierte und alle Quellen ausschöpfende Schrift von
       H. Rieter, 1971.
34   In diesem Sinne interpretierte Loyd die Peelsche Bankakte: »I consider the Act of 1844 is founded
       upon a recognition on the part of the whole community that discretionary management of the
       circulation had been tried and had completely failed, and that some certain mode of regulating the
       currency must be resorted to.« (Loyd in: McCulloch, Hrsg., 1857, Wettbewerbliche Geldproduktion,
       S. 167. – Zitiert in: Gerding, 1986, S. 49.)

IX. BEMERKUNGEN ZUM METHODISCHEN VORGEHEN DER ENGLISCHEN KLASSIKER

1. Wenig Neigung zur Methodologie

Die herausragenden Figuren unter den englischen Klassikern, Smith und Ricardo, haben über die Art ihres Vorgehens wenig bzw. nicht systematisch nachgedacht. Beide waren von der Errichtung ihrer Systeme so beansprucht, dass sie keine Zeit hatten, zurückzutreten, das Ganze in Augenschein zu nehmen und kritisch die eigene Vorgehensweise zu reflektieren. Ricardo hat sich zwar in Briefen an Malthus zu Methodenfragen geäußert, reagierte damit aber bloß auf Malthus' Vorwürfe gegen sein analytisches Vorgehen und gegen seine politischen Ableitungen. Malthus wiederum sah sich gezwungen, auf Ricardos Methode einzugehen, weil er in Diskussionen gegen ihn keinen Fußbreit Boden gewinnen konnte. Ein Beispiel: In der Kontroverse um das »Saysche Theorem« behauptete Malthus – die Bedeutung des Sparens relativierend –: »Mancher Kaufmann ist zu großem Vermögen gekommen, obwohl während des Erwerbs dieses Vermögens fast kein Jahr verging, in welchem er seine Ausgaben für Luxusgegenstände, Vergnügen und Freigebigkeit nicht eher erhöhte als einschränkte.« Darauf Ricardo: »Das mag zutreffen, aber ein anderer Kaufmann, der seine Ausgaben für Luxusgegenstände, Vergnügen und Freigebigkeit bei gleichen Gewinnen nicht erhöhte, würde schneller reich werden als er«.[1]

Wenn man ständig den Kürzeren zieht, gleichwohl aber von der eigenen Auffassung überzeugt ist, ist natürlich die Art des methodischen Vorgehens von strategischer Bedeutung. Malthus' längere, hochinteressante methodologische Einleitung in »Grundsätze der Politischen Ökonomie« ist eine Auseinandersetzung mit Ricardos Arbeitsweise und die Klärung des eigenen Standpunktes über die Kritik an einem vermeintlichen Irrweg. Dass sich Mill aus eigenem Antrieb intensiv mit Methodenfragen beschäftigte, kann aus dem Reifestadium der klassischen Lehre erklärt werden.[2]

2. Smiths Modell der arbeitsteiligen Tauschgesellschaft

Wenn Schumpeter Smith in die »konsultativen Administratoren und Pamphletisten«[3] einreiht, so zeigt er damit seine ganze Geringschätzung Smith gegenüber, doch verrät er zugleich seine eigenen methodologischen Standards. Er forderte, dass der Ökonom drei Techniken besonders beherrschen müsse: Geschichte, Statistik und Theorie; von diesen drei hielt er die Wirtschaftsgeschichte für die bedeutendste.[4] Alle drei Techniken beherrschte Smith. Streissler nennt den »Wohlstand« sogar »ein bahnbrechendes Werk quantitativer Wirtschaftsgeschichte«[5]. Ferner schöpfte Smith besonders tief aus einer »Erkenntnisquelle«, die – so Schumpeter – der Physik versagt ist, »nämlich dem weitgehenden Wissen des Menschen um den Sinn der wirtschaftlichen Handlungen«[6]. Ganz in diesem Sinne sprach der Soziologe Hans Freyer von Smiths »Souveränität, mit der er die Methode der systematischen Deduktion mit induktiven, empirisch-beobachtenden und historisch-exemplifizierenden Denkweisen zu verbinden weiß«.[7]

Smith kannte die Spannweite menschlicher Regelungen und Motive – als Theoretiker der Moralwissenschaft, als scharfsichtiger Beobachter auf seinen Reisen, als konzentrierter Zuhörer bei den Treffen der Glasgow Economic Society und als interessierter Zuschauer des politischen Lebens in London. Er hatte studiert und immer wieder erfahren, wie sich Menschen unter verschiedenen institutionellen Arrangements verhalten, wie sie auf die Änderungen von Umweltbedingungen reagieren und ihre Verhaltensweise neu »adjustieren«. Smiths »Wohlstand« ist ein Ausschnitt aus der realen Welt. Smith betrachtet hier die ökonomischen Reaktionen von Menschen zum Beispiel auf Preis- und Kostenänderungen bzw. auf Gewinnerwartungen: »Nicht von dem Wohlwollen des Fleischers, Brauers oder Bäckers erwarten wir unsere Mahlzeit, sondern von ihrer Bedachtnahme auf ihr eigenes Interesse. Wir wenden uns nicht an ihre Humanität, sondern an ihre Eigenliebe und sprechen ihnen nie von unseren Bedürfnissen, sondern von ihren Vorteilen.«[8]

Smith geht vom Modell der arbeitsteiligen Tauschgesellschaft aus, das er durch ein Prinzip beherrscht sieht: Die Leute wollen bei dem, was sie tun, möglichst wenig Mühe und Beschwerden aufwenden; also werden sie, wenn ihr Einkommen festliegt, sich auf das konzentrieren, was sie am liebsten tun, oder sie werden ihre Mühen und Beschwerden auf solche Tätigkeiten verwenden, die den höchsten Gegenwert einbringen. Dies ist zwar bloß ein Ausschnitt aus dem Tätigkeitsfeld des Menschen, aber einer, der für Marktbeziehungen repräsentativ ist.

Was Smith meisterhaft beherrscht, ist die Einführung neuer sozialer Bedingungen und die sich daraus ergebenden Konsequenzen für die Gestaltung zwischenmenschlicher Beziehungen bei Zugrundelegung des oben genannten Prinzips. Hierbei entwirft er historische Modelle, so in der Erklärung der Bestandteile des Preises und der Aufteilung des Sozialprodukts.

Ausgehend vom Institut »Eigentum« zeigt Smith anhand des historischen Modells der Hirten- und Nomadengesellschaft – Max Weber würde wohl von einem Idealtypus sprechen – die Entwicklung der Hierarchisierung der Gesellschaft und der damit verbundenen Rechtsfindung, sodann die Loslösung der richterlichen von der vollziehenden Gewalt in der arbeitsteiligen Gesellschaft. Schließlich geht er auf die institutionellen Vorkehrungen ein, die zur Produktion des sozialen Gutes »Gerechtigkeit« erforderlich sind. Eigentum, Arbeitsteilung und institutionelle Vorkehrungen, um ordentliche Arbeit zu belohnen; dies sind für Smith die Schlüssel zum Verständnis der Welt; zugleich öffnen sie das Tor zu einer freiheitlichen und befriedeten Welt. Smiths wirtschaftssoziologische Methode weist sowohl eine analytisch-empirische (Erkenntnis der Welt) als auch eine normative (Gestaltung der Welt) Komponente aus.

3.   Ricardos klare Welt und sein »Laster«

Ricardo wollte die zentralen Ideen von Smiths »Wohlstand« in seinen »Grundsätzen« exakter fassen. Über weite Teile sind Ricardos Ausführungen eine Auseinandersetzung und Korrektur mit und an Smiths Vorlage, und doch sind sie keineswegs bloß eine präzisere Fassung seiner Ideen, geschrieben von einem anderen Standpunkt aus; sie sind etwas grundsätzlich anderes und Neues: Es ist der in sich geschlossene Bau einer Welt, der auf einer institutionellen Voraussetzung, nämlich Privateigentum, und einer Verhaltensannahme, dem Kosten-Ertrags-Kalkül, gründet. Marshall moniert, dass Ricardo und seine Nachfolger ihre Theorien unter der stillschweigenden Voraussetzung ausgearbeitet hätten, »daß die Welt aus lauter Cityleuten zusammengesetzt sei«.[9] Kein Wunder – kam Ricardo doch aus dieser Welt und gibt es doch an der Börse keine andere Belohnung und Bestrafung als Gewinn und Verlust.

Smith dachte in historisch gebundenen Szenarien. Ricardo zeichnet eine zeitlose Welt, um etwas Bestimmtes zu beweisen. Ihm ist klar, was er beweisen will; er braucht dazu das passende Demonstrationsobjekt. Nehmen wir seinen berühmten Fall des Handels zwischen Portugal und England in Wein und Tuch und seine gewagten Annahmen, etwa die der Homogenität der Produkte. Man vergegenwärtige sich bloß die Physiognomien beim Verkosten des englischen Essigweins und des »Portweins«. Ricardo exemplifizierte nichts anhand historischer Idealwelten, sondern anhand von ihm entworfener Kunstwelten. Seine Welten sind in einem doppelten Sinne zeitlos. Sie sind an keine historische Zeit gebunden, und sie abstrahieren von den zeitlichen Anpassungsprozessen. Er sieht den Ausgangspunkt, führt nun eine Neuerung ein – z. B. die Möglichkeit des Austausches von Waren zwischen zwei Ländern – und deduziert aus dem komparativen Kostenvorteil die Vorteilhaftigkeit einer Spezialisierung auf je ein Produkt, ohne die erforderlichen Anpassungsprozesse, die ja mit gewaltigen Umstrukturierungskosten und politischen Widerständen verbunden sind, zu berücksichtigen: »Ich räume diese unmittelbaren und temporären Effekte ganz beiseite und konzentriere meine ganze Aufmerksamkeit auf den daraus resultierenden dauernden Sachverhalt.«[10] Den Vergleich zweier Zustände ohne Berücksichtigung des Zeitbedarfes bezeichnen wir heute als komparative Statik. Man könnte natürlich problematisieren, ob die von Ricardo erwarteten Ergebnisse eintreffen, weil die Politiker als Vertreter des »landed interest« das zu verhindern verstünden. Das wäre weiterführende Politische Ökonomie. An solchen Fragen ist Ricardo in seinen »Grundsätzen« nicht interessiert, wenngleich er als Parlamentarier solche Tatbestände durchaus einzukalkulieren wusste.

Den Sachverhalt der Wohlfahrtssteigerung durch Freihandel kennt Ricardo aber nicht erst aufgrund seiner Ableitung. Wenn er seine Annahmen zusammenstellt, dann weiß er bereits, worauf er lossteuert. Daher ist Ricardos Arbeitsweise sehr viel weniger deduktiv, als es zunächst den Anschein hat. Er selbst lernt nichts aus seinen Modellen, wohl aber seine Leser. Diese wissen jetzt, warum ein bestimmtes Ergebnis eintreffen muss und warum es nicht anders ausfallen kann. Überspitzt formuliert: Ricardos Vorgehensweise ist weniger auf Erkenntnis als auf Übermittlung von Erkenntnissen aus, es ist weniger forschungs- als didaktikorientiert.[11] Dagegen hat man bei Smith den Eindruck, als ob ihm aus der Entfaltung historischer Modellwelten die ökonomisch-sozialen Zusammenhänge erst so richtig klar würden.

Abwegig erscheint Marshalls Interpretation, die Ricardos »Abneigungen vor Induktionen und seine Vorliebe für abstrakte Forschungen« seiner semitischen Abstammung und der besonderen Begabung dieser Rasse für abstrakte Forschung zuschreibt.[12] Unbestreitbar hatte Ricardo eine starke Begabung zur Reduktion der Welt auf strategisch bedeutsame Faktoren; dies ist jedoch nichts Außergewöhnliches und auch nichts spezifisch Rassegebundenes. Entscheidend war wohl, dass Ricardo diese Begabung in einem ihm gemäßen Umfeld ausprägen und vervollkommnen konnte. Seine entscheidenden Lehrjahre hat Ricardo an der Londoner Börse verbracht. Die Börse ist eine Welt für sich, mit eigenen Gesetzen und Regeln und zugleich das ziffernmäßige Abbild der realen Welt, sie ist die Welt des Produzierens, Erfindens und Handelns in abstracto. Wer es lernt, die konkrete Welt auf die Konstanten und wesentlichen Einflussfaktoren zu reduzieren, erkennt die Gesetze, die die Welt beherrschen, und kann sein Handeln daran ausrichten.[13] Ob er dies mit Erfolg tut, zeigt sich an der Börse an seinen Spielgewinnen. Wir wissen, dass Ricardo außerordentlich erfolgreich war.

Smith hatte seine philosophischen Systeme, er beobachtete das pralle Leben um sich herum, er war vertraut mit der antiken und mittelalterlichen Welt; er holte Informationen über alle Dinge ein, die ihn interessierten, und baute die um ihn befindliche reale Welt nach, die er durch ein zentrales Prinzip, den Preismechanismus, geordnet sah. Ricardo hatte alle diese Kenntnisse nicht, er kannte die konkrete Welt nicht so gut wie Smith; er baute sich eine künstliche Welt, um die Bewegungsgesetze der realen Welt zu erkennen.

Das von Ricardo den nachfolgenden Volkswirten vermachte Legat: die Erfindung von Welten, die der menschlichen »Verrücktheit« enthoben sind – z. B. englischen Wein scheußlich zu finden – und die das Funktionieren des ökonomischen Kosmos offenlegen, ist von der Zunft überwiegend enthusiastisch angenommen worden. Keynes zollte Ricardo höchstes Lob: »Ricardo bietet uns die höchste geistige Leistung, unerreichbar für schwächere Geister, eine hypothetische Welt außerhalb der Wirklichkeit anzunehmen, als ob sie die Welt der Wirklichkeit wäre, und dann beständig in ihr zu leben«.[14] Damit ist aber auch die Versuchung angedeutet, der jene unterliegen können, die sich in solchen Welten bewegen: Man glaubt, die erdachte für die tatsächliche Welt nehmen zu können und die Ergebnisse des modellmäßigen Räsonnements auch auf die reale Welt

anwenden zu können. Dass Ricardo dieser Versuchung unterlag, haben
schon seine Parlamentskollegen erkannt:»Unser ehrenwerter Freund, das
Mitglied für Portalington, hat argumentiert, als ob er von einem anderen
Planeten heruntergestiegen wäre«.[15]
Genau dies – eine Kunstwelt aufzubauen, sich behaglich darin einzu-
richten und dann über die Realität zu urteilen – nennt Schumpeter das
Ricardianische Laster:»Er (Ricardo, J. St.) war an eindeutigen Ergebnissen
interessiert, denen eine unmittelbare und praktische Bedeutung zukam.
Um solche Resultate zu erzielen, zerlegte er das allgemeine System in
einzelne Teile, die er in möglichst großen Komplexen zusammenfaßte und
auf Eis legte – so dass möglichst viele Dinge ›eingefroren‹ und ›gegeben‹
sein mussten. Sodann häufte er vereinfachende Annahmen aufeinander,
bis alle Schwierigkeiten beseitigt waren, und schließlich verblieben ihm
einige wenige variable Gesamtgrößen, zwischen denen er unter den gemachten Annahmen nichtumkehrbare Beziehungen aufstellte, so dass das
gewünschte Resultat schließlich nahezu als Tautologie herauskam. So
besagt beispielsweise eine berühmte Theorie Ricardos, dass der Profit vom
Weizenpreis ›abhängt‹. Unter den implizite gemachten Annahmen und im
Hinblick auf die besondere Bedeutung der Begriffe dieses Lehrsatzes ist
dies nicht nur zutreffend, sondern unleugbar, ja sogar eine Trivialität. Der
Profit kann nämlich von gar nichts anderem abhängen, da alles andere
›gegeben‹, d. h. unveränderlich ist. Es ist eine fabelhafte Theorie, die niemals widerlegt werden kann und die alles hat – nur keinen Sinn. Die
Methode, Resultate solcher Art zur Lösung praktischer Probleme heran-
zuziehen, werden wir künftig als Ricardianisches Übel bezeichnen (Ricardian Vice)«.[16] Dass Schumpeter nicht bloß Ricardos Prinzip, mit Hilfe
seiner Modelle Politik zu betreiben, ablehnt, sondern sein methodisches
Vorgehen überhaupt –»die Analyse Ricardos war ein Abweg«[17] –, ist
allerdings überraschend. Blaug nennt in diesem Zusammenhang Schumpeters Kommentar »unpersönlich und stellenweise abwegig«.[18]
    Aber auch Wissenschaftler, denen Ricardos Methode zusagt, haben
ihm vorgeworfen, dass er die Volkswirte verleitet habe, in einem »Nar-
renparadiese« zu leben und den »Wagen der Wirtschaftswissenschaft auf
ein falsches Gleis geschoben (zu haben)« – so W. Stanley Jevons.[19] Hier
ging es um die politische Schlussfolgerung, die Ricardo aus seinem System
deduzierte. Keynes sagte ganz ähnlich:»Wäre doch nur Malthus, statt
Ricardo, die Stammwurzel der Nationalökonomie des 19. Jahrhunderts

geworden, ein wieviel weiserer und wohlhabenderer Platz wäre die Welt dann heute!«[20]
Blaug nennt solche Urteile »ungerecht«.[21] Sie sind darüber hinaus auch unangebracht. Ob tatsächlich die Welt besser dastünde, wenn sie Malthus und nicht Ricardo gefolgt wäre, dürfte strittig sein. Nur der Umstand, dass Malthus betonte, dass die effektive Nachfrage hinter dem Wachstum des Angebots zeitweise zurückbleiben könnte, was in Keynes, Konjunktursystem passte, ist eine zu schwache Voraussetzung, um so weitgehende Urteile zu fällen. Im Übrigen ist es eine dogmenhistorische Kuriosität, dass Schumpeter Keynes' Geistesverwandtschaft mit Ricardo hervorhebt und auch diesen – zumindest indirekt – des »Ricardianischen Lasters« zeiht: Aus einem Modell eindeutige politische Schlüsse zu ziehen, wobei diese Schlüsse bereits durch die Annahmen determiniert sind.[22]

4.   Malthus' unsicherer Stand

Das, was die Zunft an Ricardo so lobend hervorhebt, die geradezu mathematische Klarheit seines Systems, die offene Zurschaustellung des Uhrwerks, hat Malthus eher befremdet. Die Welt sei nicht so klar und so eindeutig, wie dies in Ricardos System zu sein schien: »Für Geister von einem gewissen Schlage ist nichts so bestechend als Vereinfachung und Verallgemeinerung«.[23] Sicherlich gab es Gesetzmäßigkeiten, die unumstößlich waren. Malthus selbst hatte ja Ricardo ein Axiom dieser Art geliefert: Die zunehmende Verknappung an Ressourcen bei wachsender Bevölkerung. Hätte er sich auf dieses Prinzip beschränkt und sein System glattpoliert, dann wäre seine Welt überschaubar und klar geblieben: »Das entwickelte Hauptprincip ist so unwiderleglich, daß, wenn ich mich lediglich auf allgemeine Ansichten beschränkt hätte, ich mich in eine unbezwingbare Festung hätte einschließen können; und in dieser Gestalt hätte das Werk vielleicht ein viel meisterlicheres Ansehen gehabt«.[24] Malthus fühlte das Richtige: Theorien müssen mit der Realität konfrontiert werden. Er prägte den schönen Satz: »Vor dem Altar der Wahrheit, wie sie durch Tatsachen und Erfahrungen begründet ist, müssen die schönsten Theorien und die herrlichsten Einteilungen fallen«.[25] Er geht hinaus in die »Welt«, sucht, sichtet, häuft Material auf Material, bis schließlich sein ehemals funkelnder Essay – Salin nannte ihn »das einzige frische, geistsprühende Werk des ganzen ›klassischen‹ Schrifttums«[26] – zu einer langatmigen Abhandlung ohne Konturen ausgewalzt ist.

Auch Malthus, methodologischer Angriff stößt ins Leere. Die Politische Ökonomie gliche mehr der Wissenschaft von den Sittengesetzen und der Staatskunde als der Mathematik, sagte Malthus.[27] Ricardo konterte: »Politische Ökonomie, sagt er, ist keine exakte Wissenschaft wie Mathematik, und deshalb denkt er, er könne Worte in einem vagen Sinne verwenden, ihnen bisweilen diese Bedeutung zuordnend, bisweilen eine andere und gänzlich verschiedene. Sicherlich kann kein Vorschlag absurder sein«.[28] In der Tat ist dieser Vorwurf nicht unberechtigt. Wenn Malthus die Politische Ökonomie in die Nähe der Wissenschaft von den Sittengesetzen und der Staatskunde rückt, so läuft er Gefahr, den Blick auf die eigentliche Aufgabe der Politischen Ökonomie zu verstellen, nämlich Bewegungsabläufe innerhalb des ökonomischen Kosmos zu erklären und daraus Vorschläge für politisches Handeln zu gewinnen. Er neigt dazu, diese als eine Disziplin zu betrachten, die bestimmte politische Ziele durchsetzen will, ohne auf die ökonomische Eigengesetzlichkeit zu achten. Das wiederum ist von Malthus nicht gewollt. Er will vielmehr sagen, dass die Ursache-Wirkung-Zusammenhänge keineswegs eindeutig seien, dass es für Erscheinungen, Veränderungen nicht bloß eine Ursache gebe.[29] Malthus liefert Beispiele: Sicherlich sei es richtig, dass eine erhöhte Sparquote zu einer Veränderung der Produktionsstruktur und zu einer höheren Güterproduktion führe; gerade dann aber könne es falsch sein, in jedem sparsamen Menschen einen Wohltäter der Menschheit – wie Smith glaubte – zu sehen, weil die zusätzliche Produktion womöglich keinen Abnehmer fände.[30] Sicherlich sei es richtig, dass der Herrscher nicht das Wirken des Marktes beeinträchtigen sollte, da »ein Hang, zuviel zu regieren, ein gewisses Anzeichen von Unwissenheit und Tollkühnheit ist«.[31] Allerdings – so wiederum Malthus – »liegt es auf der Hand, daß es einer Regierung unmöglich ist, die Dinge ihren Gang gehen zu lassen, wie sie wollen: ein solches Prinzip ohne Einschränkung zu empfehlen, müßte die allgemeinen Grundsätze als völlig mit den Forderungen der Wirklichkeit unvereinbar in Verruf bringen«.[32]

Malthus' methodologisches Credo lässt sich in zwei Sätze zusammenfassen:

- Wir dürfen theoretisch abgeleitete Sätze nicht als letzte Wahrheit betrachten, sondern müssen sie mit der Realität konfrontieren, wobei jedoch einzelne widersprechende Fakten noch keine Widerlegung der theoretischen Grundsätze bedeuten;

- aus bestimmten Grundaxiomen abgeleitete Sätze sind keine hinreichende Basis für eine eindeutige politische Haltung. Was oft richtig sein mag, kann in einem speziellen Falle verkehrt sein. Das erschwert einerseits politisches Handeln, gibt andererseits aber auch mehr politischen Spielraum.

5. Mill ist auf Malthus' Seite

Liest man Mills methodologische Anmerkungen nur flüchtig durch, so könnte man meinen, er teile den Standpunkt Ricardos, da er theoretischem Räsonnement eindeutig den Vorzug gegenüber praktischer Erfahrung gibt: »Jene, die Theorien zurückweisen, können keinen Schritt ohne theoretische Überlegungen tun«.[33] Es ginge bloß darum, ob solches Theoretisieren explizit und systematisch oder implizit und ohne Kontrolle erfolge. Liest man Mills Werke genauer durch, so stellt man fest, daß Mill in Wirklichkeit Malthus' methodologische Position teilt.[34] In seiner Autobiographie schreibt Mill über seine »Principles«, dass es nicht bloß ein Buch abstrakter Wissenschaft, sondern auch der Anwendung sei. Politische Ökonomie dürfe nicht bloß als eine Sache für sich, sondern müsse als Teil eines größeren Ganzen betrachtet werden, als ein »Zweig der Sozialphilosophie, so verknüpft mit all den anderen Zweigen, dass seine Schlussfolgerungen, sogar auf seinem ureigenen Felde, nur bedingt wahr seien, abhängig von Einfluss und Gegenbewegungen von Ursachen, die nicht unmittelbar in seinem Einflussbereich lägen«.[35]

Das ureigene Feld der Politischen Ökonomie sind alle die Tätigkeiten, die mit der Mehrung und Verteilung des Wohlstandes zu tun haben. Auch hier hätten die gewonnenen Erkenntnisse nur hypothetischen Charakter. Niemals würde er, Mill, die Behauptung aufstellen, »daß die Menschen in der Wirklichkeit sich so verhalten, wie es die Politische Ökonomie annimmt«.[36] Man müsse sich einer vereinfachenden hypothetischen Verhaltensannahme bedienen, um zu ökonomischen Gesetzmäßigkeiten zu kommen und um einzelne Erkenntnisse und Fakten zu Argumentationsketten aufreihen zu können. Die dermaßen abgeleiteten theoretischen Sätze stellen also keine exakten Gesetze des wirtschaftlichen Geschehens dar, wie man Ricardo folgend glauben könnte, sondern bloß Gesetzmäßigkeiten der Aufeinanderfolge vermuteter Phänomene – dies wäre ganz im Sinne von Malthus' Methodologie.

Man muss allerdings hinzufügen, dass Mill sein methodologisches Programm, die Politische Ökonomie als Teil einer umfassenden Sozialwissenschaft zu sehen und zu behandeln, in seinen »Principles« nicht durchgehalten hat. Dort argumentiert er so, als könne die Politische Ökonomie zu eindeutigen Schlüssen kommen. Vielleicht hat sich Mill als weltkluger Betrachter des politischen Geschehens gesagt, dass man den politischen Adressaten nicht zu deutlich sagen dürfe, dass es natürlich auch Ausnahmen gäbe, weil diese sich dann, wenn sie etwas ökonomisch Unsinniges täten, keinem starken Rechtfertigungsdruck mehr ausgesetzt sähen.

Eine solche Vermutung ist so abwegig nicht, hat Mill doch von sich und seinesgleichen gesagt, dass sie schlechte Nationalökonomen seien, wenn sie nichts außer »Politischer Ökonomie« verstünden[37] – eine Annahme, die wohl unabhängig von der historischen Zeit Gültigkeit hat.

---

1   Zitiert nach Heilbroner, 1960, S. 107. – Vgl. zur Auseinandersetzung zwischen Malthus und Ricardo und zur Methodologie der englischen Klassiker überhaupt: Sowell, 1974, S. 122–148.

2   Schumpeter (Geschichte, Bd. I, S. 653) schreibt im Hinblick auf Mills methodologische Erörterungen: »Erst wenn eine Disziplin sich zu einer selbständigen Wissenschaft entwickelt hat, beginnen ihre Anhänger sich – nicht ohne Besorgnis – für Probleme des Wirkungsbereiches, der Methode sowie der logischen Grundlagen im allgemeinen zu interessieren. Dies ist völlig natürlich, kann aber, wenn die Tätigkeit dieser Art zu weit geführt wird, zu einem pathologischen Symptom werden – es gibt eine Art methodologischer Hypochondrie.«

· 3   Schumpeter, Geschichte, Bd. I, 3. Kapitel, Abschnitt 4.

4   Ebenda, S. 42 ff.

5   Streissler, 1981, S. 34.

6   Schumpeter, Geschichte, Bd. I, S. 48.

7   Freyer, 1970, S. 61.

8   Smith, Wohlstand, 1. Buch, 2. Kap., S. 18 f.

9   Marshall, 1905, S. 52.

10   Ricardo in seinem Brief vom 24. Januar 1817 an Malthus, abgedruckt in: Ricardo, Works, Bd. VII, S. 120. (Eigene Übersetzung)

11   Kruse (1959, S. 71) schreibt über Ricardo: »Er, der abstrakte Theoretiker, war zugleich ein Mann des geschäftlichen Erfolges, der mit beiden Beinen in der wirtschaftlichen und politischen Praxis stand. Sein wissenschaftlicher Erkenntnistrieb empfing die stärksten Impulse von den damals brennenden Problemen wie Grundrentenfrage, Wirkung der Papiergeldausgabe oder dem Maschinenproblem. Die konkreten Verhältnisse und Vorgänge, aus denen er die Sätze in Wirklichkeit vielfach zuerst induktiv gewann, stehen gleichsam unsichtbar hinter seinen abstrakten Theorien.«

12   Marshall, 1905, S. 50, Anm. 1.

13   Kostolany spricht als professioneller Börsianer von der Börsenspekulation als »geistiger Übung«; der Börsianer müsse alle Ergebnisse wie in einem Radargerät auffangen (Kostolany, 1977, S. 16 f.).

14   Keynes, 1936 (Nachdruck 1974), S. 161.

15   Mr. Brougham MP, British Parliament, Session 1820, May 30, dokumentiert in: Ricardo, Works, Bd. V, S. 56.

16   Schumpeter, Geschichte, Bd. I, S. 583 f.

17 Ebenda, S. 585.
18 Blaug, 1971, Bd. I, S. 258.
19 Jevons, 1924, Vorwort zur zweiten englischen Auflage, S. LVIII und LXIV.
20 Keynes, 1956, S. 153.
21 Blaug, 1971, Bd. I, S. 255.
22 Schumpeter in einer Anmerkung (Geschichte, Bd. I, S. 584, Anm. 7). Hierzu passt auch die Bemerkung von Samuelson über Schumpeters Erklärung, warum seine besten Schüler fahnenflüchtig wurden und zu Keynes überliefen: »Er konnte wirklich nicht sehen, was es war, das diese (die fahnenflüchtigen Studenten, J. St.), anzog, so schob er es auf das Ricardianische Laster, mit Hilfe dessen er (Keynes, J. St.) Politik machte.« (Samuelson, 1977, S. 87, eigene Übersetzung)
23 Malthus, Grundsätze der Politischen Ökonomie, Einleitung, S. 49.
24 Malthus, 1900, Vorrede, S. IX.
25 Malthus, Grundsätze der Politischen Ökonomie, Einleitung, S. 50.
26 Salin, 1967, S. 77.
27 Malthus, Grundsätze der Politischen Ökonomie, Einleitung, S. 45.
28 Ricardo in seinem Brief an James Mill vom 1. Januar 1821, abgedruckt in: Ricardo, Works VIII, S. 331. (Eigene Übersetzung)
29 Malthus, Grundsätze der Politischen Ökonomie, Einleitung, S. 49 f.
30 Ebenda, S. 51.
31 Ebenda, S. 63.
32 Ebenda, S. 62 f.
33 Mill, On the Definition of Political Economy; and on the Method of Investigation proper to it, in: J. St. Mill, Essays on Some Unsettled Questions, 1844, Reprint 1948, S. 142.
34 Zu Mills methodologischer Position vgl. die Auswertung der einschlägigen Schriften bei Stavenhagen, Geschichte der Wirtschaftstheorie, Göttingen 1964, S. 87–91.
35 Mill, 1969, S. 140 f. (Eigene Übersetzung)
36 Mill, 1863, S. 520.
37 Mill, 1969, S. 141. Im Original lautet die Stelle: »…though people who know nothing but (im englischen Text hervorgehoben, J. St.) political economy (and therefore knew that ill).« (Von mir hervorgehoben, J. St.)

HEINZ RIETER: DEUTUNGSMUSTER KLASSISCHER NATIONALÖKONOMIE

Dass wirtschaftswissenschaftliche Werke regelmäßig überarbeitet werden müssten, um nicht zu veralten, gilt nur bedingt. Bestimmte sollten – werden sie wieder aufgelegt – keineswegs in ihrer Substanz revidiert werden. Andernfalls büßten sie ihren Charme ein oder verlören sogar an wissenschaftlichem Wert. Beides gilt für Joachim Starbattys Schrift *Die englischen Klassiker der Nationalökonomie* aus dem Jahr 1985. Obwohl in den seither vergangenen 30 Jahren weltweit unzählige Beiträge zum gleichen Thema geschrieben worden sind, bleibt sein Buch ein durabler Baustein im Gebäude der Klassik-Forschung – und dies aus zwei Gründen:

(1) Zum einen trug seine Studie zur damals sich verstärkenden Wiederbelebung klassischen ökonomischen Denkens bei und ist insoweit im allgemeinen Wortsinn selbst zum klassischen Text geworden. Hatte sich doch spätestens im Laufe des 20. Jahrhunderts weitgehend die Auffassung durchgesetzt, die klassische Nationalökonomie sei in ihrem inhaltlichen Kern wie in ihrem methodischen Vorgehen entweder nur noch partiell bedeutsam oder gar gänzlich überholt und dann höchstens von musealem Interesse. Die jüngere Historische Schule hielt sie überdies mehr oder weniger für pure »Geschäftsnationalökonomie« (Gustav Schmoller) und favorisierte sozial-ethisch bzw. sozial-organisch ausgerichtete Wirtschaftslehren. Marxistische und andere sozialistische Schulen verwarfen sie wegen ihrer liberal-kapitalistischen bzw. individualistischen Prägung und ließen lediglich Teilstücke gelten (Entfremdungsthese, Arbeitswertlehre, Reproduktionsschemata). Ende des 19. Jahrhunderts aufkommende Gegenpositionen, die heutzutage im weitesten Sinne als »neo-klassisch« apostrophiert werden, übernahmen hingegen gerade die liberal-individualistischen Elemente (autonom handelnde Wirtschaftssubjekte, Marktfreiheit, Wettbewerb) und hielten den Rest für obsolet. So glaubten die Grenznutzenschulen, die klassische, in der Produktionssphäre verankerte Güterwertlehre endgültig durch einen subjektivistischen, von den Präferenzen der Konsumenten ausgehenden Ansatz der Nutzenmaxi-

mierung verdrängen zu können. Zudem schienen das Marginalprinzip und die damit zu verbindende Infinitesimalrechnung klassischer Analytik überlegen zu sein.

Nicht zuletzt wurde die Art und Weise diskreditiert, wie die klassischen Autoren angeblich vorgegangen sind, um das Wirtschaftsleben zu durchleuchten. Joseph Schumpeter äußerte sich besonders krass: Die »Arbeitsweise« der »Klassiker« sei – generell gesehen – »grob und oftmals schwerfällig. Viele ihrer Kontroversen entstanden lediglich aus der Unfähigkeit, den Standpunkt ihres Gegners zu verstehen, und einige waren bloße Wortgefechte [...]«.[1] Adam Smith unterstellte er »eine Abneigung gegen alles, was über den gesunden Menschenverstand hinausging. Niemals überschritt er die Grenzen des Fassungsvermögens selbst der dümmsten Leser. Er leitete sie sanft und ermutigte sie durch triviale Bemerkungen und einfache Beobachtungen, die zur Zufriedenheit des Lesers beitrugen«.[2] Methodologisch anfechtbar erschien Schumpeter ebenso das »Ricardianische Übel«, sich eine Modellwelt zu basteln und von dieser auf die Realität zu schließen.[3] Und John Stuart Mill habe zwar die »typisch klassische Leistung [...] zusammengefaßt«, aber dies in dem »geradezu naiven Vertrauen auf die Beständigkeit dieser anerkannten Wahrheit« getan.[4] Wäre es so gewesen, wie uns Schumpeter weismachen will, dann würde es sich rundheraus verbieten, jene englischen Ökonomen »Klassiker« zumindest in dem Sinne zu nennen, »Klassisches«, nämlich Erstrangiges, also in seiner Art Vollkommenes, hervorgebracht zu haben. Das kann man – Starbattys Darstellung belegt es – auch ganz anders als Schumpeter sehen.

(2) Um Joachim Starbattys Buch in seiner Zielstellung angemessen zu würdigen, ist zum anderen daran zu erinnern, dass es im Fach gang und gäbe ist, klassisch-ökonomisches Denken auf einen Nenner bringen zu wollen. Dies war von Anfang an so, denn schon Karl Marx, der den Begriff 1867 prägte, bezog ihn gezielt auf eine bestimmte Güterwertbestimmung in der Produktionssphäre und distanzierte sich damit zugleich polemisch von gegenteiligen Auffassungen:[5] »Um es ein für allemal zu bemerken, verstehe ich unter *klassischer* politischer Oekonomie alle Oekonomie seit W. Petty, die den innern Zusammenhang der bürgerlichen Produktionsverhältnisse erforscht im Gegensatz zur Vulgärökonomie, die sich nur innerhalb des scheinbaren Zusammenhanges herumtreibt, für eine plausible Verständlichmachung der sozusagen gröbsten Phänomene und den

bürgerlichen Hausbedarf das von der wissenschaftlichen Oekonomie längst gelieferte Material stets von neuem wiederkaut, im übrigen aber sich darauf beschränkt, die banalen und selbstgefälligen Vorstellungen der bürgerlichen Produktionsagenten von ihrer eignen besten Welt zu systematisieren, pedantisieren und als ewige Wahrheiten zu proklamieren.« Doch weder diese originäre Definition von ökonomischer Klassik noch alle anderen, die ihr folgten, können alleinige Gültigkeit beanspruchen. Vielmehr gibt es zwangsläufig alternative Perspektiven, aus denen diese bislang einflussreichste Ära in der Geschichte der Wirtschaftswissenschaft betrachtet werden kann, denn »[...] conflicting interpretations of the essential meaning of classical economics is simply an expression of the fact that [...] economists are divided in their views and hence quite naturally seek comfort by finding (or pretending that they can find) these same views embodied in the writings of the past«.[6] So werden in der dogmengeschichtlichen Analyse dieser Epoche – je nach wissenschaftlichem und/oder ideologischem Standpunkt – unterschiedliche Aspekte exponiert, an denen das »typisch Klassische« jeweils festgemacht wird.[7] Bei aller Gegensätzlichkeit sind sich die Interpreten aber in einer Hinsicht völlig einig; Jürg Niehans hat das auf den Punkt gebracht: »To the tradition of classical contributions there is no alternative, whatever ideological, political, or social predilections individual economists might have.«[8] Erkennbar in diesem Bewusstsein und in bester Manier präsentiert Joachim Starbatty einen von sieben ideengeschichtlichen Zugängen, die im einschlägigen Schrifttum auszumachen sind und sich folgendermaßen schematisieren lassen:

Klassische Ökonomik als ...

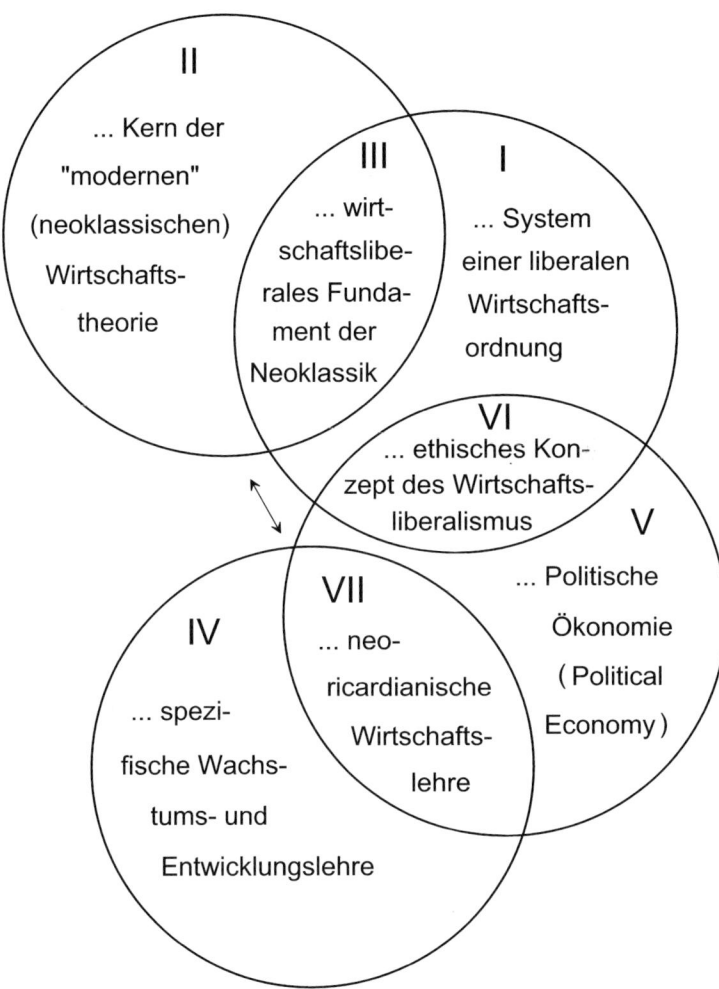

Das Schema veranschaulicht, inwiefern sich bestimmte Interpretationen der klassischen Wirtschaftslehre grundsätzlich voneinander unterscheiden, wobei manche allein für sich stehen, während andere gleichsam Schnittmengen jeweils zweier Deutungen darstellen.

I   Klassik als System einer liberalen Wirtschaftsordnung

Diese klassikgeschichtliche Assoziation ist immer noch die geläufigste unter Ökonomen. Sie hat eine lange Tradition, die sich in der Literatur zur Geschichte des Faches widerspiegelt. So behandelt John Kells Ingram in seinem in mehrere Sprachen übersetztem Werk *A History of Political Economy* (1888 ff.) die Klassiker (neben den Physiokraten) ganz selbstverständlich im Kapitel »System of Natural Liberty«. Alfred Espinas (*Histoire des doctrines économiques*, 1890) verortet sie unter »Libéralisme et individualisme« ebenso wie schon Hugo Eisenhart (*Geschichte der Nationalökonomik*, 1881 und 1891), indem er sie der »kritisch-liberalen, individualistischen Periode« zurechnet. Adolf Damaschke bleibt von der ersten Auflage (1905) bis zur 14. und letzten (1929) seiner *Geschichte der Nationalökonomie* dabei, die »klassische Schule« als »die englische liberale Schule« schlechthin zu kennzeichnen. Charles Gide und Charles Rist erörtern »Höhepunkt und Niedergang der klassischen Schule« unter der Überschrift »Der Liberalismus« in ihrer bis in die neuere Zeit in vielen Ländern gebräuchlichen, auch ins Deutsche übersetzten *Histoire des doctrines économiques* (1909 ff.). Paul Mombert (*Geschichte der Nationalökonomie*, 1927) sieht »Das System des ökonomischen Liberalismus« durch die Physiokraten und Klassiker repräsentiert. Bernhard Laum (*Geschichte der Wirtschaft und der Wirtschaftslehre*, 1940) definiert Klassik als »Die liberale Wirtschaftslehre«, und Gerhard Kolb (*Geschichte der Volkswirtschaftslehre*, 1997 ff.) etikettiert diese Zusammenschau kurzerhand als »Klassischen Liberalismus«. Die Liste derartiger ideengeschichtlicher Zurechnungen ließe sich beliebig verlängern. Vielfach werden sie unbeirrt von der Tatsache vorgenommen, dass einige Klassiker die vermeintlich wohlstandssteigernde und gesellschaftlich harmonisierende Wirkung freien ökonomischen Wettbewerbs skeptisch beurteilten. Deshalb verwundert es Richard T. Gill,[9] dass »mainstream economic thought in the nineteenth century« – sprich: »classical economics« – »continued to be deeply impregnated with *laissez-faire* ideas, and this despite the fundamental pessimism of some of her leading economic theorists«.

Warum sich gerade das liberalistische Deutungsmuster verfestigte und immer wieder tradiert wird, hat wohl auch damit zu tun, dass die (englischen) Klassiker und deren Vorläufer (insbesondere David Hume) von späteren liberalen Schulen als gewichtige Ahnen vereinnahmt und verehrt werden. Das gilt für die deutsche Freihandelsbewegung Ende des 19.

Jahrhunderts zumindest teilweise und seit dem 20. Jahrhundert jedenfalls für neoliberale Strömungen wie den Ordoliberalismus. Deutsche Freihändler standen – anders als etwa der Franzose Frédéric Bastiat – dem radikalen Manchesterliberalismus fern und stützten sich stattdessen – wie es Georg Mayer dereinst im Stil der Zeit formuliert hat – lieber »auf Adam Smith und die klassische Schule als die vornehmsten Eideshelferinnen [sic] für ihre freihändlerische Lehre«.[10]

Und was dem modernen Liberalismus am klassischen Denken behagt, ist in Joachim Starbattys Buch im Detail nachzulesen: Bezüglich Smith ist es vorrangig dessen Kritik am bevormundenden und reglementierenden Merkantilsystem sowie das von Smith im *Wealth of Nations* mit »optimistischem Grundton« dagegengestellte »naheliegende und einfache System der natürlichen Freiheit«, das sich »von selbst einstellt« und in dem »es jedermann vollkommen frei(steht), sein eigenes Interesse auf seine eigene Weise zu verfolgen und einerseits mit seiner Arbeit, andererseits mit seinem Kapital einem anderen […] Konkurrenz zu machen«.[11] Bei Malthus und Ricardo findet Starbatty insoweit betont liberale Einstellungen, als beide »staatliche Eingriffe in die Einkommensverteilung und in die Arbeitswelt ablehnten«. Um dennoch der Menschheit »das größte Glück der größten Zahl« zu bereiten, habe Ricardo »vielmehr im Freihandel, für den er als Abgeordneter im britischen Unterhaus unermüdlich stritt, das entscheidend wirksame Mittel allgemeiner Wohlfahrtssteigerung *und* der Einkommensumverteilung – über die Änderung der relativen Preise« gesehen. Und Malthus wird trotz seines krisentheoretisch und bevölkerungspolitisch motivierten Pessimismus schon deshalb dem liberal-individualistischen Lager zugerechnet, weil er so heftig gegen William Godwins sozialistische Gesellschaftsutopie polemisierte, in der das Privateigentum abgeschafft und durch kollektive Eigentumsformen ersetzt ist. Im Werk des zwar mit sozialistischen Ideen sympathisierenden John St. Mill erschließe sich seine dennoch liberale Denkweise ebenfalls aus seiner Option für privates Eigentum (auch an den Produktionsmitteln), aber zudem aus der von ihm vertretenen utilitaristischen Ethik, die unter anderem gebiete, »die freie Konkurrenzpreisbildung staatlicher Preisregulierung vorzuziehen«. Im Grunde dominieren in diesen liberalistischen Interpretationen die »ordnungspolitischen Ideen der englischen Klassiker – Privateigentum als Ordnungsfaktor, Zutrauen zum Wettbewerb, Skepsis gegenüber Staatsinterventionen, Herrschaft des Gesetzes«. Starbatty ergänzt den Katalog an anderer Stelle noch um zwei klassische Doktrinen, die ihm ebenso wichtig sind: Begrenzung der Staatsverschuldung und»eine von Währungskrisen freie Geldversorgung«. Dass er wissenschaftsgeschichtlich primär auf das ordnungspolitische Moment abstellt, offenbart auch sein Eintrag»Klassische Nationalökonomie« im *Staatslexikon*.[12]

Hinter all dem steckt die Vorstellung, individuelles Handeln durch geeignete institutionelle Arrangements zum Besten der Menschen – wie es Starbatty ausdrückt – zu»kanalisieren«. Sie geht zurück auf David Hume, der in seinem Essay»Daß Politik sich auf eine Wissenschaft reduzieren lasse« (1742) schrieb:[13]»Hier also ist ein hinlänglicher Ansporn in jedem Staat, mit dem größten Eifer jene Formalien und Institutionen zu erhalten, mit denen die Freiheit gewahrt, dem Gemeinwohl gedient und Habsucht und Ehrgeiz einzelner Männer kontrolliert und gestraft werden.« Friedrich August von Hayek hat diese Aussage in Worten zugespitzt, die Liberale wie Joachim Starbatty als Kernsatz klassischen Denkens verstehen:»Frieden, Freiheit und Gerechtigkeit erwartete er [Hume] nicht von der Tugend der Menschen, sondern von den Institutionen, die ›vermochten, daß es selbst im Interesse schlechter Menschen lag, im Sinne des allgemeinen Wohls zu handeln‹.«[14]

II   Klassik als Kern der»modernen« (neoklassischen) Wirtschaftstheorie

Unermüdlicher Prophet dieser Botschaft ist Samuel Hollander. Er entwickelte sie zunächst in Einzelstudien zu Smith, Ricardo und J. St. Mill,[15] um sie dann noch einmal geballt für die»Classical Economics« im Ganzen zu verkünden.[16] Allen von ihm untersuchten englischen Klassikern attestiert er im Prinzip eine einheitliche Wirtschaftslehre, die überdies der Allgemeinen Gleichgewichtstheorie der späteren Neoklassik nicht entgegenstehe:»They shared a common ›core‹ – the theory of allocation«.[17] Dass die klassischen Autoren primär an Fragen der wirtschaftlichen Entwicklung und der Verteilung des Volkseinkommens interessiert waren, bedeute nicht, sie hätten sich keine Gedanken darüber gemacht, wie die Zuweisung knapper Mittel auf gegebene Ziele erfolgt. Sie hätten sehr wohl die steuernde Rolle relativer Preise (einschließlich des Lohnes) auf Märkten unter Wettbewerbsbedingungen erkannt, weshalb auch die Einkommensverteilung durch den Preismechanismus mitbestimmt werde. Alles spreche für eine»evidence of strong continuity of doctrine over the past two centuries.«[18] Von einem Paradigmenwechsel (Thomas Kuhn) von der Klassik zur Neoklassik oder speziell von einer marginalistischen Revolution könne überhaupt nicht die Rede sein. Ähnlich wie Hollander argumentiert Jürg Niehans. Auch er bestreitet vehement, dass sich – wirtschaftstheoretisch gesehen – ein revolutionärer Umbruch vollzogen habe. Vielmehr komme »ein evolutionäres Modell der Wahrheit näher«:[19] »Es war die Perspektive von Adam Smith, von Ricardo, der auf Smith aufbaute, von Mill, der von Ricardo ausging, von Marshall, der Mill zugrundelegte, von Menger, Wicksell, Fisher, Samuelson und Arrow. Im Grunde ist es nichts als die Perspektive des Wissenschaftlers, der zum Gebäude, das seine Vorgänger errichtet haben, ein neues Stockwerk, einen neuen Flügel oder auch nur einen Schornstein oder eine Dachtraufe hinzuzufügen hofft.« Im Zuge eines solch kumulativen Erkenntnisgewinns »fanden fast alle Bausteine der klassischen Theorie in der marginalistischen wieder ihren Platz«.[20] Die »Klassik« sei ein »nationalökonomischer Mythos«, wenn man sie als isoliertes, für sich allein stehendes Lehrgebäude wahrnehme.[21] Nur konsequent ist es dann, »The English Classical and Neoclassical Theories« unter einem leitenden Oberbegriff, z. B. »Competitive Capitalism«, im Gleichklang abzuhandeln.[22]

Noch einen Schritt weiter gehen jene, die davon überzeugt sind, die Wirtschaftswissenschaft bzw. die Wirtschaftstheorie auf ein einheitliches, möglichst endgültiges und damit zeitloses Erkenntnisobjekt überhaupt reduzieren zu können. Lionel Robbins' Definition ist das bekannteste Beispiel:[23] »Economics is the science which studies human behaviour as a relationship between ends and scarce means which have alternative uses.« Hans Brems liefert ein vergleichbares Musterstück, indem er im Zuge eines »mathematical restatement« wirtschaftstheoretischer Pionierleistungen »the core of economic ideas« in einer nach zwei Kriterien – Menge und Preis als Variablen sowie Mikro und Makro als Aggregationsgrad – gebildeten Vierfelder-Matrix folgendermaßen einfängt:[24]

	Makro	**Mikro**
Menge	(1) Unterbeschäftigungstheorie	(1) Allokationstheorie
Preis	(2) Inflationstheorie	(2) Theorie der relativen Preise

Im Makrofeld (1) sei der Merkantilismus des 17. Jahrhunderts anzusiedeln, im Makrofeld (2) Humes Theorie des Preisniveaus. Beide Ansätze kehrten »in refined forms« im 20. Jahrhundert in Gestalt des Keynesianismus bzw. Monetarismus wieder. Für das Mikrofeld (1) seien Bernoullis Theorem vom fallenden Grenznutzen und Cantillons Vision eines allgemeinen wirtschaftlichen Gleichgewichts repräsentativ, für Mikrofeld (2) die »late-eighteenth and early-nineteenth-century English classical theory of relative price« von Smith, Ricardo und Marx. Die Synthese beider Mikrofelder habe dann die moderne, sprich: neoklassische Wirtschaftstheorie in statischen wie dynamischen Modellen vollzogen.

III   *Klassik als wirtschaftsliberales Fundament der Neoklassik*

Das wirtschaftsliberale Denken der Klassiker, insbesondere Smiths, mit der erst später sich entfaltenden neoklassischen Wirtschaftslehre in Einklang zu bringen, dies hat unentwegt Horst Claus Recktenwald betrieben – beginnend mit seinem Beitrag »Die Klassik der ökonomischen Wissenschaft« zu der Artikelserie *Geschichte der Nationalökonomie*, die 1983 in der Zeitschrift *Wirtschaftswissenschaftliches Studium (WiSt)* erschien und danach als Buch auf den Markt kam.[25] Gestützt auf Smiths »System der natürlichen Freiheit und Gerechtigkeit« habe »die Klassik die ethische, ökonomische und politische Grundlage für eine liberale Ordnung gelegt, die im 19. und 20. Jh. ein wurzelloser (nicht nur Manchester-)Liberalismus, die theoriefeindliche Historische Schule, der Marxismus und der radikale Sozialismus (mit Neuer Linken) weitgehend, bewußt oder unbewußt, verdreht, verstümmelt und verfälscht haben [...]«.[26] Die »unzerstörbare freiheitliche Ordnungsidee« der Klassik demonstriert Recktenwald anhand eines später von ihm wiederholt aufgegriffenen Schemas,[27] in dem er das dem Menschen aus Eigenliebe angeborene Selbstinteresse in den Mittelpunkt stellt. Damit dieses Handlungsmotiv weder zum Desinteresse noch zum Egoismus entarte, müsse es einerseits durch Gewissensprüfungen und die rationale Beurteilung motivierender Gefühle moralisch gebilligt sein und andrerseits durch Mitgefühl, ethische und rechtliche Regeln sowie Konkurrenz und Rivalität diszipliniert werden. Für Recktenwald ist dies der Inbegriff individueller Freiheit:[28] »Das Selbstinteresse oder die *Freiheit* des einzelnen gründen also in dieser Ordnung auf der menschlichen Fähigkeit, selbstbezogen zu handeln, moralisch und selbstverantwortlich zu urteilen, wobei durchsetzbare Regeln der Gerechtigkeit und der Wettbewerb diese freie (ökonomische, politische und kulturelle) Entfaltung des Einzelnen kontrollieren.« Nur ein derart »geläutertes Eigeninteresse« könne das Gemeinwohl oder der Wohlfahrt des Gemeinwesens fördern.

Den Bogen zur Neoklassik zu spannen fällt Recktenwald schon insofern leicht, als er – wie gesagt – im Selbstinteresse des Menschen das »zentrale Axiom der ökonomischen Wissenschaft« schlechthin erblickt:[29] »In der Wirtschaftstheorie hat die Neoklassik die hoch entwickelte Ordnungstheorie [der Klassik] als tragendes Fundament übernommen und mit verfeinerten Methoden einzelner Zweige weiterentwickelt oder das klassische Grundmuster ergänzt, um es den veränderten Bedingungen und neuen Erkenntnissen laufend anzupassen […].« Dies gelte auch für das »analytische Modell der Tausch- und Marktwirtschaft« in der neueren Mikroökonomie, das sich am »klassischen Marktmechanismus in seiner logischen Geschlossenheit (›Schönheit‹)« ausrichte.[30] Solche Schwärmerei macht vielleicht verständlich, warum sich Recktenwald[31] von der »Katholizität des klassischen Erkenntnis- und Erfahrungsgegenstandes« in den »modernen Wirtschaftswissenschaften« ergriffen zeigte!

IV Klassik als (spezifische) Wachstums- und Entwicklungslehre

Diese Auffassung fand und findet nicht zuletzt deshalb viel Anklang, weil sie nachdrücklich von Mark Blaug, einem der in neuerer Zeit angesehensten Ökonomiegeschichtler vertreten worden ist. In dem Bestreben, klassisches und neoklassisches Wirtschaftsdenken scharf voneinander abzugrenzen, hat er in seiner 1962 erstmals erschienen, in insgesamt fünf Auflagen mit etlichen Nachdrucken und in fast zehn Sprachen verbreiteten Economic Theory in Retrospect den seines Erachtens »neuen Ausgangspunkt« der Klassiker prononciert in wenigen Sätzen folgendermaßen festgehalten:[32] »Vergegenwärtigen wir uns die wesentlichen Züge klassischer Ökonomie: Ob wir nun Smith, Ricardo oder John Stuart Mill betrachten, alle Autoren sehen das ökonomische Problem im wesentlichen im Gegensatz zwischen dem nicht vermehrbaren Boden und der vermehrbaren Arbeit, wobei man das Kapital als gespeicherten Reichtum unter die Arbeit subsumierte. Die Aufgabe dieser Wirtschaftstheorie lässt sich mit der Frage umschreiben, welche Wirkungen von qualitativen und quantitativen Änderungen der Arbeit auf die Wachstumsrate der Produktion ausgehen. Da man die Wachstumsrate des Output als Funktion der Profitrate betrachtete, stellte sich natürlich heraus, daß der säkulare Trend von Faktorpreisen und -quoten der Schlüssel zu allen Fragen des

Wirtschaftsprozesses war. Das Schwergewicht lag also auf Kapitalakku-mulation und Wachstum in einer auf privatem Unternehmertum basie-renden Wirtschaft. In der klassischen Ökonomie hielt man die vollständige Konkurrenz deswegen für wünschenswert, weil man sich von ihr größere Märkte und eine verbesserte Arbeitsteilung versprach: wirtschaftliche Wohlfahrt betrachtete man als physische Größe, die man dem Volumen der Produktion für annähernd proportional hielt.« Blaug weist damit ent-schieden die Ansicht zurück, dass inhaltlich Allokations- und methodisch Gleichgewichtstheorien den gemeinsamen Nenner klassischen und neo-klassischen – wenn nicht gar allen – ökonomischen Denkens bildeten. Während es den Klassikern letztlich um langfristige oder sogar säkulare Wirtschaftsprozesse gegangen sei, hätten die Neoklassiker ihr Augenmerk hauptsächlich auf die kurzfristige Analyse statischer Markt- und Konkur-renzgleichgewichte gerichtet. In der neuesten deutschsprachigen Literatur ist dieser Gegensatz prägnant von Jürgen Kromphardt dargelegt worden.[33]

Einen vergleichbaren Standpunkt nimmt sehr dezidiert Erich W. Streissler ein. Er findet sich bereits angedeutet in der rhetorischen Frage »Adam Smith – Der Adam oder nur Wachstum?« im Obertitel seines Referates, mit dem er 1980 den wissenschaftlichen Teil der ersten Sitzung des von Fritz Neumark ins Leben gerufenen Dogmenhistorischen Aus-schusses (seit 2009: Ausschuss für die Geschichte der Wirtschaftswissen-schaften) des Vereins für Socialpolitik eröffnete.[34] Mit Smith hebe eine neue Epoche in der Wirtschaftswissenschaft an, denn er sei »der erste *Wachstumstheoretiker*, der erste Theoretiker des technischen Fortschrittes und zunehmender Niveauerträge, fast der erste *Kapitaltheoretiker* der Nationalökonomie«.[35] Letzteres gelte insoweit, als Smith nicht – wie es zuvor üblich war – den Kapitalbegriff auf »persönliches Vermögen« bezogen habe, sondern Fix- und Umlaufkapital als einen eigenständigen, aus Boden und Arbeit kombinierten Produktionsfaktor betrachtete, der wegen der zu vermehrenden und zu verbessernden Arbeit unbegrenzt geschaffen werden kann und es bei effizientem Einsatz ermögliche, mehr Güter herzustellen. »Erst bei Smith ist der vorgestellte Wachstumsprozeß *prinzipiell grenzenlos, unbeschränkt, selbsttragend*«, schreibt Streissler.[36] Das impliziert, eine solche Erkenntnis für die merkantilistisch-kamera-listische wie die physiokratische Lehre ausschließen zu können. Deren stationäres Weltbild spricht dafür. Streissler bezieht sich u. a. auf François Quesnay, aus dessen Werk er »keinen Wachstumsprozeß herauszulesen« vermag. Quesnay spreche »nur von der Möglichkeit, eine unterhalb der gegebenen Effizienzgrenze liegende gesamtwirtschaftliche Produktion an diese heranzuführen, ohne daß die Effizienzgrenze selbst sich jedoch ändert«.[37] In der Tat glaubte Quesnay, mit Hilfe seines *tableau économique* (1758) die Bedingungen dafür bestimmen zu können, unter denen sich in einem »agricolen Königreich« künftig – wie angeblich dereinst in den ›ewigen‹ Reichen Chinas und Perus – das durch bestmögliche Ausschöpfung der gegebenen Ressourcen herzustellende, also größtmögliche Güterbündel dauerhaft reproduzieren lässt.[38]

Die »Idee der natürlichen Freiheit« und damit den »wirtschaftspolitischen Liberalismus« als das originäre Merkmal der Klassik herauszustellen konterkariert Erich Streissler[39] mit Zitaten, in denen sich prominente Autoren, namentlich Dudley North und Josiah Child, bereits ein Jahrhundert vor Smith zu Doktrinen bekennen, die üblicherweise erst den Klassikern zugeschrieben werden: Freihandel, Fortschrittsglaube, Antimerkantilismus, Monopolfeindlichkeit, Gewerbefreiheit, Sparsamkeit. »Adam Smith ist nicht der Adam der theoretischen Nationalökonomie oder der Theorie liberaler Wirtschaftspolitik«, lautet Streisslers Fazit.[40]

Dass die klassische Ökonomik evolutorisch und langfristig ausgerichtet war, wird keineswegs nur in Rückbesinnung auf Smith behauptet, sondern auch aus dem Werk jener gefiltert, die auf seinen Lehren aufbauten. Die Bevölkerung etwa, die in neoklassischen Wirtschaftsmodellen oft als (konstant) gegeben unterstellt wird, ist in der malthusianischen Theorie eine Variable, deren Wirkung im Zeitablauf analysiert wird. Nach Ricardo besteht bekanntlich das »Hauptproblem der Politischen Ökonomie […] im Auffinden der Gesetze« › welche die »Verteilung [der Einkommen in einer Volkswirtschaft] bestimmen«, doch er fügt – ebenfalls im Vorwort seiner *Principles* (1817 ff.) – unmissverständlich hinzu, dass dies »in den verschiedenen Entwicklungsstufen der Gesellschaft sehr unterschiedlich sein [kann], da sie [»die Anteile am Gesamtprodukt der Erde«] hauptsächlich von der jeweiligen Fruchtbarkeit des Bodens, von der Akkumulation des Kapitals und der Vermehrung der Bevölkerung und von der Fertigkeit, Erfindungsgabe und den Geräten abhängen, die in der Landwirtschaft angewendet werden«.[41] Da darauf Ricardos Erkenntnisinteresse letzten Endes gerichtet ist, dient ihm die Wirtschaftstheorie dazu, besser beurteilen zu können, welche Zukunft der aufkommende Industriekapitalismus haben wird. Und die u. a. von J. St. Mill entwickelte Lohnfondstheorie verweist bereits dem Begriff nach auf intertemporale Vorgänge. Denn eine nicht synchronisierte Herstellung und Verwendung von Gütern, wie sie damals im Handwerk und in der Landwirtschaft kaum anders möglich war, setzt eben voraus, Geld- und Sachkapitalfonds für die jeweilige Produktionsperiode zu bilden und bereitzustellen. Hierauf zielt ein Aperçu Mark Blaugs, mit dem Joachim Starbatty seine Erörterung der »Irritationen der Lohnfondstheorie« im fünften Kapitel seines Buches beschließt:»Die Lohnfondstheorie war eine schlechte Lohntheorie, doch enthält sie die Zutaten zu einer guten Kapitaltheorie.« Für Robert V. Eagly bildet ein solches Kapitalkonzept sogar»the central core of classical economic theory«,»around which the component parts [...] are built«, denn im»basic classical model« werde die zeitliche Abfolge von Produktions- und Tauschperioden analysiert.[42]

V   Klassik als Politische Ökonomie (Political Economy)

Hinter dieser Begrifflichkeit verbergen sich disparate Deutungen klassisch-ökonomischen Denkens, die dennoch eine Gemeinsamkeit aufweisen: Sie schließen gänzlich aus, das Wirtschaftliche isoliert betrachten zu können. Es sei vielmehr untrennbar verwoben mit dem, was Menschen in all ihren Lebensbereichen tun und gestaltet haben. Das ist gemeint, wenn die Interdependenz von»Wirtschaft, Politik, Gesellschaft« als eine der»Visionen grosser Ökonomen«[43] oder»eine in der klassischen (aristotelischen) Tradition liegende Trias über Ethik, Ökonomik und Politik«[44] beschworen werden. Trotzdem können sich solche Ansätze wesentlich unterscheiden, denn das Adjektiv»politisch« kann im Englischen (»political«) auf ganz verschiedene Bedeutungsinhalte von»Politik« bezogen werden, nämlich auf»polity« (Normen und Institutionen der öffentlichen Ordnung),»politics« (interessen- und / oder machtgeleitetes Handeln) oder»policy« (Ziele und Instrumente des Handlungsvollzugs). Dies erklärt, warum sich divergente Konzeptionen von Politischer Ökonomie entwickeln und behaupten konnten. Bezogen auf die Klassik reichen sie in ihrer Intention von Versuchen, deren Wirtschaftslehren in einem geistes- und / oder sozialwissenschaftlichen Rahmen zu rekonstruieren und zu rechtfertigen, bis hin zu solchen, sie als ideologisch zu entlarven und zu verdammen.

Affirmativ argumentieren beispielsweise jene, die in Adam Smiths Werk ein weit über das rein Ökonomische hinausweisendes»politökonomisches System« zu erkennen vermögen, das – wie Arnold Meyer-Faje meint – sogar noch heutzutage,»eine Antwort auf die Gefährdung der Conditio humana« zu geben in der Lage ist.[45] Ausgewiesene britische

Klassik-Kenner wie Andrew S. Skinner und Donald Winch stellen ebenfalls die sozialwissenschaftliche Dimension des Smithschen Systems heraus und betonen, dass Smith keineswegs ein »unpolitischer Denker« war, sondern »eine Wissenschaft für den Staatsmann und Gesetzgeber« im Sinn hatte.[46] Zumindest sein primäres Interesse habe nicht darin bestanden, mit dem *Wealth of Nations* eine neue Disziplin, die Wirtschaftswissenschaft, zu begründen. Diese Schrift bilde neben der *Theory of Moral Sentiments* und den *Lectures on Jurisprudence* gewissermaßen die dritte Säule eines ineinander übergehenden Gedankengebäudes. Davon ausgehend wird klassischen Autoren etwa unterstellt, Phänomene wie Markt oder Wettbewerb nicht rein ökonomisch aufzufassen. Demnach ist der Markt mehr als ein gedachter Ort, an dem Angebot und Nachfrage zusammentreffen, um ihn möglichst zu einem Preis zu räumen, der die Produktionsfaktoren in die jeweils günstigste Verwendung dirigiert. Sie sähen im Markt vielmehr eine Institution, die außer Tauschvorgängen Prozesse sozialer Kommunikation in Gang setzt, die für die Beteiligten wie die Gesellschaft insgesamt von Vorteil sein können. Zudem habe sich die Rolle des Staates nicht darauf zu beschränken, nur die Rahmenbedingungen für die Marktteilnehmer zu setzen. Vor allem dort, wo der Markt versagt, müsse der Staat eingreifen, wobei die Handlungsweisen der Privaten wie des Staates gleichen Normen, insbesondere dem Postulat der Gerechtigkeit, zu unterwerfen seien.

Ideologiekritische Wahrnehmungen klassischer Politischer Ökonomik gehen von einer Prämisse aus, die keiner so entschieden formuliert hat wie Emery Kay Hunt:[47] »[…] I believe that all economists are, and always have been, vitally concerned with practical, social, political, and moral issues. Consequently, their writings have both a cognitive, scientific element and an emotive, moral or ideological element. Moreover, I do not believe these two elements are entirely separable.« Von denen, die so denken, attackieren manche nicht die klassische Schule an sich, sondern nur Teile ihres Lehrprogramms. Berühmt geworden ist Joan Robinsons scharfsinnige Musterung der klassischen Werttheorie: Vermeintlich wissenschaftliche Hypothesen entpuppten sich in ihr als »metaphysische Ideen« und »ideologische Obertöne«, hinter denen sich am Ende nur »das alte [normative] Konzept des ›gerechten Preises‹« verberge.[48] Marxisten gehen meist erheblich weiter in ihrer Kritik. Sie erblicken in der klassischen Politischen Ökonomie vor Marx eine Lehre zur Rechtfertigung des aufziehenden Industriekapitalismus und seiner Klassengesellschaft; eine

»bürgerliche Vulgärökonomie«, welche die negativen, insbesondere re-
pressiven Effekte (Unterdrückung, Ausbeutung, Entfremdung, Verar-
mung) der individualistisch-kapitalistischen Wirtschafts- und Gesell-
schaftsordnung bloß verbräme und damit allein den Herrschenden diene.
Am krassesten findet sich dieses Dogma im marxistisch-leninistischen
Schrifttum. Zum Beispiel das einst in der Sowjetunion und ihren Sattel-
itenstaaten verbindliche Fachbuch zur *Geschichte der ökonomischen
Lehrmeinungen*, das »dem Leser« – so steht es im Klappentext zur deutschen Ausgabe – »eine wertvolle Hilfe für die ideologische Auseinandersetzung mit dem westdeutschen Imperialismus« geben sollte, charakterisiert die »klassische bürgerliche politische Ökonomie« wie folgt:[49] »Die
Theorie von Adam Smith entsprach den Bedürfnissen der Bourgeoisie in
jener Periode. [...] Ricardo vertrat [...] eindeutig die Interessen der In-
dustriebourgeoisie.« Ebenso »empfahl sich« mit seinen Arbeiten Jean-
Baptiste Say »als eifriger Ideologe der industriellen Bourgeoisie«, denn er
»verschleiert das Wesen der kapitalistischen Produktionsverhältnisse,
nämlich die Ausbeutung der Lohnarbeiter«. Auch in Malthus fanden »die
herrschenden Klassen [...] einen Apologeten der herrschenden Zustände«,
da er mit seiner Bevölkerungsschrift »versuchte, die herrschenden Klassen
von der Verantwortung für das Elend des Volkes reinzuwaschen«. Zu
solchen Polemiken fällt mir nichts Besseres ein, als an eine drastische
Bemerkung Joan Robinsons zu erinnern:[50] »Natürlich ist sich keiner seiner
eigenen Ideologie bewußt, so wenig er seinen eigenen Atem riechen kann.«

VI   Klassik als ethisches Konzept des Wirtschaftsliberalismus

Hierher gehören Deutungen, die – so Richard F. Teichgraeber – einen »link
between classical liberal economic doctrines and some of the recurrent
concerns in Western moral philosophy«[51] herstellen. Teichgraeber selbst
zeigt dies exemplarisch an der klassischen Freihandelsdoktrin, die seiner
Ansicht nach eindeutig auf die moralphilosophischen Anschauungen von
Francis Hutcheson, David Hume und Adam Smith zurückgeht. Die
»*British* Classical School« differenziert in diesem geistigen Umfeld anzusiedeln haben sich besonders Mark Perlman und Charles R. McCann Jr.
bemüht:[52] Sowohl die Stellung des Individuums in der Gesellschaft als
auch die Frage der Eigentumsrechte sei von Anfang an in der Tradition des
»ethical Utilitarianism« erörtert worden. Zunächst sei dies, ohne über ein
analytisches Nutzenkonzept zu verfügen, in »a moral and ethical and legal
rhetoric« geschehen. Erst mit Jeremy Bentham und David Ricardo habe

jene klassische Periode begonnen, in der die utilitaristische Ethik »in a more scientific and less philosophical light« getaucht wurde. Seit dem Ende des 20. Jahrhunderts hat das Interesse wieder zugenommen, wirtschaftliche Vorgänge ethisch zu hinterfragen, um die positive Ökonomik durch normative Aspekte und daraus gezogene Schlüsse wenigstens zu ergänzen. Gründe für diese Tendenz sind u. a. im Unbehagen an einer sich wertfrei verstehenden, »reinen« ökonomischen Analyse zu suchen, die nach Auffassung heterodoxer Fachleute gar nicht oder zu wenig die ökologisch, kulturell und sozial schädlichen Begleiterscheinungen hoch entwickelter kapitalistischer Marktwirtschaften beachtet. Zu den ersten Zeugnissen solcher Neubesinnung gehören im deutschsprachigen Raum die von Peter Ulrich herausgegebenen *St. Galler Beiträge zur Wirtschaftsethik*, deren schon erwähnter fünfter Band dem »anderen Adam Smith« in der Absicht galt, »die ganzheitliche Spannweite der Smithschen Lehre, auch und besonders seiner liberalen Ökonomie, in ihrer ethischen und politischen Dimension neu zu vermessen [...]«.[53] Die Herausgeber und Autoren nehmen damit die alte, von August Oncken 1898 angestoßene Debatte über das so genannte »Adam-Smith-Problem« wieder auf,[54] die – kurz gesagt – in der Streitfrage gipfelt, ob Smiths ökonomische Anschauungen im *Wealth of Nations* mit seinen ethischen in den *Moral Sentiments* vereinbar sind. Zumindest auf den ersten Blick scheint das Menschenbild in den beiden Werken sehr verschieden zu sein – einerseits das aus selbstverliebtem Eigennutz handelnde Wirtschaftssubjekt, andererseits der mitfühlende Zeitgenosse, der in seinem eigenen Tun dem »unparteiischen Beobachter« in seiner Brust vertraut.

Während Recktenwald – wie oben berichtet (Abschnitt III) – den angeblichen Widerspruch in Smiths Anthropologie dadurch aufzulösen versucht, dass moralisch anrüchige Wirtschaftspraktiken durch gute menschliche Tugenden abgefangen werden können, findet Hans G. Nutzinger einen ganz anderen philosophischen Zugang zu Smiths System der natürlichen Freiheit.[55] Er legt zunächst die »stoischen Wurzeln« von Smiths Moralphilosophie frei.[56] Demgemäß ist es tugendhaft, selbstsüchtige Regungen im Zaum zu halten und mitmenschliche Neigungen auszuleben. Doch der Empiriker Smith kennt natürlich die Menschen. Die meisten von ihnen trachteten danach, Reichtümer anzuhäufen, einen möglichst hohen gesellschaftlichen Rang zu erreichen und Macht auszuüben. Dabei merkten sie allerdings nicht, wie illusionär es sei, auf diese Weise ein erfülltes Leben führen und »wirklichen Seelenfrieden« finden zu können. Doch Smiths »Argumentation« – so Nutzinger – nehme »eine unerwartete Wendung«, indem er in dieser Illusion eine »*nützliche Täuschung*« erkenne, »die gesellschaftliche Wohlfahrt erst ermöglicht«.[57] Die Schlüsselstelle in der *Theory of Moral Sentiments* dazu lautet:[58] »Und es ist gut, daß die Natur uns in dieser Weise betrügt. Denn diese Täuschung ist es, was den Fleiß der Menschen erweckt und in beständiger Bewegung erhält. Ziel ist es, was sie zuerst antreibt, den Boden zu bearbeiten, Häuser zu bauen, Städte und staatliche Gemeinwesen zu gründen, alle die Wissenschaften und Künste zu erfinden und auszubilden, die das menschliche Leben veredeln und verschönern, die das Antlitz des Erdballs durchaus verändert haben [...]. Sie (die reichen Grundherrn) verzehren wenig mehr als die Armen; trotz ihrer natürlichen Selbstsucht und Raubgier und obwohl sie nur ihre eigene Bequemlichkeit im Auge haben, obwohl der einzige Zweck, welchen sie durch die Arbeit all der Tausende, die sie beschäftigen, erreichen wollen, die Befriedigung ihrer eigenen eitlen und unersättlichen Begierden ist, trotzdem teilen sie doch mit den Armen den Ertrag aller Verbesserungen, die sie in ihrer Landwirtschaft einführen. Von einer unsichtbaren Hand werden sie dahin geführt, beinahe die gleiche Verteilung der zum Leben notwendigen Güter zu verwirklichen, die zustandegekommen wäre, wenn die Erde zu gleichen Teilen unter alle ihre Bewohner verteilt worden wäre; und so fördern sie, ohne es zu beabsichtigen, ja ohne es zu wissen, das Interesse der Gesellschaft und gewähren die Mittel zur Vermehrung der Gattung.« Mit anderen Worten: Indem das unmoralische, eigennützige Verhalten eines Teils der Bevölkerung ganz wesentlich für den ethisch wünschenswerten (höheren) Lebensstandard aller sorgt, legitimiert es sich selbst. Hans Nutzinger weist mit Recht darauf hin, wie problematisch indes diese listige klassische »Begründung der Reichtumsmehrung auf der Grundlage privater Interessen« ist, denn sie lässt »insbesondere die Frage nach einer gerechten Verteilung von Nutzungschancen zwischen heutigen und künftigen Generationen« offen.[59] Erst John Stuart Mill habe siebzig Jahre nach Smith in seinen *Principles of Political Economy with some of their Applications to Social Philosophy* diese »Schattenseiten des wirtschaftlichen Fortschritts« erkannt und damit die Hoffnung verbunden, »daß die Menschheit zukünftig [...] aus innerer Einsicht und ethischer Verpflichtung gegenüber künftigen Generationen« daraus die notwendigen Schlüsse zieht, »bevor sie äußere Notwendigkeiten dazu zwingen würden«.

VII   Klassik als neoricardianische Wirtschaftslehre

Auch dieses Klassik-Konzept ist mittlerweile ein fester Bestandteil der einschlägigen Fachliteratur geworden. Beispielhaft haben es Gianni Vaggi und Peter Groenewegen ihrer Concise History of Economic Thought (2003) zugrundegelegt. Die gesamte Geschichte der Wirtschaftswissenschaft »from Mercantilism to Monetarism« überblicken sie in chronologischer Abfolge kurzerhand zweigeteilt:[60] »Classical Political Economy, 1600–1870« und »Modern Developments, 1870–1960«. Die hier allein interessierende klassische Phase umfasst bei ihnen die merkantilistischen »Pioneers« (Mun, North, Locke, Petty), physiokratische und andere Vorreiter (Boisguilbert, Cantillon, Quesnay, Hume, Galiani, Steuart, Turgot) einer »Mature Classical Political Economy«, »The First Full Systems of Classical Political Economy« (Smith, Say, Sismondi) und »The ›Golden Age‹ of Classical Political Economy« (Malthus, Ricardo, Torrens, Senior, Marx). All dies unter dem Dach »Classical economics« zu versammeln rechtfertigen die Verfasser damit, dass in dem gesamten Zeitraum »economists saw the key features for explaining the operations of a modern economy in terms of the requirements for reproduction, the generation of surplus product and the accumulation of capital«.[61]

Die »Charakteristika« einer derart rekonstruierten »Ökonomischen Klassik« hat Heinz D. Kurz jüngst in acht Punkten festgehalten, die bestens vermitteln, wie sich in diesem Fall politökonomische und wachstumstheoretische Elemente überlappen und in einem bestimmten Bild von Klassik aufgehen:[62] Erstens hätten deren Vertreter die »Aufgabe der Politischen Ökonomie« in der »Analyse der Verschlingung intendierter und nichtintendierter Konsequenzen« menschlichen Handelns gesehen, wobei »Anreize, Wissen und Informationen sowie gesellschaftliche Institutionen […] Hauptrollen (spielen)«. Zweitens sei es ihnen darum gegangen, die »neue Wissenschaft […] quantitativ und empirisch« anzulegen, aber nicht nur um die ökonomischen »Gesetzmäßigkeiten« zu erforschen und zu verstehen, sondern diese auch nutzbar zu machen, indem »durch kluge wirtschaftspolitische Maßnahmen« die ökonomischen und sozialen Verhältnisse »zum Besseren« verändert werden können. Drittens hätten sie sich nur deshalb für »Gewerbefreiheit und Freihandel« eingesetzt, weil ein darauf gestütztes »sich selbst regulierendes, homöostatisches System« – jedoch nur »unter gewissen Umständen« – »eine geschwindere Steigerung des gesellschaftlichen Reichtums als alle anderen Wirtschaftsordnungen (ermöglicht)«. *Viertens* untersuchten sie »eine auf Privateigentum an den natürlichen Ressourcen und produzierten Produktionsmitteln beruhende arbeitsteilige Wirtschaft«, ein »privat-dezentrales System« von Märkten, bei dessen Analyse es ihnen letztlich »um die Bedingungen der *Reproduktion* des Systems insgesamt (gehe)«. *Fünftens* hätten sie »als Hauptquelle steigenden Wohlstandes [...] die heimische Arbeit und Produktion und die Entwicklung der Produktivität der Arbeit« entdeckt, wobei ihr »Hauptaugenmerk reproduzierbaren Waren (gilt)«, sprich: dem »während eines Jahres pro Kopf der Bevölkerung netto erzeugten Strom an Gütern (*produit net, surplus* oder *neat produce*)«. *Sechstens* unterteilten sie »die Gesellschaft [...] in verschiedene Klassen«: Grundbesitzer, die ihr Eigentum verpachten und dafür eine Rente beziehen; Arbeiter, die sich verdingen und dafür entlohnt werden; Kapitaleigner bzw. Unternehmer, die über Produktionsmittel, Geld- und Handelskapital verfügen und dafür einen Zins beziehen oder damit einen Gewinn erzielen wollen. Nur sie »sind in der Lage zu sparen und in Ausbau und Modernisierung des Produktionsapparates zu investieren«. *Siebtens* »konzentrieren sich die klassischen Autoren auf den Fall der freien Konkurrenz«, worunter sie »die Abwesenheit von Markteintritts- und Marktaustrittsschranken« verstehen. Der Wettbewerb, eine »gesellschaftliche Institution«, »wirkt wie eine ›Unsichtbare Hand‹ (Adam Smith) und tritt an die Seite der sichtbaren Hand des Staates«, indem er über Angebot und Nachfrage auf den Märkten die Preise und damit die Gewinnspannen verändert. In Anbetracht solchen Marktgeschehens »kreisen das klassische und auch das nachklassische Denken« um »die Bestimmung der Profitrate und ihre Entwicklung«, denn »die Profitrate ist eine Schlüsselgröße des Systems, ›Stachel wie Treiber der Kapitalakkumulation‹ (Marx)«. »*Achtens*, dem Konzept einer allgemeinen Profitrate korrespondiert dasjenige der ›natürlichen‹ Preise oder *Produktionspreise*. Diese spiegeln die systematisch und dauerhaft wirkenden Kräfte wider, die *Marktpreise* darüber hinaus eine Vielzahl von zufälligen und vorübergehenden Faktoren [...]. Nur über die Produktionspreise lassen sich verallgemeinernde Aussagen bilden. Die Konkurrenz bewirkt, dass die Marktpreise zu den Produktionspreisen ›gravitieren‹ bzw. um sie ›oszillieren‹ (Smith) und sich nie allzuweit von diesen entfernen.«

»Letzteres gilt es zu begreifen«, schreibt Kurz[63] und stellt damit klar, dass mit dem achten Kriterium der eigentliche Dreh- und Angelpunkt dieser Klassik-Interpretation benannt ist. Das heißt:[64] »Die klassischen

Ökonomen ermitteln die Profitrate und Preise einer Wirtschaft [...] ausgehend von folgenden [...] unabhängigen Variablen«:»den erzeugten Bruttoproduktionsmengen der verschiedenen Waren, der verfügbaren Technik sowie dem herrschenden Reallohnsatz. Profit und Lohn werden *asymmetrisch* bestimmt: Der Lohn wird als bekannt vorausgesetzt, wenn es um die Höhe der Profitrate geht. Sein Niveau wird in einem anderen Teil der Analyse, jenem, der sich mit Kapitalakkumulation, technischem Fortschritt und Bevölkerungswachstum befasst, erörtert. Dies ist der *surplustheoretische* Ansatz der Klassik, der sich grundlegend vom späteren marginalistischen unterscheidet.« Stammvater dieses Gedankengangs ist Piero Sraffa, der – so Kurz – mit seiner Schrift *Production of Commodities by Means of Commodities* (1960)»den Standpunkt der alten klassischen Ökonomen von Adam Smith bis Ricardo [...] in logisch kohärenter Form« reformuliert habe –»ohne jeden Rückgriff auf Angebots- und Nachfragefunktionen«.[65] »Mr Sraffa's Rehabilitation of Classical Economics«[66] barg und birgt den Zündstoff, der zum Dauerzwist zwischen den sich auf ihn berufenden Neoricardianern und ihren neoklassischen Gegenspielern geführt hat. Um sich von dieser Auseinandersetzung abseits der wuchernden Spezialliteratur einen Eindruck zu verschaffen, sind einige ältere Texte bestens geeignet. So empfehle ich, in Issings *Geschichte der Nationalökonomie* den oben in Abschnitt III bereits referierten Beitrag Recktenwalds»Die Klassik der ökonomischen Wissenschaft« mit dem von Bertram Schefold und Kristian Carstensen verfassten Aufsatz»Die klassische Politische Ökonomie«[67] zu vergleichen, der Recktenwalds Darstellung in den späteren Auflagen ersetzte. Während Recktenwald – wie geschildert – die Einheit von Klassik und Neoklassik beschwört, entscheiden sich Schefold / Carstensen»unter mehreren denkbaren Herangehensweisen, die etwa bei *Smith* die liberale Wirtschaftspolitik oder die Sicht der wirtschaftlichen Entwicklung als eines Wachstumsprozesses in den Vordergrund rücken könnten«,[68] dafür,»das kanonische klassische Modell« rein neoricardianisch zu konstruieren, um es dann antithetisch gegen das neoklassisch-marginalistische setzen zu können.[69] Ebenso aufschlussreich ist es, die Kontroverse nachzulesen, die Bertram Schefold und Ernst Helmstädter über die Bestimmungsgründe von Nachfrage und Angebot in der klassischen Ökonomie auf der Gründungstagung des Dogmenhistorischen Ausschusses 1980 ausgetragen haben.[70]

Ein Schlusswort

Joachim Starbatty rühmt im Eingangssatz seines Buches »den Ideenreichtum der Klassiker der Nationalökonomie und ihre Wirkung auf
Politik und Wissenschaft«. Es gibt dafür keine bessere Bestätigung als den
breiten Deutungsspielraum, den die von mir skizzierten Perspektiven
klassischen ökonomischen Denkens bis auf den heutigen Tag eröffnen.
Allerdings vermögen all diese »definitions of classical economics« den
Wissenschaftshistoriker nur dann zu überzeugen, wenn sie – wie Ian
Steedman angemahnt hat –[71] »be made cautiously, in full awareness that
they do not exhaust the truth [...]«.

---

1 Joseph A. Schumpeter: *Geschichte der ökonomischen Analyse*. Erster Teilband. Göttingen 1965, S. 655 f.

2 Ebd., S. 246.

3 Ebd., S. 583 f. Starbatty behandelt dies im Abschnitt IX, 3 (»Ricardos klare Welt und sein ›Laster‹«).

4 Joseph A. Schumpeter: *Geschichte der ökonomischen Analyse*. Erster Teilband. Göttingen 1965, S. 476.

5 Karl Marx: *Das Kapital*, Bd. I (1867), 1. Buch, 1. Abschn., 1. Kap., Ziffer 4: »Der Fetischcharakter der Ware und sein Geheimnis«, Fußnote 32 (Hervorhebung durch mich).

6 Mark Blaug: »classical economics«. In: *The New Palgrave. A Dictionary of Economics*. Vol. 1, 1987, S. 444.

7 Vgl. z. B. den Überblick »Classical Political Economy Defined« bei Mark Perlman and Charles R. McCann Jr.: *The Pillars of Economic Understanding. Ideas and Traditions*. Ann Arbor 1998, S. 228–233.

8 Jürg Niehans: *A History of Economic Theory. Classic Contributions, 1720–1980*. Baltimore and London 1990, S. 533. Die »authoritative tradition« klassischen Denkens betont auch Thomas Sowell: *Classical Economics Reconsidered*. Princeton 1974, S. 6.

9 Richard T. Gill: *Evolution of Modern Economics*. Englewood Cliffs, N. J., 1967, S. 26 f.

10 Georg Mayer: *Die Freihandelslehre in Deutschland. Ein Beitrag zur Gesellschaftslehre des wirtschaftlichen Liberalismus*. Jena 1927, S. 2. Schon Wilhelm Roscher (*Geschichte der National-Oekonomik in Deutschland*. München 1874, S. 1020) mochte den »verbreiteten Namen ›Manchesterpartei‹« für die deutsche Freihandelspartei nicht billigen, da ihre bedeutendsten Mitglieder einen Eifer für die Größe und Würde unseres Vaterlandes bethätigt haben, wie er sich von dem Mammonsdienste der englischen Fabriktheoretiker [...] auf das Rühmlichste unterscheidet«.

11 Anders als Starbatty, der die Waentig-Ausgabe benutzt, zitiere ich hier nach Monika Streisslers neuerer deutscher Übersetzung (S. 671) des *Wealth of Nations* (siehe zu den bibliographischen Angaben Endnote 34).

12 Joachim Starbatty: »Klassische Nationalökonomie«. In: *Staatslexikon*. 7. Aufl. Bd. 3. 1987, Sp. 542–546. Siehe auch ders.: »Smith«. In: ebd. Bd. 4. 1988, Sp. 1185–1187.

13 David Hume: *Politische und ökonomische Essays*. Übersetzt von Susanne Fischer. Teilband 1. Hamburg 1988, S. 19.

14 Friedrich August von Hayek: »Die Rechts- und Staatsphilosophie David Humes« [1963]. In: F. A. Hayek: *Freiburger Studien. Gesammelte Aufsätze*. Tübingen 1969, S. 248.

15 Samuel Hollander: *The Economics of Adam Smith*. Toronto and London 1973; *The Economics of David Ricardo*. Toronto and London 1976; *The Economics of John Stuart Mill*. Toronto and Oxford 1985; später folgten: *The Economics of Thomas Robert Malthus*. Toronto 1997; *The Economics of Karl Marx: Analysis and Application*. New York and Cambridge 2008.

16 Samuel Hollander: *Classical Economics.* Oxford and New York 1987.

17 Ebd., S. 7.

18 Ebd.

19 Jürg Niehans: »Revolution und Evolution in der Wirtschaftstheorie«. In: *Studien zur Entwicklung der ökonomischen Theorie XV: Wege und Ziele der Forschung.* Herausgegeben von Heinz Rieter. Berlin 1996, S. 43, vertiefend S. 26 f., 30, 36 ff. Eine differenzierte Gegenposition vertritt nachdrücklich T. W. Hutchison: *On revolutions and progress in economic knowledge.* London et al. 1978 (Reprint 1992).

20 Niehans, ebd., S. 27. Siehe auch ders.: *A History of Economic Theory. Classic Contributions, 1720–1980.* Baltimore and London 1990, resümierend S. 531 ff.

21 Jürg Niehans: »Klassik als nationalökonomischer Mythus«. In: *Zeitschrift für Wirtschafts- und Sozialwissenschaften.* 109. Jg., 1989, S. 1–17.

22 Walter S. Buckingham Jr.: *Theoretical Economic Systems. A Comparative Analysis.* New York 1958, S. 31–63.

23 Lionel Robbins: *An Essay on the Nature and Significance of Economic Science.* London 1932, S. 15.

24 Hans Brems: *Pioneering Economic Theory, 1630 – 1980. A Mathematical Restatement.* Baltimore and London 1986, S. 9–11.

25 In: *WiSt*, Heft 4, April 1983, S. 195–203; unwesentlich erweitert in: *WiSt*-Taschenbücher: *Geschichte der Nationalökonomie.* Herausgegeben von Otmar Issing. München 1984, S. 49–71, 2. Aufl., ebd. 1988, S. 49–72.

26 Ebd., S. 195 bzw. S. 50.

27 Ebd., S. 196 bzw. S. 52.

28 Ebd., S. 197 bzw. S. 54 f.

29 Ebd., S. 196 und S. 202 f. bzw. S. 51 und S. 69.

30 Ebd., S. 198 bzw. S. 57 f.

31 Ebd., S. 195 und S. 203 bzw. S. 49 und S. 69.

32 Mark Blaug: *Systematische Theoriegeschichte der Ökonomie.* Band 3. München 1975, S. 13. Im englischen Original u. a.: *Economic Theory in Retrospect.* 4th edition, Cambridge et al. 1985, S. 295.

33 Jürgen Kromphardt: *Analysen und Leitbilder des Kapitalismus von Adam Smith bis zum Finanzmarktkapitalismus.* Marburg 2015, S. 184–187.

34 Erich Streißler: »Adam Smith – Der Adam oder nur Wachstum? Paradoxa einer wissenschaftlichen Revolution«. In: *Studien zur Entwicklung der ökonomischen Theorie I.* Herausgegeben von Fritz Neumark. Berlin 1981, S. 9–52; wiederabgedruckt in: Adam Smith: *Untersuchung über Wesen und Ursachen des Reichtums der Völker.* Aus dem Englischen übersetzt von Monika Streissler. Herausgegeben und eingeleitet von Erich W. Streissler. Bd. I. Düsseldorf 1999; UTB Taschenbuchausgabe, Tübingen 2005, S. 32–70.

35 Ebd. (1981), S. 45. Siehe hierzu auch Christian Gehrke: »Wachstumstheoretische Vorstellungen bei Adam Smith«. In: *Adam Smith (1723 – 1790). Ein Werk und seine Wirkungsgeschichte.* Herausgegeben von Heinz. D. Kurz. Marburg 1990, S. 129–151.

36 Streißler: *op. cit.* (1981, in Endnote 34), S. 47.

37 Ebd., S. 46.

38 Siehe dazu meinen Beitrag »Zur Rezeption der physiokratischen Kreislaufanalogie in der Wirtschaftswissenschaft«. In: *Studien zur Entwicklung der ökonomischen Theorie III.* Herausgegeben von Harald Scherf. Berlin 1983, S. 55–99, insbes. S. 73 f.

39 Streißler: *op. cit.* (1981, in Endnote 34), S. 13 ff.

40 Ebd., S. 51 (im Original hervorgehoben).

41 David Ricardo: *Über die Grundsätze der Politischen Ökonomie und der Besteuerung* [1821]. Übersetzt von Gerhard Bondi. Herausgegeben von Heinz D. Kurz. Marburg 1994, S. 1.

42 Robert V. Eagly: *The Structure of Classical Economic Theory.* New York 1974, S. 3–8, ausführlich Kap. 3.

43 Kurt W. Rothschild: *Die politischen Visionen grosser Ökonomen.* Bern, Göttingen 2004, S. 5–23.

44 Alfred Bürgin: *Zur Soziogenese der Politischen Ökonomie. Wirtschaftsgeschichtliche und dogmenhistorische Betrachtungen.* Marburg 1993, S. 366 f.

45 Arnold Meyer-Faje: »Adam Smiths politökonomisches System – eine Antwort auf die Gefährdung der Conditio humana«. In: Arnold Meyer-Faje und Peter Ulrich (Hrsg.): *Der andere Adam Smith. Beiträge zur Neubestimmung von Ökonomie als Politischer Ökonomie.* Bern und Stuttgart 1991, S. 303–340.

46   Andrew S. Skinner: »Adam Smith: Ein System der Sozialwissenschaft«. In: Franz-Xaver Kaufmann und Hans-Günter Krüsselberg (Hg.): *Markt, Staat und Solidarität bei Adam Smith*. Frankfurt / New York 1984, S. 74–94; Donald Winch: »Adam Smith als politischer Theoretiker«. In: ebd., S. 95–113.

47   E. K. Hunt: *History of Economic Thought. A Critical Perspective*. Belmont 1979, S. xvi.

48   Joan Robinson: »Die Werttheorie der Klassiker«. In: Joan Robinson: *Doktrinen der Wirtschaftswissenschaft. Eine Auseinandersetzung mit ihren Grundgedanken und Ideologien*. München 1965, 3. Aufl., München 1972, S. 36–59.

49   Internationales Autorenkollektiv: *Geschichte der ökonomischen Lehrmeinungen*. Übersetzung aus dem Russischen. Berlin [Ost] 1965, in der Reihenfolge der Zitierungen: S. 67, 73, 99 f., 101.

50   Joan Robinson: *op. cit.* in Endnote 48, S. 53.

51   Richard F. Teichgraeber III: ›*Free Trade*‹ *and Moral Philosophy. Rethinking the Sources of Adam Smith's Wealth of Nations*. Durham 1986.

52   Mark Perlman and Charles R. McCann Jr.: *The Pillars of Economic Understanding. Ideas and Traditions*. Ann Arbor 1998, zusammenfassend S. 230–232.

53   Arnold Meyer-Faje und Peter Ulrich: »Einführung«. In: Arnold Meyer-Faje und Peter Ulrich (Hrsg.): *Der andere Adam Smith. Beiträge zur Neubestimmung von Ökonomie als Politischer Ökonomie*. Bern und Stuttgart 1991, S. 9.

54   Siehe u. a. Martin Patzen: »Zur Diskussion des Adam-Smith-Problems – ein Überblick«. In: ebd., S. 21–54.

55   Hans G. Nutzinger: »Das System der natürlichen Freiheit bei Adam Smith und seine ethischen Grundlagen«. In: *Ökonomie und Gesellschaft. Jahrbuch 9: Adam Smiths Beitrag zur Gesellschaftswissenschaft*. Frankfurt / New York 1991, S. 79–100.

56   Ebd., S. 89. Siehe auch Richard Sturn: »Soziales Handeln und ökonomischer Tausch – die stoischen Wurzeln Adam Smiths«. In: Arnold Meyer-Faje und Peter Ulrich (Hrsg.): *Der andere Adam Smith. Beiträge zur Neubestimmung von Ökonomie als Politischer Ökonomie*. Bern und Stuttgart 1991, S. 99–122.

57   Hans G. Nutzinger: *op. cit.* in Endnote 55, S. 89.

58   Adam Smith: *Theorie der ethischen Gefühle* [1759 / 1790]. Übersetzt und herausgegeben von Walther Eckstein. II. Band. Leipzig 1926, S. 315–317.

59   Hans G. Nutzinger: *op. cit.* in Endnote 55, S. 98.

60   Gianni Vaggi and Peter Groenewegen: *A Concise History of Economic Thought. From Mercantilism to Monetarism*. Houndsmill and New York 2003, S. vii f.

61   Ebd., S. xi.

62   Heinz D. Kurz: *Geschichte des ökonomischen Denkens*. München 2013, S. 24–30. Englische Ausgabe: *Economic Thought. A Brief History*. New York 2015, Kap. 2.

63   Ebd., S. 29.

64   Ebd., S. 30.

65   Ebd., S. 43. Die auf Sraffas Erkenntnissen fußenden theoretischen Entwicklungen »have turned the tables«, behauptet E. K. Hunt (*History of Economic Thought. A Critical Perspective*. Belmont 1979, S. xvii) und hält sich überdies zugute (ebd.), mit seinem Buch »the first comprehensive history of economic thought to describe Sraffa's theoretical breakthrough and to reinterpret previous thinkers based upon Sraffa's insights«, geliefert zu haben.

66   So lautet der Titel des wegweisenden, bereits 1961 publizierten Beitrages von Ronald L. Meek, der leicht ergänzt wiederabgedruckt ist in: Ders.: *Economics and Ideology and Other Essays. Studies in the Development of Economic Thought*. London 1967, S. 161–178; deutsche Übersetzung: »Sraffas Rehabilitation der klassischen Ökonomie«. in: Ders.: *Ökonomie und Ideologie. Studien zur Entwicklung der Wirtschaftstheorie*. Frankfurt am Main 1973, S. 214–235.

67   Bertram Schefold und Kristian Carstensen: »Die klassische Politische Ökonomie«. In: *Geschichte der Nationalökonomie*. Herausgegeben von Otmar Issing. 3. Aufl. München 1994, S. 63–87; 4. Aufl., ebd. 2002, S. 67–91.

68   Ebd., S. 64 bzw. S. 68.

69   Ebd., S. 83 f. bzw. S. 88 f.

70   Bertram Schefold: »Nachfrage und Zufuhr in der klassischen Ökonomie«. In: *Studien zur Entwicklung der ökonomischen Theorie I*. Herausgegeben von Fritz Neumark. Berlin 1981, S. 53–91 (wieder

abgedruckt in: *Ökonomische Klassik im Umbruch*. Herausgegeben von Bertram Schefold. Frankfurt am Main 1986, S. 195–241); Ernst Helmstädter:»Wie bilden sich die Marktpreise nach Adam Smith? Bemerkungen zu dem vorstehenden Referat von Bertram Schefold«. In: ebd., S. 93–109; Bertram Schefold:»Die Marktpreise bei Smith – Eine Erwiderung«. In: ebd., S. 111–115.

71 Ian Steedman:»Classical Economics and Marginalism«. In: *The Elgar Companion to Classical Economics. A–K*. Edited by Heinz D. Kurz and Neri Salvadori. Cheltenham, UK – Northhampton, MA, USA. 1998, S. 121.

LITERATURVERZEICHNIS

Verzeichnis der von Joachim Starbatty 1985 verwendeten Literatur

Amonn, A., Ricardo als Begründer der theoretischen Nationalökonomie. Eine Einführung in sein Hauptwerk und zugleich in die Grundprobleme der nationalökonomischen Theorie, Jena 1924.

–, Artikel: Ricardo, David, in: Handwörterbuch der Sozialwissenschaften, Bd. 9, Stuttgart u. a. 1956, S. 13 f.

Bentham, J., The Works. Published under the Superintendence of His Executor, J. Bowring, Edinburgh 1843.

Bergmann, E. von, Geschichte der nationalökonomischen Krisentheorien, Stuttgart 1895 (Nachdruck 1970).

Binswanger, H. C., Geld und Wirtschaft im Verständnis des Merkantilismus. Zu den Theorien von John Locke (1632–1704) und John Law (1671–1729), in: F. Neumark (Hrsg.), Studien zur Entwicklung der ökonomischen Theorie II, Schriften des Vereins für Socialpolitik, N. F. Bd. 115/11, Berlin 1982.

Blaug, M., Systematische Theoriegeschichte der Ökonomie, Bd. 1 (Vom Merkantilismus zu Ricardo) und Bd. 2 (Say – Mill – Marx), München 1971 und 1972.

Böhm-Bawerk, E. von, Kapital und Kapitalzins. Erste Abteilung: Geschichte und Kritik der Kapitalzinstheorien, 4. unveränderte Auflage, Jena 1921.

Borchardt, K., Das Bevölkerungsproblem in den volkswirtschaftlichen Lehrmeinungen, Vortrag vor dem Ifo-Institut am 25. 10. 1978, abgedruckt in: Ifo-Schnelldienst, H. 34, 1978.

Born, K. E., Die Entwicklung der Banknote vom »Zettel« zum gesetzlichen Zahlungsmittel (Akademie der Wissenschaften und der Literatur, Abhandlungen der Geistes- und Sozialwissenschaftlichen Klasse, Jg. 1972, Nr. 1), Mainz und Wiesbaden 1972.

Braun, H. J., Wirtschafts- und finanzpolitische Entscheidungsprozesse in England in der ersten Hälfte des 19. Jahrhunderts, Frankfurt a. M. u. a. 1984.

Burchardt, F., Entwicklungsgeschichte der monetären Konjunkturtheorie, in: Weltwirtschaftliches Archiv, Bd. 28, 1928/11.

Carlyle, Th., Latter-Day Pamphlets. The Present Time, London 1850.

–, Chartism. – Deutsche Übersetzung: Der Chartismus, in: Ders., Heldentum und Macht, Schriften für die Gegenwart, Leipzig o. J.

Chapman, M. W., Harriet Martineau, Autobiography with Memorials by Maria Weston Chapman, London 1877, Vol. III.

Deane, Ph., Die Industrielle Revolution in Großbritannien 1700–1880, in: C. M. Cipolla und K. Borchardt, Europäische Wirtschaftsgeschichte, Bd. 4, Stuttgart 1977.

Dobb, M., Wert- und Verteilungstheorien seit Adam Smith. Eine nationalökonomische Dogmengeschichte, Frankfurt a. M. 1977.

Engels, F., Die Lage der arbeitenden Klasse in England (1845), Stuttgart 1909.

Frey, R. L., Infrastruktur. Grundlagen der Planung öffentlicher Investitionen, Tübingen u. a. 1970.

Freyer, H., Gedanken zur Industriegesellschaft, Mainz 1970.

Gerding, R., Zum Aussagegehalt des Greshamschen Gesetzes und seine Umkehrung bei wettbewerblicher Geldproduktion, Diss., Bochum 1986.

Gide, C., und C. Rist, Geschichte der volkswirtschaftlichen Lehrmeinungen, 3. Aufl., Jena 1923.

Godwin, W. G., in: Godwin – Malthus, Wirtschaftsfreiheit und Wirtschaftsgesetz in der englischen ökonomischen Klassik, hrsg. von C. Brinkmann, Stuttgart 1948, S. 15 f.

Haberler, G. von, Prosperität und Depression, Bern 1948.

Hayek, F. A. von, Die Rechts- und Staatsphilosophie David Humes, abgedruckt in: Ders., Freiburger Studien, gesammelte Aufsätze, Tübingen 1969.

–, Die Verfassung der Freiheit, Tübingen 1971.

–, Interview:»Ungleichheit ist nötig«, in: Wirtschaftswoche, Nr. 11 vom 6. 3. 1981.

Heilbroner, R. L., Wirtschaft und Wissen. Zwei Jahrhunderte Nationalökonomie, Köln 1960.

Hermann, F. B. W. von, Staatswirtschaftliche Untersuchungen, München 1870.

Höffe, O., Einleitung, in: Ders., Einführung in die utilitaristische Ethik, München 1975, S. 9 ff.

Hume, D., Of Money, in: Essays and Treatises on Several Subjects, London 1772, Vol. 1.

–, Essays, Moral, Political, and Literary, Bd. I, London 1875.

–, Nationalökonomische Abhandlungen, Leipzig 1877.

–, Of the Balance of Trade, in: Writings on Economics, Edinburgh u. a. 1955.

Jahn, G., Smith, Adam, in: Handwörterbuch der Staatswissenschaften, 4. Aufl., Bd. VII, Jena 1926.

Jevons, W. St., Die Theorie der politischen Ökonomie, Jena 1924.

Jöhr, W. A., Wirtschaft und Politik I: Lehrgeschichtlicher Überblick, in: Handwörterbuch der Wirtschaftswissenschaft (HdWW), Bd. 9, Stuttgart u. a. 1982.

Keynes, J. M., Die wirtschaftlichen Folgen des Friedensvertrags, München und Leipzig 1920.

–, Robert Malthus, in: Ders., Politik und Wirtschaft. Männer und Probleme, Tübingen und Zürich 1956, S. 127 ff.

–, Allgemeine Theorie der Beschäftigung, des Zinses und des Geldes, Berlin 1936 (Nachdruck 1974).

Keynes, J. N, Scope and Method of Political Economy, 4. Aufl., New York 1955.

Koch, W., Art. Finanzwissenschaft I, Geschichte, in: Handwörterbuch der Wirtschaftswissenschaft (HdWW), Bd. 3, Stuttgart u. a. 1981.

Kostolany, A., Geld – das große Abenteuer, Bergisch-Gladbach 1977.

Krelle, W., Das Saysche Theorem in der Nationalökonomie, Diss. Freiburg 1947.

Kruse, A., Geschichte der volkswirtschaftlichen Theorien, 4. Aufl., Berlin 1959.

Lassalle, F.,»Arbeiterprogramm«. Über den besonderen Zusammenhang der gegenwärtigen Geschichtsperiode mit der Idee des Arbeiterstandes, abgedruckt in: Ferdinand Lassalles ausgewählte Reden und Schriften, Bd. 1, Leipzig o. J.

–, Herr Bastiat-Schulze von Delitzsch, der ökonomische Julian oder: Kapital und Arbeit, abgedruckt in: Ferdinand Lassalles ausgewählte Reden und Schriften, Bd. 3, Leipzig o. J.

Laum, B., Armenwesen II: Geschichte der öffentlichen Armenpflege, in: Handwörterbuch der Staatswissenschaften, 4. Aufl., Bd. 1, Jena 1923.

Leipold, H., Gesellschaftstheoretische Fundierung der Wirtschaftssysteme, in: H. Hamel (Hrsg.), Bundesrepublik Deutschland-DDR. Die Wirtschaftssysteme, 4. Aufl., München 1983.

List, F., Das nationale System der Politischen Ökonomie, Basel-Tübingen 1959.

Loyd, S. J., Report of the Committee of 1848, abgedruckt in: J. R. McCulloch (Hrsg.), Tracts and Other Publications on Metallic and Paper Currency, London 1857.

Ludwig, M., Die Sozialethik des John Stuart Mill. Utilitarismus, Zürich 1963.

Lutz, F. A., Das Konjunkturproblem in der Nationalökonomie, Jena 1932.

Malthus, T. R., Versuch über das Bevölkerungsgesetz oder eine Betrachtung über seine Folgen für das menschliche Glück in der Vergangenheit und Gegenwart, nach der 7. Ausgabe des englischen Originals, Berlin 1900 (2. Aufl.).

–, Grundsätze der Politischen Ökonomie mit Rücksicht auf ihre praktische Anwendung. Nach der zweiten sehr veränderten Auflage des englischen Originals, Berlin 1910. Hier zitiert als »Grundsätze der Politischen Ökonomie«.

Mandeville, B., Die Bienenfabel oder Private Laster, öffentliche Tugenden, Suhrkamp Taschenbuch Wissenschaft, 300, Frankfurt a. M. 1980.

Mann, F. K., Abriß einer Geschichte der Finanzwissenschaft, in: Handbuch der Finanzwissenschaft, Bd. I, hrsg. von F. Neumark u. a., Tübingen 1977 (3. Aufl.).

–, Steuerpolitische Ideale. Vergleichende Studien zur Geschichte der ökonomischen und politischen Ideen und ihres Wirkens in der öffentlichen Meinung 1600–1935, Jena 1937. Nachdruck Darmstadt 1978 (Wissenschaftliche Buchgesellschaft).

Marshall, A., Principles of Economics, dt. Ausgabe: Handbuch der Volkswirtschaftslehre, Stuttgart und Berlin 1905 (nach der 4. engl. Aufl.).

–, Principles of Economics, 8. Aufl., Reprint, London u. a. 1977.

Marx, K., Das Kapital, Bd. 1, in: Marx/Engels, Werke, Bd. 23, Berlin 1977.

–, und F. Engels, Die deutsche Ideologie, abgedruckt in: Marx/Engels, Werke, Bd. 3, Berlin 1978.

Meek, R. L., Studies in the Labour Theory of Value, London 1973 (2. Aufl.).

Mill, J., Elements of Political Economy, 3. Aufl., London 1844 (Reprint 1965).

Mill, J. St., Utilitarism, in: Utilitarism, ed. by M. Warnock, Collins –Fontana 1962.

–, Of the Laws of Interchange between Nations; and the Distribution of the Gains of Commerce among the Countries of the Commercial World, in: Ders., Essays on Some Unsettled Questions of Political Economy, London 1844, Reprint 1948.

–, On the Definition of Political Economy; and on the Method of Investigation proper to it, in: Ebenda.

–, Of the Influence of Consumption on Production, in: Ebenda.

–, Autobiography, ed. by J. Stillinger, London und Oxford 1969.

–, System der deduktiven und induktiven Logik, Braunschweig 1863.

–, Principles of Political Economy with some of their Applications to Social Philosophy, New Edition London 1909 (Reprint 1976). Hier zitiert als »Principles«.

Nasse, E., W. Lexis, Ad. Weber, Die Banken in Großbritannien – Die Notenbank, in: Handwörterbuch der Staatswissenschaften, 4. Aufl., Bd. 11, Berlin 1924.

Neumark, F., Grundsätze gerechter und ökonomisch rationaler Steuerpolitik, Tübingen 1970.

–, (Hrsg.), Studien zur Entwicklung der ökonomischen Theorie I und II, Schriften des Vereins für Socialpolitik, Bd. 115/1 und II, Berlin 1981.

Nietzsche, F., Aus dem Nachlaß der Achtzigerjahre, Werke in sechs Bänden, Bd. VI, hrsg. von K. Schlechta, München-Wien 1966.

Oncken, A., Die Maxime Laissez faire et laissez passer, ihr Ursprung, ihr Werden, Bern 1886.

Peel, R., »Gegen die Schutzzölle!« Ins Deutsche übertragen von A. Kretzschmar, Druck und Verlag des Verlags-Comptoirs, Grimma 1846.

Rae, J., Adam Smith, abgedruckt in: H. C. Recktenwald (Hrsg.), Lebensbilder großer Nationalökonomen, Köln und Berlin 1965.

Recktenwald, H. C. (Hrsg.), Lebensbilder großer Nationalökonomen, Köln und Berlin 1965.

–, Würdigung des Werkes; in: A. Smith, Der Wohlstand der Nationen. Eine Untersuchung seiner Natur und seiner Ursachen. Aus dem Englischen übertragen und mit einer umfassenden Würdigung des Gesamtwerks von H. C. Recktenwald, München 1974.

Ricardo, D., Grundsätze der politischen Ökonomie und der Besteuerung, herausgegeben und mit einer Einführung versehen von F. Neumark, Frankfurt a. M. 1972. Hier zitiert als »Grundsätze«.

–, The High Price of Bullion, a Proof of the Depreciation of Bank Notes, London 1810. – Übersetzt als: Der hohe Preis der Edelmetalle, ein Beweis für die Entwertung der Banknoten, abgedruckt in: D. Ricardo, Grundsätze der Politischen Ökonomie und der Besteuerung (Teil B, S. 317 ff.), herausgegeben und mit einer Einführung versehen von F. Neumark, Frankfurt a. M. 1972.

–, The Works and Correspondence of David Ricardo. Edited by P. Sraffa with the collaboration of M. H. Dobb, Vol. I-IX, Cambridge, verschiedene Jahre.

Rieter, H., Die gegenwärtige Inflationstheorie und ihre Ansätze im Werk von Thomas Tooke, Berlin-New York 1971.

Rittstieg, H., Eigentum als Verfassungsproblem. Zur Geschichte und Gegenwart des bürgerlichen Verfassungsstaates, Darmstadt 1975 (Wissenschaftliche Buchgesellschaft).

Robbins, L., The Theory of Economic Policy in English Classical Political Economy, London 1952.

Robinson, J., Doktrinen der Wirtschaftswissenschaft. Eine Auseinandersetzung mit ihren Grundgedanken und Ideologien, München 1965.

–, What are the Questions?, in: Journal of Economic Literature, Bd. 15, 1977.

–, und J. Eatwell, Einführung in die Volkswirtschaftslehre, München 1974.

Roscher, W., Grundlagen der Nationalökonomie. Ein Hand- und Lesebuch für Geschäftsmänner und Studierende (1854), 24. Aufl., bearbeitet von R. Pöhlmann, Stuttgart und Berlin 1906.

Routh, G., The Origin of Economic Ideas, London and Basingstoke 1975.

Sabine, G. H., A History of Political Theory, New York u. a. 1961 (3. Aufl.).

Salin, E., Politische Ökonomie. Geschichte der wirtschaftspolitischen Ideen von Piaton bis zur Gegenwart, Tübingen und Zürich 1967 (5. Aufl.).

Samuels, W. J., The Classical Theory of Economic Policy, Cleveland u. a. 1966.

Samuelson, P. A., Economists and the History of Ideas, in: The American Economic Review, Vol. 52 (1962), S. 1–18, abgedruckt in: I. H. Rima, Readings in the History of Economic Theory, New York u. a. 1970.

–, Diskussionsbeitrag in: D. Patinkin und J. C. Leith (Hrsg.), Keynes, Cambridge and The General Theory. The Process of Criticism and Discussion with the Development of the General Theory, London and Basingstoke 1977.

Say, J. B., Traite d'Economie Politique, Bd. III, 4. Aufl., Paris 1819.

–, Vollständiges Handbuch der praktischen Nationalökonomie, 2. Bd., Stuttgart 1829. CEuvres diverses, 1848.

Schefold, B., Nachfrage und Zufuhr in der klassischen Ökonomie, in: F. Neumark (Hrsg.), Studien zur Entwicklung der ökonomischen Theorie 1, Schriften des Vereins für Socialpolitik, Bd. 115/1, Berlin 1981.

Schneider, D., Geschichte betriebswirtschaftlicher Theorie, München-Wien 1981.

Schumpeter, J., Geschichte der ökonomischen Analyse, Bd. I und II, Göttingen 1965. Hier zitiert als »Geschichte«.

Senior, N. W., An Outline of the Science of Political Economy, 1836. (Reprints of Economic Classics, New York 1965.)

Singer, K., Zur Wirtschaftspolitik und Theorie der englischen Klassiker, in: Kyklos, Bd. VII, 1954.

Smith, A., An Inquiry into the Nature and the Causes of the Wealth of Nations. Deutsch: Eine Untersuchung über Wesen und Ursachen des Volkswohlstandes, Jena 1923. Übersetzt nach der vierten englischen Auflage, London 1786. Hier zitiert als »Wohlstand«.

–, Theorie der ethischen Gefühle, hrsg. von W. Eckstein, Bd. I und II, Leipzig 1926.

Sowell, Th., Classical Economics Reconsidered, Princeton (New Jersey) 1974.

Spaemann, R., Über die Unmöglichkeit einer universalteleologischen Ethik – für Ernst-Wolfgang Böckenförde zum 50. Geburtstag, in: Philosophisches Jahrbuch, Jg. 88/1981.

Sraffa, P., Introduction, in: The Works and Correspondence of David Ricardo, Cambridge 1952, Vol. 1.

Stark, W., Die Geschichte der Volkswirtschaftslehre in ihrer Beziehung zur sozialen Entwicklung, Dordrecht (Holland) 1960.

Stavenhagen, G., Geschichte der Wirtschaftstheorie, Göttingen 1964.

Stigler, G., The Nature and Role of Originality in Scientific Progress (1955), abgedruckt in: Ders., Essays in the History of Economics, Chicago-London 1965.

–, The Ricardian Theory of Value and Distribution, in: Ders., Essays in the History of Economics, Chicago-London 1965.

Streissler, E., Macht und Freiheit in der Sicht des Liberalismus, in: H. K. Schneider und Ch. Watrin (Hrsg.), Macht und ökonomisches Gesetz, Schriften des Vereins für Socialpolitik, Bd. 74/11, Berlin 1973.

–, Preisgesteuerte Wirtschaft – Preisgesteuerte Gesellschaft, in: Mitteilungen der Listgesellschaft, 1973, Nr. 4, S. 67–87.

–, Adam Smith – der Adam oder nur Wachstum?, in: F. Neumark (Hrsg.), Studien zur Entwicklung der ökonomischen Theorie I, Schriften des Vereins für Socialpolitik, Bd. 115/1, Berlin 1981.

Taylor, A. J., Laissez-faire and State Intervention in Nineteenth-century Britain, London 1972.

Thompson, E. P., The Making of the English Working Class, Middlessex 1968, S. 53 ff.

The Three Prize Essays on Agriculture and The Corn Law. Published by the National Anti-Corn-Law-League, Manchester-London 1842.

Tuchtfeldt, E., Über die Staatsfunktionen bei Adam Smith, in: Ordo, Jahrbuch für die Ordnung von Wirtschaft und Gesellschaft, Bd. 27, 1976.

Tucker, R. S., Real Wages of Artisans in London, 1729–1935, in: A. J. Taylor, The Standard of Living in Britain in the Industrial Revolution, London 1975.

Watkins, J. W. N., Freiheit und Entscheidung, Tübingen 1978.

Watrin, Ch., Konflikt und Kooperation. Bemerkungen zu zwei Betrachtungen der internationalen Handelsbeziehungen, in: Wirtschaftspolitische Chronik, H. 2/3, 1967.

Weber, Ad., Die sozialpolitischen Lehren der klassischen Nationalökonomie, in: Jahrbücher für Nationalökonomie und Statistik, Bd. 132, 1930 I, S. 1–21, abgedruckt in: Adolf Weber zum hundertsten Geburtstag. Im Auftrage der Adolf-Weber-Stiftung herausgegeben von O. Issing, Berlin 1977.

Wille, E., und M. Gläser, Staatsaufgaben bei Adam Smith – eine Würdigung unter Allokationsaspekten, in: Ordo, Jahrbuch für die Ordnung von Wirtschaft und Gesellschaft, Bd. 28, 1977.

Willgerodt, H., Diskussionsbeitrag zum Referat von E. Streissler, Macht und Freiheit in der Sicht des Liberalismus, abgedruckt in: Macht und ökonomisches Gesetz, Schriften des Vereins für Socialpolitik, N. F. Bd. 74/11, Berlin 1973.

Verzeichnis der von Heinz Rieter verwendeten Literatur

Blaug, M., Classical economics, in: The New Palgrave. A Dictionary of Economics, edited by John Eatwell, Murray Milgate and Peter Newman, Bd. 1, 1987, S. 434–445.

–, Systematische Theoriegeschichte der Ökonomie, Bd. 3, München 1975.

Brems, H., Pioneering Economic Theory, 1630–1980. A Mathematical Restatement, Baltimore and London 1986.

Buckingham Jr., W. S., Theoretical Economic Systems. A Comparative Analysis, New York 1958.

Bürgin, A., Zur Soziogenese der Politischen Ökonomie. Wirtschaftsgeschichtliche und dogmenhistorische Betrachtungen, Marburg 1993.

Damaschke, A., Geschichte der Nationalökonomie, Jena 1905, 14. Aufl., ebd. 1929.

Eagly, R. V., The Structure of Classical Economic Theory, New York 1974.

Eisenhart, H., Geschichte der Nationalökonomik, Jena 1881, 2. Aufl., ebd. 1910.

Espinas, A., Histoire des doctrines économiques, Paris 1890.

Gehrke, C., Wachstumstheoretische Vorstellungen bei Adam Smith, in: Adam Smith (1723–1790). Ein Werk und seine Wirkungsgeschichte, herausgegeben von Heinz. D. Kurz, Marburg 1990, S. 129–151.

Gide, C. und C. Rist, Histoire des doctrines économiques, Paris 1909 (deutsch: Geschichte der volkswirtschaftlichen Lehrmeinungen, Jena 1913, 3. Aufl., ebd. 1923).

Gill, R. T., Evolution of Modern Economics, Englewood Cliffs, N. J., 1967.

Hayek, F. A. v., Die Rechts- und Staatsphilosophie David Humes [1963], in: Ders., Freiburger Studien. Gesammelte Aufsätze, Tübingen 1969, S. 232–248.

Helmstädter, E., Wie bilden sich die Marktpreise nach Adam Smith? Bemerkungen zu dem vorstehenden Referat von Bertram Schefold, in: Studien zur Entwicklung der ökonomischen Theorie I, herausgegeben von Fritz Neumark, Berlin 1981, S. 93–109.

Hollander, S.: The Economics of Adam Smith, Toronto and London 1973.

–, The Economics of David Ricardo, Toronto and London 1976.

–, The Economics of John Stuart Mill, Toronto and Oxford 1985.

–, Classical Economics, Oxford and New York 1987.

–, The Economics of Thomas Robert Malthus, Toronto 1997.

–, The Economics of Karl Marx: Analysis and Application, New York and Cambridge 2008.

Hume, D., Politische und ökonomische Essays. Übersetzt von Susanne Fischer. Teilband 1, Hamburg 1988.

Hunt, E. K., History of Economic Thought. A Critical Perspective, Belmont 1979.

Hutchison, T. W., On revolutions and progress in economic knowledge, London et al. 1978 (Reprint 1992).

Ingram, J. K., A History of Political Economy, Edinburgh 1888, 2nd edition, London 1907, new and enlarged edition, 1915 (Reprint 1967) (deutsch: Geschichte der Volkswirtschaftslehre, Tübingen 1890, 2. Aufl., ebd. 1905).

Internationales Autorenkollektiv, Geschichte der ökonomischen Lehrmeinungen. Übersetzung aus dem Russischen, Berlin (Ost) 1965.

Kolb, G., Geschichte der Volkswirtschaftslehre, München 1997, 2. Aufl., ebd. 2004.

Kromphardt, J., Analysen und Leitbilder des Kapitalismus von Adam Smith bis zum Finanzmarktkapitalismus, Marburg 2015.

Kurz, H. D.: Geschichte des ökonomischen Denkens, München 2013 (englische Ausgabe: Economic Thought. A Brief History, New York 2015).

Laum, B., Geschichte der Wirtschaft und der Wirtschaftslehre, Berlin und Wien 1940.

Marx, K., Das Kapital. Kritik der politischen Ökonomie, Bd. 1, Hamburg 1867.

Mayer, G., Die Freihandelslehre in Deutschland. Ein Beitrag zur Gesellschaftslehre des wirtschaftlichen Liberalismus, Jena 1927.

Meek, R. L., Mr Sraffa's Rehabilitation of Classical Economics, in: Ders.: Economics and Ideology and Other Essays. Studies in the Development of Economic Thought, London 1967, S. 161–178.

Meyer-Faje, A., Adam Smiths politökonomisches System – eine Antwort auf die Gefährdung der Conditio humana, in: Ders. und P. Ulrich (Hrsg.): Der andere Adam Smith. Beiträge zur Neubestimmung von Ökonomie als Politischer Ökonomie, Bern und Stuttgart 1991, S. 303-340.

–, und P. Ulrich: Einführung, in: A. Meyer-Faje und P. Ulrich (Hrsg.), Der andere Adam Smith. Beiträge zur Neubestimmung von Ökonomie als Politischer Ökonomie, Bern und Stuttgart 1991, S. 9–17.

Mombert, P., Geschichte der Nationalökonomie, Jena 1927.

Niehans, J., Klassik als nationalökonomischer Mythus, in: Zeitschrift für Wirtschafts- und Sozialwissenschaften, 109. Jg., 1989, S. 1–17.

–, A History of Economic Theory. Classic Contributions, 1720–1980, Baltimore and London 1990.

–, Revolution und Evolution in der Wirtschaftstheorie, in: Studien zur Entwicklung der ökonomischen Theorie XV: Wege und Ziele der Forschung, herausgegeben von Heinz Rieter, Berlin 1996, S. 13–46.

Nutzinger, H. G., Das System der natürlichen Freiheit bei Adam Smith und seine ethischen Grundlagen, in: Ökonomie und Gesellschaft. Jahrbuch 9: Adam Smiths Beitrag zur Gesellschaftswissenschaft, Frankfurt und New York 1991, S. 79–100.

Patzen, M., Zur Diskussion des Adam-Smith-Problems – ein Überblick, in: A. Meyer-Faje und P. Ulrich (Hrsg.), Der andere Adam Smith. Beiträge zur Neubestimmung von Ökonomie als Politischer Ökonomie, Bern und Stuttgart 1991, S. 21–54.

Perlman, M. und C. R. McCann Jr., The Pillars of Economic Understanding. Ideas and Traditions, Ann Arbor 1998, S. 228-233.

Recktenwald, H. C., Die Klassik der ökonomischen Wissenschaft, in: Wirtschaftswissenschaftliches Studium (WiSt),, Heft 4, April 1983, S. 195–203; unwesentlich erweitert in: WiSt-Taschenbücher: Geschichte der Nationalökonomie, herausgegeben von Otmar Issing, München 1984, S. 49–71, 2. Aufl., ebd. 1988, S. 49–72.

Ricardo, D., Über die Grundsätze der Politischen Ökonomie und der Besteuerung [1821], herausgegeben von Heinz D. Kurz. Marburg 1994.

Rieter, H., Zur Rezeption der physiokratischen Kreislaufanalogie in der Wirtschaftswissenschaft, in: Studien zur Entwicklung der ökonomischen Theorie III, herausgegeben von Harald Scherf, Berlin 1983, S. 55–99.

Robbins, L., An Essay on the Nature and Significance of Economic Science, London 1932.

Robinson, J.: Die Werttheorie der Klassiker, in: Dies., Doktrinen der Wirtschaftswissenschaft. Eine Auseinandersetzung mit ihren Grundgedanken und Ideologien. 3. Aufl., München 1972, S. 36–59.

Roscher, W., Geschichte der National-Oekonomik in Deutschland, München 1874.

Rothschild, K. W.: Die politischen Visionen grosser Ökonomen, Bern und Göttingen 2004.

Schefold, B., Nachfrage und Zufuhr in der klassischen Ökonomie, in: Studien zur Entwicklung der ökonomischen Theorie I, herausgegeben von Fritz Neumark, Berlin 1981, S. 53–91.

–, Die Marktpreise bei Smith – Eine Erwiderung, in: Studien zur Entwicklung der ökonomischen Theorie I, herausgegeben von Fritz Neumark, Berlin 1981, S. 111–115.

–, und K. Carstensen, Die klassische Politische Ökonomie, in: Geschichte der Nationalökonomie, herausgegeben von Otmar Issing, 3. Aufl., München 1984, S. 63–87, 4. Aufl., ebd. 2002, S. 67–91.

Schumpeter, J. A., Geschichte der ökonomischen Analyse, Bde. I und II, Göttingen 1965.

Skinner, A. S., Adam Smith: Ein System der Sozialwissenschaft, in: F.-X. Kaufmann und Hans-Günter Krüsselberg (Hrsg.), Markt, Staat und Solidarität bei Adam Smith, Frankfurt und New York 1984, S. 74–94.

Smith, A., Theorie der ethischen Gefühle [1759/1790], übersetzt und herausgegeben von Walther Eckstein, II. Bd., Leipzig 1926.

–, Untersuchung über Wesen und Ursachen des Reichtums der Völker [1776], Aus dem Englischen übersetzt von Monika Streissler. Herausgegeben und eingeleitet von Erich W. Streissler, Düsseldorf 1999; UTB Taschenbuchausgabe, Tübingen 2005.

Sowell, T., Classical Economics Reconsidered, Princeton 1974.

Starbatty, J.: Die englischen Klassiker der Nationalökonomie. Lehre und Wirkung, Darmstadt 1985.

–, Klassische Nationalökonomie, in: Staatslexikon, herausgegeben von der Görres-Gesellschaft, Bd. 3, 1987, Sp. 542–546.

–, Smith, in: Staatslexikon, herausgegeben von der Görres-Gesellschaft, Bd. 4, 1988, Sp. 1185–1187.

Steedman, I., Classical Economics and Marginalism, in: The Elgar Companion to Classical Economics. A–K, edited by Heinz D. Kurz and Neri Salvadori, Cheltenham and Northhampton 1998, S. 117–122.

Streißler, E., Adam Smith – Der Adam oder nur Wachstum? Paradoxa einer wissenschaftlichen Revolution, in: Studien zur Entwicklung der ökonomischen Theorie I, herausgegeben von Fritz Neumark, Berlin 1981, S. 9–52 (wiederabgedruckt in: Adam Smith: Untersuchung über Wesen und Ursachen des Reichtums der Völker. Aus dem Englischen übersetzt von Monika Streissler, Düsseldorf 1999, UTB Taschenbuchausgabe, Tübingen 2005, S. 32–70).

Sturn, R., Soziales Handeln und ökonomischer Tausch – die stoischen Wurzeln Adam Smiths, in: A. Meyer-Faje und P. Ulrich: Der andere Adam Smith. Beiträge zur Neubestimmung von Ökonomie als Politischer Ökonomie. Bern und Stuttgart 1991, S. 99–122.

Teichgraeber III, R. F., 'Free Trade' and Moral Philosophy. Rethinking the Sources of Adam Smith's Wealth of Nations, Durham 1986.

Vaggi, G. und P. Groenewegen, A Concise History of Economic Thought. From Mercantilism to Monetarism, Houndsmill and New York 2003.

Winch, D., Adam Smith als politischer Theoretiker, in: F.-X. Kaufmann und Hans-Günter Krüsselberg (Hrsg.), Markt, Staat und Solidarität bei Adam Smith, Frankfurt und New York 1984, S. 95–113.

Personenregister

A

Addington, H. 21
Amonn, A. 14, 26, 32
Aristoteles 33, 42
Arrow, K. 147

B

Bastiat, F. 145
Bentham, J. 16, 32, 37–38, 89–92, 100, 154
Bergmann, E. v. 114, 115
Bernoulli, D. 148
Binswanger, H. C. 127
Blaug, M. 13, 29, 74, 85, 101, 134, 139, 142, 149, 152, 160–161
Böhm-Bawerk, E. v. 68, 104
Boisguilbert, P. Le Pesant 157
Bonar, J. 14
Bondi, G. 161
Borchardt, K. 13, 31, 86
Born, K. E. 114, 117, 127
Braun, H. J. 32, 101
Brems, H. 147, 161
Brougham, H. P. 138
Buccleuch, Herzog v. 15
Buckingham Jr., W. S. 147, 161
Burchardt, F. 128
Bürgin, A. 161

C

Cantillon, R. 74, 148, 157
Carl, E. L. 31
Carlyle, T. 51, 92, 96
Carstensen, K. 159, 162
Chapman, M. W. 86
Child, J. 151

Cipolla, C. M. 31, 86
Cobden, R. 26, 102
Condorcet, M. 86

D

Damaschke, A. 144
Deane, P. 31
Diehl, K. 42–43
Disraeli, B. 32
Dobb, M. H. 74, 80, 86, 108
Downs, A. 59
Du Pont de Nemours 18

E

Eagly, R. V. 152, 161
Eatwell, J. 21
Eckstein, W. 42
Eisenhart, H. 144
Engels, F. 22, 31, 60, 85, 100
Espinas, A. 144

F

Fischer, S. 160
Fisher, I. 147
Fliegauf, U. 5
Frey, R. L. 59
Freyer, H. 130
Fromm, E. 113
Fullarton, J. 127

G

Galiani, F. 157

SACHREGISTER